AU PAYS DES PURS

DU MÊME AUTEUR :

De la part de la princesse morte, Robert Laffont, 1987 ; 1999 (réédition) ; Le Livre de Poche, 2009.
Le Jardin de Badalpour, Fayard, 1998 ; Le Livre de Poche, 2008.
Le Parfum de notre terre : voix de Palestine et d'Israël, Robert Laffont, 2003.
Dans la ville d'or et d'argent, Robert Laffont, 2010 ; Le Livre de Poche, 2012.

Kenizé Mourad

Au pays des purs

roman

Fayard

Carte de la page 8 : Philippe Paraire
Couverture : Sébastien Cerdelli
Illustration : Gallery Stock
ISBN : 978-2-213-70498-2

À Marine Jacquemin, Christine Ockrent,
Florence Aubenas, Liseron Boudoul et toutes les autres,
mes sœurs grands reporters et correspondantes de guerre.

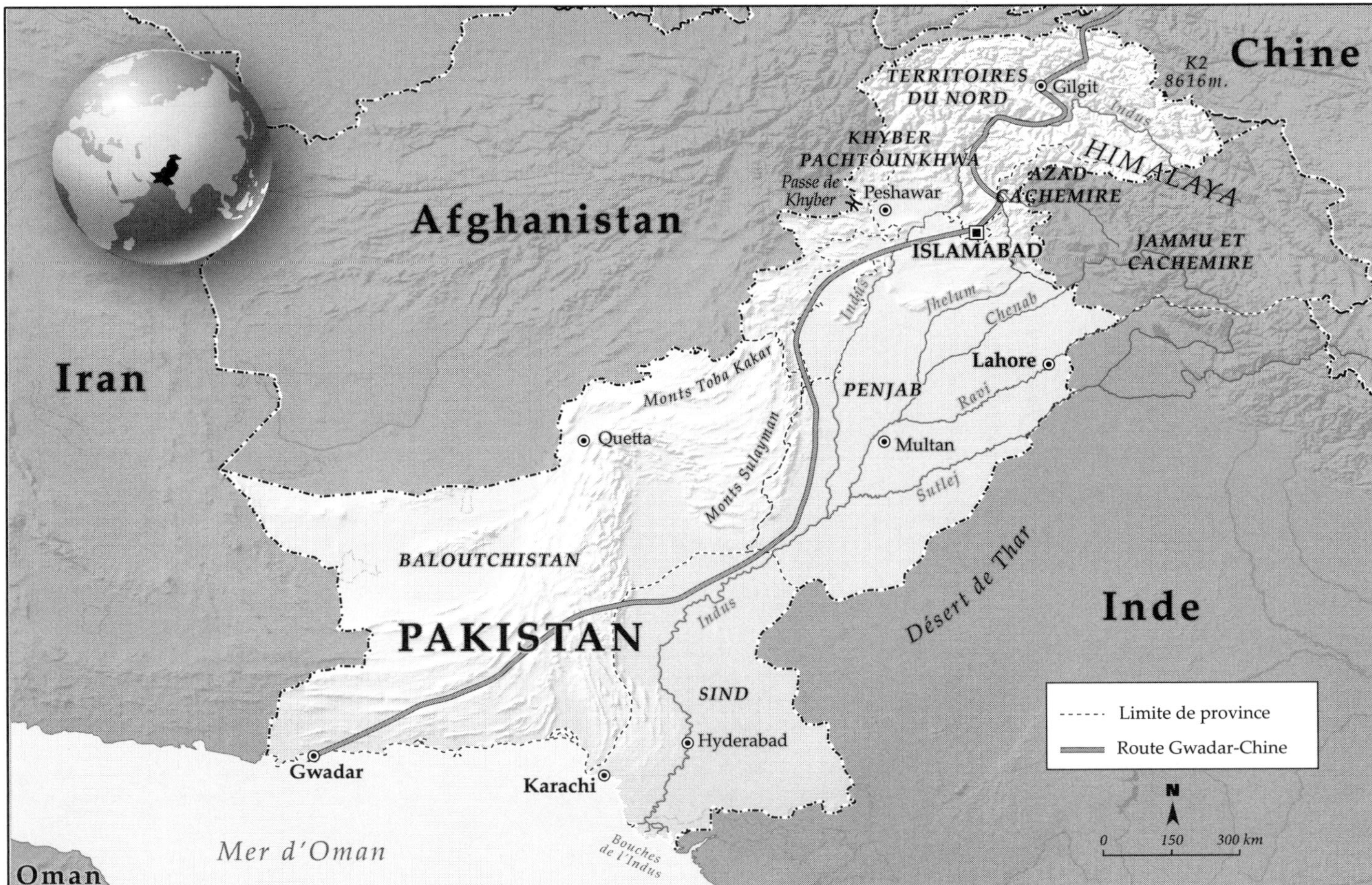
Chine
K2
8616m.
TERRITOIRES
DU NORD
Gilgit
Indus
KHYBER
PACHTOUNKHWA
HIMALAYA
AZAD
CACHEMIRE
Passe de
Khyber
Peshawar
Afghanistan
ISLAMABAD
JAMMU ET
CACHEMIRE
Indus
Jhelum
Chenab
Iran
Monts Toba Kakar
Lahore
PENJAB
Ravi
Quetta
Monts Sulayman
Multan
Sutlej
BALOUTCHISTAN
Désert de Thar
Inde
PAKISTAN
Indus
SIND
Limite de province
Route Gwadar-Chine
Hyderabad
Gwadar
Karachi
N
0
150
300 km
Mer d'Oman
Bouches
de l'Indus
Oman

« Espionne ! »

Le mot a claqué comme un coup de fouet. L'homme en noir s'est dressé, menaçant.

« Vous avez cru pouvoir me tromper, pauvre innocente ! Vous ne connaissez pas la puissance de Jamaat-ud-Dawa, nous avons des antennes partout. Nous savons exactement qui vous êtes, mais maintenant il va falloir nous dire pour qui vous travaillez !

— Mais… je travaille pour mon journal, *L'Observateur du monde*, balbutie Anne, livide, je ne suis pas une espionne, je suis journaliste !

— Journaliste ! – l'homme en noir ricane – c'est ce qu'ils disent tous ! Mais comme tous les autres vous finirez bien par avouer. »

Et se tournant vers deux hommes debout à ses côtés :

« Mettez-la au cachot ! Et qu'elle y reste le temps de se souvenir pour qui elle travaille. »

Rudement, les hommes se saisissent de la jeune femme et sourds à ses protestations lui font descendre un escalier en colimaçon, puis, à travers un long couloir, l'entraînent jusqu'à une pièce obscure, juste éclairée par un étroit soupirail.

Anne hurle de terreur. Elle griffe, mord, se débat. Peine perdue, sans ménagement ils la poussent à l'intérieur et referment sur elle la lourde porte de fer.

Dans la semi-obscurité, elle distingue un vieux sommier recouvert d'une couverture de couleur indéfinissable et, dans un coin, un seau de plastique jaune. C'est tout le mobilier.

Debout au milieu de la pièce, Anne essaie d'endiguer la panique qui l'envahit. Elle respire lentement et, fermant les yeux, imagine qu'elle se promène dans la verte campagne française… Peu à peu, elle recouvre son calme et, se concentrant, retrace pas à pas les événements de l'après-midi pour tenter de comprendre comment elle en est arrivée à se retrouver là, prisonnière. A-t-elle été imprudente ? Mais pour une journaliste travaillant dans une zone à risque, où commence et où s'arrête la prudence ?

« Vous fouinez, lui a dit un jour un ami pakistanais, faites attention, ici on n'aime pas ça. »

Elle ne faisait que son métier.

Qui donc gêne-t-elle ?

S'asseyant sur le coin du sommier, la tête dans les mains, Anne se remémore les semaines passées…

Chapitre 1

Aujourd'hui, c'est Basant, la fête du printemps. Dans le ciel, tels de grands oiseaux, des milliers de cerfs-volants de toutes formes et de toutes couleurs évoluent gracieusement. Sur les toits et les terrasses de la vieille ville de Lahore, les gens se pressent pour participer ou simplement admirer le somptueux ballet célébrant le soleil qui va sécher les moissons de maïs et de blé et assurer la nourriture pour toute l'année.

À l'origine fête hindoue, Basant est une tradition millénaire célébrée par toutes les communautés, et Lahore, capitale du Pendjab, s'enorgueillit d'être le centre incontesté de ces festivités.

Arrivée la veille d'un Paris gris et pluvieux, Anne Le Guennec observe, émerveillée, ces brillantes myriades dans le ciel d'azur et s'étonne de voir ces groupes d'hommes et de femmes en grands décolletés bavarder et rire dans une atmosphère joyeuse et détendue. Ce n'est pas exactement l'image qu'elle se faisait du Pakistan.

Son journal, un prestigieux hebdomadaire parisien, lui a commandé une série de reportages sur ce pays mal connu des Occidentaux et pourtant leur allié depuis dix ans que les troupes de l'OTAN en Afghanistan combattent al-Qaida et les talibans. Leur allié ? Beaucoup en doutent, accusent le pays de double jeu et s'inquiètent... Car le Pakistan détient la bombe. Les islamistes pourraient-ils s'en emparer ? Malgré les assurances d'Islamabad, c'est le cauchemar qui garde en alerte tous les services secrets du monde. D'autant que les inondations de ces dernières années ont encore aggravé la misère : dans quelle mesure les paysans, secourus essentiellement par les organisations islamistes, se sont-ils radicalisés ? Des centaines de milliers d'entre eux végètent toujours dans des camps de réfugiés, un terrain de recrutement idéal pour les extrémistes.

Sur la terrasse de cette maison patricienne, hommes et femmes, arborant des foulards ou des châles jaune vif, couleur du soleil printanier, observent les cerfs-volants qui se frôlent en une danse sensuelle, se rapprochent et s'éloignent, déployant leurs couleurs tels des paons conscients de l'enchantement qu'ils suscitent. La tête renversée, Anne les suit, fascinée, ils sont des milliers, tous plus beaux les uns que les autres – les Lahorites se font un point d'honneur d'en faire de véritables œuvres d'art – mais c'est surtout l'harmonie du spectacle qui la séduit, sa douceur, sa poésie... Soudain, la douceur se fait guerrière : comme un éclair, un cerf-volant fonce sur la proie qu'il semblait courtiser, d'un coup sec et meurtrier il coupe la cordelette qui la retenait à terre ; déséquilibré, le bel oiseau vacille, il plonge en tournoyant sur lui-même et, au milieu des acclamations, s'abat lourdement sur le sol.

Émergeant de son rêve, Anne interroge son voisin :

« Que s'est-il passé ? Un accident ?

— Mais non, voyons, l'arrivée du printemps est célébrée par des ballets mais surtout par des batailles de cerfs-volants. Depuis quelque temps, ces batailles font davantage de victimes car, la technique ayant évolué, les cordelettes sont de plus en plus meurtrières : trempées dans du blanc d'œuf, elles étaient traditionnellement garnies de petits morceaux de verre, tranchants comme des rasoirs mais, récemment, malgré les interdictions, certains emploient des fils d'acier particulièrement dangereux. »

Et elle qui, dans cette chorégraphie céleste, croyait voir un symbole de paix…

Tandis que les domestiques en veste blanche servent kebabs et pakoras[1] sur des plats d'argent, un vieil homme soupire :

« Dire que c'est sans doute la dernière fois !

— Et pourquoi donc ? se récrie-t-on autour de lui.

— Le gouvernement veut interdire la célébration, arguant qu'elle provoque des morts : chaque année des motocyclistes roulant à toute vitesse se tranchent la gorge sur les fils acérés des cerfs-volants. »

Les rires fusent, sarcastiques :

« Heureusement que le ridicule ne tue pas ! Nos dirigeants vont faire une loi contre les ficelles de cerfs-volants alors qu'ils rechignent à prendre des mesures contre les groupes extrémistes qui, depuis des années, font des milliers de victimes !

---

1. Petits pâtés fourrés à la viande ou aux légumes.

— En réalité, ils veulent donner des gages aux maulvis[1]. Ceux-ci ne décolèrent pas que cette fête hindoue ait été adoptée depuis des siècles par les musulmans. »

Un concert de voix s'élève, qui évoque avec nostalgie le Lahore d'autrefois, disparu avec la partition de l'Inde et du Pakistan, cette ville où l'entente régnait entre les différentes communautés religieuses, où une vie artistique raffinée était entretenue par de riches mécènes. Aujourd'hui, Lahore n'est plus que l'ombre d'elle-même, alors que c'était le centre le plus brillant de tout le nord des Indes grâce à son élite hindoue, les musulmans étant surtout des propriétaires terriens, souvent illettrés.

« Maintenant nous avons bien une classe d'hommes d'affaires musulmans, s'exclame une femme, mais, à part les gratte-ciel et les voies à grande vitesse, que font-ils donc pour Lahore ? »

Des protestations, un brouhaha s'ensuit, Anne s'éloigne.

Hier, à peine débarquée de l'avion, son premier coup de téléphone avait été pour Jamal Khan, un journaliste renommé, rencontré à Washington où il était en poste :

« Tu tombes bien, demain c'est Basant, je t'emmène chez un ami. Chaque année, il donne une réception splendide où tout le gratin se retrouve ! Comme cela tu vas entrer de plain-pied dans la haute société pakistanaise et rencontrer des gens qui pourront t'être utiles. Car dis-toi bien qu'ici rien ne peut se faire sans relations. Ensuite à toi de jouer ! »

1. Religieux musulmans sunnites en charge des rites.

Jamal a une quarantaine d'années. Sportif, le teint basané, il est l'expert ès talibans – et ce depuis une dizaine d'années. À ce titre, il est devenu le chouchou de la presse occidentale et surtout des Américains qui le consultent régulièrement. Marié à une ravissante Portugaise, cela ne l'empêche pas d'avoir le goût des jolies femmes, et la silhouette élancée de la jeune journaliste ne le laisse pas indifférent. Gabriella le sait et ne perd pas son temps en jalousie ; quoique celle-ci, avec ses cheveux noirs coupés à la garçonne et ses yeux bleus intenses...

Anne a été présentée à tant de gens qu'elle est un peu perdue parmi ces mondaines et ces hommes au regard insistant. Elle qui a pris soin, pour ne choquer personne dans ce Pakistan réputé ultraconservateur, de revêtir une ample tunique, col officier et manches longues, se trouve ridicule parmi ces resplendissantes créatures en robe moulante ou en sari transparent qui ne laissent rien ignorer de leur plastique parfaite. Elle aimerait bien que ses amis français, qui considèrent le Pakistan comme un repaire de barbus primitifs, de femmes voilées et de terroristes, se trouvent à ses côtés au milieu de ces hommes élégants dans leur kurtahs[1] immaculés et ces femmes sophistiquées dont la peau mate contraste avec les couleurs vives de leurs corsages aux décolletés profonds, à demi dissimulés par une étole transparente. Les plus jeunes n'ont pas ces timidités : beautés à la chevelure de jais et aux yeux rehaussés de khôl, elles sont le plus souvent habillées à la dernière mode de Londres ou de Paris, jeans moulants brodés de strass et

1. Longues tuniques de coton ou de soie, portées par les hommes et les femmes.

petits hauts noués sur des dos nus. Avec sa tenue pakistanaise classique, Anne se sent complètement déplacée.

Heureusement, le regard admiratif de son hôte, un homme mince, la cinquantaine distinguée, la rassure :

« Quel honneur de vous recevoir, madame ! » s'exclame-t-il chaleureusement.

Elle sourit, sans le détromper. Elle a compris depuis longtemps qu'en Orient, passés vingt-cinq ans, il est mal vu d'être « mademoiselle » : on est aussitôt soupçonnée de tares rendant le mariage impossible, ou d'être une femme légère qui, refusant les liens du mariage, est forcément une dévergondée, une proie offerte.

Après avoir salué en la personne d'Anne « le charme des Françaises », l'hôte a rejoint l'extrémité de la vaste terrasse pour accueillir de nouveaux invités.

Jawed Khan est ministre dans le gouvernement actuel, comme il l'a été dans presque tous les gouvernements depuis vingt ans, explique Jamal. Il est l'héritier d'une des plus grandes familles féodales du Pendjab. Après un bref passage dans l'opposition, il est aujourd'hui un pilier du gouvernement qu'il a précédemment combattu ; ce qui n'étonne personne dans ce pays où souvent les frères se partagent entre les différents partis politiques afin, quoi qu'il arrive, de sauvegarder les intérêts de la famille.

« Ah bon ! s'amuse Anne, il n'a pas vraiment de convictions politiques... J'imagine qu'au moins c'est un bon technocrate ?

— Pas du tout ! C'est un grand féodal, ce qui est bien plus important car il apporte avec lui les milliers de votes de ses paysans.

— Le Pakistan est une démocratie assez particulière ! commente Gabriella, moqueuse. Comme d'ailleurs nombre d'autres pays. En Inde, par exemple, où il n'y a plus de grands féodaux, ce sont les partis politiques qui achètent les votes des pauvres avec un sac de riz !

— Crois-tu que ce soit mieux en Europe où vous votez moins sur des programmes, jamais suivis, que sur les beaux discours d'un candidat dont vous serez ensuite prisonniers pendant des années, quoi qu'il fasse ? » réagit vivement Jamal.

Ah non, pas encore !... Anne s'est détournée, elle en a assez de ces discussions stériles qui opposent ses amis, ici comme en France.

Un verre de whisky à la main – le marché noir connaît de beaux jours dans ce pays où l'alcool est strictement interdit –, elle remarque, assis sur un divan, un vieux monsieur très frêle, vêtu d'un kurtah choridar[1] blanc, délicatement brodé. On se presse autour de lui, certains l'embrassent avec effusion, d'autres s'inclinent en de respectueuses salutations. À ses côtés, le maître de maison s'inquiète : a-t-il faim, soif, n'est-il pas fatigué ?

Avec un sourire très doux, le vieux monsieur murmure :

« Mon ami, tu sais bien que lorsque je suis à Lahore, je suis bien trop heureux pour être fatigué. »

Un voisin d'Anne la renseigne :

« C'est Sri Nanda, un hindou d'une très ancienne famille de Lahore. Il était le meilleur ami du père de notre hôte. En 1947,

1. Pantalon dont on ne voit que la partie inférieure, très serrée et plissée sur la jambe, comme cela se faisait au temps de la cour moghole. Porté par les hommes ou les femmes.

lors de la partition, il a dû partir pour Delhi comme alors des centaines de milliers d'hindous... Il avait dix-huit ans. Mais depuis qu'en 1955 les frontières ont été rouvertes, il revient chaque année à l'occasion de Basant. Il dit ne pouvoir s'habituer à Delhi, que sa véritable patrie, c'est Lahore. »

Il y aurait en Inde des milliers de Sri Nanda qui gardent au cœur le regret de leur pays d'origine, poursuit-il, de même que beaucoup de Pakistanais regrettent amèrement la perte de leurs amis et de cette société ouverte où les barrières religieuses n'existaient pas. La première année où les hindous et les sikhs ont eu la permission de revenir – pour quatre jours à l'occasion d'un match de cricket –, tout Lahore était là pour les accueillir. Des gens étaient même venus de villes éloignées dans l'espoir de retrouver d'anciennes connaissances. Les amis tombaient dans les bras les uns des autres avec des cris de joie, ils riaient et pleuraient d'émotion tout à la fois en se rappelant les beaux jours où ils vivaient ensemble. La folie meurtrière de la partition, attisée par les politiciens, avait depuis longtemps fait place à la nostalgie d'avoir perdu les compagnons de toujours, et les retrouver était un bonheur indicible. Aux principaux carrefours, des arches avaient été élevées où il était écrit en hindi : « Bienvenue à nos frères indiens ! » Près des centres commerciaux, de grandes tables avaient été dressées avec toutes sortes de rafraîchissements. Pendant quatre jours la ville entière n'avait pensé qu'à fêter ses anciens habitants qui lui avaient tant manqué.

Le drame de la partition... Anne en a entendu parler maintes fois par Yannick, son grand-père, qui, en 1947, était l'un des attachés du consulat de Lahore. La tragique naissance du Pakistan, la brutale séparation de populations qui depuis des siècles vivaient ensemble, la totale impréparation – les Anglais s'étant retirés un an avant la date prévue –, les massacres qui s'étaient ensuivis, les trains arrivant de part et d'autre de la frontière remplis de cadavres, il lui avait tout raconté. En l'écoutant, elle avait vécu l'horreur et compris la haine qui se transmet de génération en génération ; mais aujourd'hui, elle perçoit, encore plus profonde, la douleur d'une relation amoureuse brisée.

Lahore, qu'on appelait « le Paris des Indes » tant la vie y était douce et sophistiquée, ne s'en est jamais remise. Située à trente kilomètres de la frontière elle est le premier bastion face au frère ennemi, cette Inde puissante qui lui fait peur mais dont elle garde, malgré tout, une inextinguible nostalgie.

Anne repense à ce grand-père qu'elle adorait et qui lui parlait de Lahore avec tant d'enthousiasme. Mais c'est seulement lorsqu'elle avait annoncé à sa grand-mère son départ pour le Pakistan qu'elle avait découvert quels liens, très personnels, le rattachaient à cette ville.

Peu après son arrivée, Yannick était tombé amoureux d'une jeune musulmane, Rekha, une splendeur. Pendant des semaines ils s'étaient retrouvés en secret grâce à la complicité d'amis. Yannick voulait aller voir les parents de Rekha pour leur demander sa main, mais celle-ci hésitait, craignant leur réaction : elle voulait attendre le moment propice. Ce moment n'arriva jamais car, le 15 aout 1947, la partition entre l'Inde et le Pakistan fut déclarée officiellement et Lahore, la capitale culturelle que tout le monde pensait devoir rester en Inde, s'était retrouvée au Pakistan.

Le premier choc passé, la violence allait déferler sur toute la ville :

« Ton grand-père avait rendez-vous avec Rekha, mais il était retenu au consulat par un flot de gens qui suppliaient qu'on les aide à quitter cet enfer. Lorsque enfin il put se libérer, il courut au salon de thé où ils se retrouvaient habituellement. L'établissement était fermé, rideau de fer baissé, comme tous les commerces de la ville. Inquiet, il se précipita chez Rekha. La maison était déserte, les voisins ignoraient où la famille était partie. Il interrogea tous leurs amis, aucun ne put le renseigner.

« Pendant trois jours il parcourut une ville en feu, la cherchant désespérément. Jusqu'à ce qu'on l'avise que le consulat allait fermer et que tous les Français devaient quitter le pays. Il partit, la mort dans l'âme. Pendant des mois il écrivit à Rekha sans jamais recevoir de réponse. Et puis... il m'a rencontrée. »

Stupéfaite, Anne avait écouté sa petite grand-mère raconter sur un ton posé combien son mari avait été fou amoureux d'une autre. Et lorsque de sa voix douce elle avait ajouté : « Puisque tu vas au Pakistan, tu pourrais essayer de la retrouver », elle s'était récriée :

« Pour quoi faire ?

— C'était le plus cher désir de ton grand-père et je suis sûre que de là-haut il serait heureux de le voir exaucé. Non seulement il voulait savoir si Rekha avait survécu aux massacres mais surtout il voulait lui dire qu'il ne l'avait pas trahie et qu'il avait tout fait pour la retrouver.

— Mais enfin, grand-mère, n'étiez-vous pas jalouse ? »

Elle avait souri :

« Ton grand-père et moi nous sommes aimés profondément pendant quarante ans. Rekha, c'était autre chose, elle était son rêve d'Orient qui comblait son côté aventureux et passionné mais dont il savait qu'il se serait fracassé sur la réalité. J'ai aimé Rekha, j'ai aimé son rêve, car j'ai tout aimé de ton grand-père. »

La voix de Sri Nanda arrache Anne à ses souvenirs.

« Quelle joie de vous revoir, ma chère Samiya ! Comment va votre école de danse ?

— Étonnamment bien, Sri Nanda ! Figurez-vous que, malgré les imprécations des maulvis, j'ai de plus en plus d'élèves. Et souvent des jeunes filles qui dans la rue portent le voile. Par la danse elles s'épanouissent, elles respirent ; elles ont besoin de cet espace de liberté. »

Samiya a une quarantaine d'années, la poitrine ronde et la taille fine des sculptures des temples hindous. Au Pakistan, elle est l'une des deux danseuses professionnelles de katak, danse traditionnelle du nord de l'Inde. Régulièrement, elle reçoit des menaces des fondamentalistes mais refuse de se laisser intimider.

Un homme jeune, à l'épaisse chevelure noire et à l'allure dégingandée, s'est approché :

« Je vous en prie, Sri Nanda, dites-lui d'arrêter. Elle va finir par se faire tuer ! »

Et se tournant vers Samiya :

« Tu es vraiment folle ! Les islamistes sont ulcérés, ils t'accusent de corrompre la jeunesse et ont juré de t'en empêcher. »

Samiya s'est empourprée :

« Tu préférerais sans doute que je reste chez moi les bras croisés ? » lance-t-elle, acerbe...

Diplomate, Jamal s'interpose et, saisissant le bras du jeune homme :

« Laisse-la tranquille, Karim, tu n'es ni son frère ni son mari, Samiya n'a pas besoin de toi pour savoir comment se conduire. »

Et, pour faire diversion :

« Je vous présente Anne, une collègue journaliste arrivée hier. Elle doit effectuer une série d'articles sur notre beau pays, "le pays le plus dangereux de la planète", comme l'a surnommé *Newsweek* – un vrai titre de gloire ! Anne, je vous présente Karim, homme de théâtre, quant à Samiya vous savez déjà presque tout d'elle.

— Et je lui donne totalement raison. Si, sous prétexte de danger on se cantonne dans sa petite existence confortable, quel ennui la vie !

— Parlez-vous sérieusement ? »

Le grand garçon en jean s'est planté devant Anne, il arbore une mine stupéfaite :

« Seriez-vous une véritable idéaliste ? Ça existe encore sous vos climats ? Ou bien nous faites-vous l'habituel cinéma des moralistes occidentaux qui écrasent nos pays sous les bombes en clamant que c'est pour notre bien ? »

Il se moque d'elle, va la faire passer pour une oie blanche, elle ne tombera pas dans le piège.

« À vous de voir, monsieur le cynique », rétorque-t-elle en plantant ses yeux dans les siens. Et sans lui laisser le temps de répondre, elle lui tourne le dos, manquant de bousculer une grande fille blonde qui arrive accompagnée d'un homme, un peu en retrait, son visage mélancolique éclairé par de profonds yeux verts.

« Sylvie ! Toi ici ! s'exclame Samiya en écarquillant les yeux. Que fais-tu dans ces mondanités ? Et accompagnée du pourfendeur de la bourgeoisie ! »

La nouvelle venue éclate de rire :

« C'est pour faire plaisir à notre hôte. Il m'a tellement aidée ! Sans lui je n'aurais jamais pu surmonter les multiples chausses-trapes de votre bureaucratie.

— Qu'il t'aide est la moindre des choses quand on pense au formidable boulot que tu accomplis. Anne, je vous présente Sylvie, la représentante de Médecins sans frontières pour la région de Lahore, elle s'occupe d'un camp de réfugiés. Et Taher, mon ex-mari, autrefois militant, maintenant directeur d'un institut d'études sur la condition ouvrière et le syndicalisme au Pakistan.

— Enchantée, Anne, sourit Sylvie. D'ailleurs si ces camps vous intéressent en tant que journaliste, je peux vous y emmener un de ces jours. Mais je vous préviens, vous allez voir un tout autre Pakistan ! »

Les derniers rayons du soleil font vibrer de leurs lueurs rouges les arabesques des tapis. Ce soir, en l'honneur de l'ami venu de l'Inde, se tient un *mushaira*, une joute où les meilleurs poètes de la ville rivalisent pour ressusciter l'esprit du Lahore d'autrefois en faisant revivre les traditions raffinées de la cour moghole, cette cour où l'empereur Jehangir aimait passer ses nuits à versifier avec ses compagnons et à s'enivrer de musique et des plus délicats nectars.

Sur un thème donné, l'un après l'autre les poètes improvisent, déroulant longuement images et riches sonorités devant un public qui ronronne de plaisir et parfois, n'y tenant plus, interrompt l'orateur pour reprendre en les déclamant ses plus belles rimes. Plus que tout autre, Sri Nanda suscite l'enthousiasme et a droit à des ovations qu'Anne met sur le compte de la reconnaissance des Lahorites pour ce frêle vieillard qui, envers et contre tout, persiste à se considérer comme un enfant de la ville. Assise à ses côtés, Samiya la détrompe :

« La poésie est ici une affaire trop importante pour qu'on y mêle d'autres considérations. Les poèmes de Sri Nanda sont extraordinaires car ils traitent de choses essentielles avec légèreté. C'est très rare, surtout aujourd'hui où l'on croit nécessaire de parler gravement des choses graves, comme les acteurs qui forcent leurs grimaces de peur que le spectateur ne comprenne pas le texte, ou comme nos politiques qui parlent d'autant plus pompeusement qu'ils n'ont rien à dire. »

Pendant près de deux heures, Sri Nanda a tenu son auditoire en haleine, et quand finalement il s'incline sous les applaudissements, il est si pâle que Jawed Khan, inquiet, se précipite vers lui :

« Il faut vous reposer, vous vous épuisez ! »

Le vieil homme secoue la tête :

« Mon fils, ne comprends-tu pas que mon plus cher désir c'est de mourir ici, dans *ma* ville ? Et si j'ai ce bonheur, ne t'avise pas de renvoyer ma dépouille en Inde ! Je veux que mes cendres soient jetées ici même, dans la rivière Ravi où, adolescents, nous allions nous baigner avec ton père. »

Sur scène, les poètes se succèdent, parmi lesquels quelques femmes, très appréciées. Lorsque soudain – Anne n'en croit pas ses yeux – une silhouette cachée sous une burqa noire s'avance. Un silence respectueux l'accueille. Lentement elle s'installe, prend tout son temps, elle connaît son pouvoir, elle qui voit sans que personne la voie, elle qui sait susciter tous les rêves.

À travers le grillage de soie qui dissimule son visage s'élève sa voix chaude, où toute la séduction de cette femme – jeune, vieille, belle, laide ? – se donne libre cours, débordante de sensualité et d'autant plus désirable qu'inaccessible.

Captivée, l'assistance retient son souffle. Le mushaira va se prolonger jusqu'à l'aube, personne ne songerait à s'en aller.

Au petit matin, les serviteurs, gants blancs et yeux cernés de noir, s'empressent de servir le thé, les invités boivent en silence pour préserver en eux l'enchantement… mais peu à peu on perçoit les bruits de la ville qui s'éveille, la fête s'effiloche, il est temps de rentrer chez soi.

« Alors comment avez-vous trouvé notre grande poétesse ? » interroge une voix derrière Anne. Se retournant, elle découvre Karim accompagné d'une dame aux cheveux blancs, très belle.

« Je vous présente ma grand-mère, la bégum Nusrat Sagid Khan. Nani[1], voici Anne, une journaliste française venue écrire sur le Pakistan, ce pays à la dérive peuplé d'islamistes et de femmes voilées. La pauvre est cruellement déçue car, de la journée, elle n'a pas vu un barbu et la seule femme voilée, parmi toutes ces créatures décolletées, n'est pas une victime du machisme musulman mais une star admirée des foules ! »

---

1. « Grand-mère ».

Sans prêter attention aux propos de son petit-fils, la vieille dame s'est tournée vers Anne, les yeux brillants :

« Vous venez de France ? Ce pays dont nous rêvons tous ! J'ai tant lu sur la patrie des libertés, des droits de l'homme… et de la femme ! Et sur Paris, la capitale de la culture. Si vous avez le temps, passez me voir un de ces jours pour me parler de votre pays. Et moi, je vous raconterai le Lahore d'autrefois. »

Gracieuse, elle s'éloigne, la main posée sur le bras de son petit-fils affectueusement penché vers elle.

Samiya les suit du regard :

« Quel paradoxe, ce Karim ! Devant sa grand-mère, ce cynique fond de tendresse et de fierté.

— Il a bien raison, s'il y avait plus de femmes comme la bégum Nusrat, le Pakistan n'en serait pas là. » commente Jamal qui les a rejointes.

Puis se tournant vers Anne :

« Peux-tu être dans le hall de l'hôtel Intercontinental dans deux heures ? Il y aura là trois journalistes américains qui ont loué un hélicoptère afin de survoler les zones inondées. Il restait une place, je leur ai parlé de toi. Ils sont d'accord pour que tu te joignes à eux. Le départ est à 7 heures. À moins, bien sûr, que tu ne préfères dormir… »

Et devant les protestations de la journaliste :

« Je plaisante, je sais bien que tu es une professionnelle avant tout ! » déclare-t-il avec un sourire narquois.

Est-ce une critique ?

Chapitre 2

À basse altitude, l'hélicoptère survole les terres dévastées, qui semblent un immense lac d'où émergent parfois un arbre ou les ruines de maisons de torchis écroulées. Pas la moindre trace de vie, seulement l'eau, des eaux boueuses à perte de vue. Collés aux hublots, les quatre journalistes prennent des photos : des dizaines de milliers d'hectares submergés, plus d'un million de sans-abri… des chiffres abstraits jusqu'à ce qu'on se trouve face à la tragique réalité.

Cette année, comme les trois années précédentes, des moussons d'une violence inconnue dans la région ont ravagé le pays. Pendant des semaines, des pluies torrentielles ont ruisselé depuis les régions montagneuses du nord jusque vers le sud, emportant tout sur leur passage. Les dégâts les plus graves ont eu lieu ici, explique le guide, dans ces plaines du Pendjab et du Sind où depuis des mois les eaux stagnent et s'accumulent car aucune dénivellation ne leur permet de s'écouler vers la mer. C'étaient de riches terres à blé, on y cultivait aussi le coton, le maïs et la canne à sucre, rien ne pourra plus y pousser avant un ou deux ans.

« Y a-t-il eu beaucoup de morts ? demande Anne.

— Quelques milliers ont péri noyés car les secours ont mis du temps à arriver. »

En effet, devant l'ampleur du désastre, l'administration, à l'ordinaire déjà peu efficace, s'est trouvée totalement débordée. Seuls les militaires étaient bien organisés : jour et nuit ils envoyaient leurs hélicoptères chercher les paysans encerclés par les eaux qui ne cessaient de monter.

« J'ai participé à ces opérations de sauvetage, commente le pilote ; le moindre promontoire, la moindre terrasse des maisons de brique encore debout était empli de gens entassés avec leur bétail, qui grelottaient dans leurs vêtements trempés. Il y en avait même dans les arbres. Ils agitaient désespérément les bras vers nous, nous ne pouvions sauver tout le monde, ils se bousculaient pour tenter d'attraper l'échelle de corde... Ce sont des scènes que je ne pourrai jamais oublier... Et partout des corps d'animaux gonflés flottant à la surface, parfois des cadavres humains...

— L'armée a été formidable, reconnaît le guide, mais les plus efficaces ont été les associations islamiques. »

Anne se souvient d'avoir lu des descriptions de ces milliers de volontaires qui n'hésitaient pas à risquer leur vie pour secourir les malheureux. Ils venaient en barque jusqu'aux endroits les plus reculés où personne n'osait s'aventurer.

« Je peux vous assurer, poursuit le guide, que les gens ont fait la différence entre eux et les organisations gouvernementales quasi absentes : ils se sont gagné les cœurs !

— Vous voulez dire que, désormais, les terroristes sont en terrain conquis ? s'indigne un grand gaillard au fort accent texan.

— Je vous en prie, cessez de voir des terroristes partout et surtout de confondre islamistes et terroristes ! »

Le Pakistanais ne cache pas son exaspération :

« Si les islamistes rêvent d'imposer leur version rigide de l'islam, ils ne sont qu'une petite minorité à vouloir l'imposer par les armes.

— Mais une minorité très active ! intervient Anne.

— Sans doute… »

La voix du jeune homme chavire :

« Mais c'est nous, les musulmans, qui en sommes les principales victimes, ils s'attaquent impitoyablement à tous ceux qui n'adhèrent pas sans réserve à leurs idées ; nous sommes coincés entre le marteau et l'enclume, entre l'Occident qui nous accuse d'être trop musulmans et les islamistes qui nous accusent de ne pas l'être assez. Si vous ne voulez pas désespérer l'immense majorité, si vous voulez que nous trouvions la force de résister, cessez de nous rejeter et de nous mettre tous dans le même sac ! »

À peine Anne est-elle rentrée à l'hôtel que le téléphone sonne : c'est Olivier, son rédacteur en chef, qui l'appelle de Paris.

« Alors ça va ? Bien installée ? Je suis en train de faire le sommaire : qu'est-ce que tu nous prépares pour la semaine prochaine ?

— Ce matin, j'ai survolé des centaines de kilomètres de campagnes inondées ; il y a plus d'un million de sans-abri, un désastre humanitaire ! Demain je vais visiter un camp de réfugiés. Que dirais, tu d'un grand papier ?

— Tu plaisantes ! Les réfugiés, on a déjà donné au début des inondations, il y a cinq mois.

— Mais là c'est différent, ils sont complètement abandonnés par le gouvernement, ils vont être des dizaines de milliers à mourir de faim !

— Écoute, chou, il y a actuellement des tas de drames dans le monde, des centaines de milliers de migrants qui arrivent de partout, plein de morts qui, excuse-moi, attirent plus la sympathie que tes Pakistanais.

— Parce que ceux-ci sont musulmans et donc des terroristes potentiels ?

— Exact ! Même si c'est un petit nombre qui fait des conneries, les gens font l'amalgame, je n'y peux rien.

— Mais c'est justement à nous, journalistes, d'expliquer...

— Arrête, Anne ! On t'a envoyée couvrir le sujet qui obsède tout le monde : y a-t-il un danger que les talibans ou al-Qaida s'emparent de la bombe ? Ou peut-être même Daech qui semble s'infiltrer dans la région ? Trouve-nous des infos ! Dans les camps de réfugiés, pourquoi pas ? Des pépinières de terroristes sans doute. Mais tu centres sur la bombe, hein ! Allez, fonce ! »

La bombe est-elle parfaitement sécurisée ? C'est la question à dix millions de dollars ! Seuls les militaires peuvent y répondre, mais si j'essaie de les interviewer, ils vont me mener en bateau ou me rire au nez.

Dans sa chambre, Anne fait les cent pas. Qui pourrait bien lui fournir des informations valables ? Peut-être devrait-elle aller voir le consul de France, non qu'elle ait grand espoir – les diplomates s'écartent rarement de la version officielle – mais au moins lui donnera-t-il quelques contacts.

Le taxi l'a déposée devant une grande demeure blanche à colonnades, l'une de ces maisons imposantes construites au XIXe siècle par l'occupant britannique, comme il n'en subsiste plus beaucoup à Lahore. Le consul, un petit homme rond, la reçoit aimablement. Mais dès sa première question, il sursaute, exaspéré :

« La bombe ? Mais la véritable bombe, celle qui va bientôt tout faire exploser dans ce malheureux pays, c'est la misère ! Soixante millions de Pakistanais – un sur trois – vivent en dessous du seuil de pauvreté, tandis que les classes dirigeantes vivent dans un luxe insolent et ne paient pas d'impôts. Si cette bombe-là éclate, alors oui, peut-être que l'autre, jusqu'à présent bien sécurisée par le haut commandement, pourrait tomber entre les mains des terroristes, avec l'aide de certains militaires qui partagent leurs idées. »

Intérieurement, Anne se dit qu'en effet le scénario irakien qui a donné naissance à Daech – la conjonction de la pauvreté, d'agitateurs islamistes et de militaires mécontents – pourrait se répéter. Sauf qu'au Pakistan c'est beaucoup plus grave. Justement parce qu'ils ont la bombe.

Le petit consul semble proche de l'apoplexie :

« Vous, les journalistes, ne cherchez que le sensationnel ! Et le pays, et les gens ? C'est eux qu'il faut essayer de connaître, et alors seulement on aura une chance d'esquisser une réponse à cette question qui, à juste titre, préoccupe le monde : la bombe pakistanaise pourrait-elle un jour représenter un danger pour l'Occident ou n'est-elle qu'une réponse locale à la bombe indienne ? »

Se rencognant dans son fauteuil, Anne boit du petit-lait : le voilà, le début de son article, ça va clouer le bec de son rédac chef. L'interview d'un diplomate, il ne va quand même pas la censurer en arguant que ce sont des propos de gauchiste inconscient !

Il faut dire que celui-ci est un oiseau rare. En général, dans les chancelleries, c'est plutôt la langue de bois. Mais, lorsqu'il était jeune, le consul a fait sa coopération à Karachi, deux ans durant lesquels il a appris l'ourdou[1] et voyagé à travers tout le pays. Il connait bien le Pakistan et il l'aime.

« Regardez les journaux de ce matin. »

Il saisit une liasse d'imprimés et les agite devant les yeux de la jeune femme.

« Une bombe dans une mosquée chiite : trente morts ! Le fils d'un milliardaire kidnappé ! Une chrétienne lynchée pour blasphème ! Encore un médecin chiite assassiné ! Si le gouvernement continue à ne rien faire, le Pakistan va sombrer dans la guerre civile. Mais peut-être n'est-ce pas son problème… »

La journaliste hausse les sourcils. Le consul lui expose alors que depuis des décennies le pays est mis en coupe réglée par un

1. Langue officielle du Pakistan, où elle est écrite en caractères arabes. En Inde, elle est majoritairement écrite en caractères devanayari et alors appelée hindi. Appartenant aux groupes des langues indo-européennes, l'ourdou est aussi constituée d'arabe, de persan et de turc.

gouvernement et une classe dirigeante dont le principal souci est de se remplir les poches au plus vite.

« Ici on peut devenir milliardaire en deux ou trois ans. Quand cela ira vraiment très mal, les riches abandonneront le navire. Tous possèdent un passeport avec visas, des comptes en banque bien garnis à l'étranger et un confortable appartement à Londres, à New York ou à Dubai. Ils rejoindront la jet-set des riches exilés, laissant leur pays et leur peuple s'enfoncer dans un interminable cauchemar. »

M. le consul, à l'évidence, en a gros sur le cœur. Anne ne va pas laisser passer une si belle occasion :

« Est-il exact que lors des grandes inondations de 2010, le président Asef Zardari, ex-mari de Benazir Bhutto, était à Londres pour s'acheter une somptueuse demeure ? Et qu'il n'a pas jugé nécessaire d'interrompre son séjour mais, au contraire, a fait escale en France pour séjourner dans son château de Normandie ?

— Exact. Il avait acheté dans le quartier de Mayfair une demeure de quatorze millions de livres, une somme suffisante pour reconstruire dix mille maisons et reloger une bonne partie des réfugiés.

— Mais sa famille n'avait aucune fortune. Tout cet argent viendrait-il des fameux quinze pour cent qu'il prélevait sur tout ce qui se faisait dans le pays ?

— Absolument. Et je peux vous dire qu'aujourd'hui le peuple ne se fait plus aucune illusion sur ses dirigeants. Cet automne, lorsque après plusieurs semaines d'inondations, quelques ministres et députés se sont enfin décidés à quitter leurs salons climatisés pour aller visiter les camps, ils ont été accueillis à jets de pierres par une population exaspérée. »

Heureusement, il y a la charité. Le consul évoque la société pakistanaise, l'une des plus généreuses au monde. Lors des inondations, les gens riches ont énormément donné. Mais le gros de la catastrophe passé, les efforts se sont relâchés. Chacun est retourné à ses occupations. L'armée, elle, est naturellement revenue à ses fonctions premières : la garde des frontières et la lutte contre les talibans. Ceux qui, en revanche, continuent sans relâche à s'occuper des millions de sans-abri, ce sont les islamistes.

« Le Pakistan fut longtemps une société modérée et tolérante, poursuit le consul, mais aujourd'hui les gens se tournent vers ceux qui les aident. Comme dit le proverbe : lorsqu'on se noie, on ne regarde pas la couleur du bâton qu'on vous tend. »

Anne esquisse une moue :

« Une société modérée ? Le Pakistan est quand même connu pour être un nid de terroristes !

— L'ennui avec vous, les journalistes, c'est que vous savez tout avant d'avoir mis le pied dans le pays ! Je peux vous assurer que jusqu'à l'invasion soviétique de l'Afghanistan en 1979, l'extrémisme islamique était presque inconnu ici. Le plus grand parti politique musulman, le Jamaat-e-Islami, faisait tout au plus 5 % aux élections. Il a fallu que les États-Unis aient la brillante idée d'utiliser un islamiste saoudien, Oussama Ben Laden, afin d'organiser la résistance contre les Soviétiques athées, il a fallu qu'avec l'Arabie saoudite ils financent des centaines de madrasas formant à l'islam le plus rétrograde des milliers de militants, pour que tout bascule.

— C'était il y a près de trente ans. Les Soviétiques ont quitté l'Afghanistan en 1989 et le terrorisme n'a cessé d'empirer depuis !

— Et pourquoi ? Parce qu'une fois les Soviétiques chassés, les Américains sont partis, laissant derrière eux des pays en ruines, explique le consul. Le Pakistan s'est retrouvé avec trois millions de réfugiés et au moins cent mille jeunes fanatiques qui, depuis, mettent le pays à feu et à sang afin d'imposer leur interprétation délirante de l'islam. »

Il secoue la tête, l'air désabusé :

« Aujourd'hui, sous différents noms, ces fanatiques sont des millions de par le monde. Pour eux, la démocratie et les valeurs d'un Occident dont ils dénoncent l'injustice et le double langage sont le diable à combattre par tous les moyens. Comme toujours, les États-Unis ont joué les apprentis sorciers et ont été dépassés par le monstre qu'ils ont contribué à créer. Maintenant, c'est le monde entier qui en souffre. Et, croyez-moi, ce n'est que le début ! »

Le consul a fait reconduire la journaliste dans sa limousine. Enfoncée dans les coussins de cuir, Anne se surprend à apprécier de ne pas être dans un taxi sale et malodorant. Encore ces taxis sont-ils un luxe inaccessible aux 99 % de la population qui se déplacent à pied sous un soleil de plomb, ou entassé dans des bus brinquebalants qui risquent à tout instant l'accident. Facile de dénoncer la corruption, mais est-ce aussi facile de rester honnête quand on mène une vie misérable, de résister à la tentation de pouvoir donner à ses enfants l'éducation qui leur permettra, peut-être, de s'en sortir ?

La voiture la dépose devant son hôtel. Reconnaissant la plaque diplomatique, le portier enturbanné s'est incliné encore plus bas que d'habitude.

À peine est-elle entrée dans sa chambre qu'Anne ressent une impression étrange… Elle n'en est pas certaine mais il lui semble qu'en son absence quelqu'un a pénétré dans la pièce. Un voleur ? Elle regarde partout, dans les placards, dans ses valises, rien ne manque, mais l'impression persiste. A-t-on fouillé ses papiers ? Seraient-ce les services secrets qui dans ce pays – on l'a prévenue – sont omniprésents ? *Allons, ne faisons pas de paranoïa, d'ailleurs je n'ai rien à cacher, je fais juste mon métier.* Pourtant, l'idée qu'on puisse fouiner dans ses affaires lui est insupportable. Demain, avant de partir, elle laissera quelques repères, mais quoi ? Elle essaie de se souvenir de ce qu'elle a lu dans les romans policiers… Un cheveu dans la serrure ? Elle rit, difficile et ridicule ! Après tout, le plus simple sera de laisser ses notes disposées sur la table dans un certain ordre.

Mais elle a du mal à recouvrer sa tranquillité d'esprit, et ce n'est que tard dans la nuit qu'elle se mettra au travail. L'aube commence à poindre lorsqu'elle pose le point final à son article : « "La vraie bombe, c'est la misère." Interview d'un diplomate. »

Chapitre 3

La sonnerie du téléphone sort Anne d'un lourd sommeil. C'est à nouveau son rédacteur en chef.

« Deux églises viennent d'être attaquées à Lahore pendant la messe dominicale, il y a une vingtaine de morts, soixante-dix blessés. Tu n'es pas au courant ? Les gardes censés protéger l'entrée regardaient un match de cricket à la télé…

— Je croyais que le côté humain ne t'intéressait pas ?

— Mais ce sont des chrét… Arrête de faire l'imbécile ! Il nous faut d'urgence un papier.

— Il y a aussi, chaque jour, des victimes hindoues et surtout des victimes musulmanes.

— Des musulmans ?

— Oui, en particulier des chiites.

— Ah oui… les chiites… – un silence – ok, tu peux évoquer les hindous et les chiites, mais centre sur les chrétiens, la Bibi…

— Tu veux dire Asiya Bibi ? La femme condamnée pour blasphème ?

— C'est ça, Bibi et les chrétiens. Il nous faut le papier pour mercredi, tu as trois jours. »

L'église du Christ est située à Youhanabad, un quartier de Lahore habité essentiellement par des chrétiens. Édifié après la partition, c'est un bâtiment de briques rouges situé sur un terre-plein protégé par un haut mur de béton.

Les secours sont arrivés très vite, les ambulances ont dégagé les morts et les blessés, mais le sol recouvert de sang est encore jonché de débris à demi calcinés parmi lesquels Anne, horrifiée, croit reconnaître des restes humains. Armés de seaux d'eau et de balais, les employés de la ville s'efforcent de tout faire disparaître. Des rues avoisinantes les gens sont accourus – curiosité ou sympathie – et se pressent autour des rescapés. On essaie de les arracher à l'atroce spectacle mais la plupart refusent de bouger. Pétrifiés, ils semblent fixer la mort. Des femmes sanglotent en serrant dans leurs bras des enfants qui hurlent de frayeur. Anne reste en retrait, elle hésite à les interroger, à s'immiscer dans leur douleur. Scrupules inutiles, les femmes ont besoin de parler, elles veulent expliquer à la journaliste étrangère ce qu'elles vivent, elles sont avides de témoigner.

« J'étais installée dans les premiers rangs, raconte l'une d'elles, vêtue d'un ample shalwar kameez[1] violet à fleurs roses, j'ai eu de la chance, quand je pense au nombre de victimes qu'aurait pu faire le terroriste s'il n'avait été intercepté !

1. Tenue nationale pakistanaise, tunique longue et pantalon bouffant, portée surtout par les hommes mais aussi par les femmes des milieux populaires.

S'il avait réussi à pénétrer dans l'église, pleine à craquer le dimanche, il y aurait eu des centaines de morts !

— Heureusement que nos jeunes gens veillaient à l'extérieur, insiste sa voisine, la police pakistanaise ne fait rien pour nous protéger.

— Bien sûr qu'ils ne font rien ! Ils sont jaloux parce qu'ils sentent que nous leur sommes supérieurs.

— Supérieurs ? » s'étonne Anne.

Une femme d'une cinquantaine d'années, qui se présente comme institutrice, renchérit :

« Nous, les chrétiens, faisons le maximum pour donner une bonne éducation à nos enfants. En plus, comme nous parlons anglais à la maison, cela nous avantage par rapport à nos voisins qui eux parlent ourdou, et nous permet d'accéder à de meilleurs postes.

— Mais surtout nous sommes réputés être travailleurs et honnêtes, contrairement aux musulmans », ricane une petite maigre.

Un homme s'est approché et les morigène à voix basse :

« Arrêtez de parler à une étrangère. On vous regarde. C'est dangereux ! La police secrète est arrivée, ça grouille, et pour eux tout le monde est suspect ! »

« Allô, monsieur le curé Da Souza ? Bonjour, je suis la correspondante d'un grand hebdomadaire français et voudrais vous interviewer à propos des attentats.

— Désolé, madame, je n'ai pas le temps.

— Mais...

— Inutile d'insister. Au revoir, madame. »

Et il raccroche au nez d'Anne, stupéfaite.

Une demi-heure plus tard, on frappe à la porte de sa chambre. C'est un adolescent de la cathédrale du Sacré-Cœur qui vient la chercher.

Contrairement à la modeste église du Christ, la cathédrale en impose. Construite au centre-ville, du temps des Britanniques, c'est un magnifique édifice de briques rouges et de pierre, un curieux mélange de flèches gothiques et de coupoles byzantines.

Le curé, un homme au teint olivâtre, boudiné dans sa soutane, se confond en excuses :

« Je suis désolé, madame, mais comment voulez-vous que je vous réponde au téléphone ? On ne doit pas savoir que je parle aux journalistes. »

Et pourtant il doit absolument faire connaître la situation de la minorité chrétienne, expliquer que depuis des années elle vit dans la peur, alors qu'auparavant tout le monde cohabitait plutôt bien. Il y avait naturellement des querelles entre voisins, mais c'étaient simplement des querelles entre voisins, on ne prétendait pas comme aujourd'hui que c'était un conflit entre chrétiens et musulmans, avec les répercussions catastrophiques que cela entraîne, comme les attaques d'églises ou les lynchages.

« Y a-t-il encore beaucoup de chrétiens au Pakistan ? s'enquiert Anne.

— Environ trois millions, plus de 2 % de la population, et la plus forte proportion réside ici à Lahore. La ville et ses alentours comptent cent trente églises, anglicanes ou catholiques. Nous avons aussi une soixantaine d'écoles et de collèges tenus par des religieuses, où la bonne société pakistanaise aime envoyer ses filles, estimant qu'elles y recevront la meilleure éducation. »

Anne secoue la tête avec impatience.

« Je ne comprends pas... Pourquoi alors ces attaques contre les chrétiens ?

— Le Pakistan est une société schizophrène. Les élites, élevées à l'anglaise, adoptent ou essaient d'adopter l'allure et les manières de la haute société britannique. En cela, nos écoles leur sont très utiles. Elles apprécient aussi le dévouement des infirmières chrétiennes, nombreuses dans les hôpitaux. Mais, en dehors des métiers hospitaliers et de l'enseignement, nous avons peu d'ouvertures dans d'autres branches. En réalité, elles nous méprisent. »

Autant que du mépris, c'est du ressentiment, songe Anne. Elle se remémore ses discussions avec ses amis indiens : comme au Pakistan, ils tenaient les chrétiens pour des « collabos ». Cela remonte à l'époque où les Britanniques gouvernaient les Indes et préféraient donner des postes aux convertis qu'ils jugeaient plus dignes de confiance.

« Aujourd'hui, la majorité des Pakistanais estiment qu'un non-musulman n'est pas un citoyen à part entière, reprend le père Da Souza. Ils ont oublié que dans le drapeau vert, blanc, rouge, voulu par le fondateur du pays, Mohamed Ali Jinnah, la bande blanche symbolise les communautés chrétiennes mais aussi les hindous et les ahmadis[1] persécutés comme nous. Encore

---

1. Les ahmadis sont une communauté religieuse née en Inde au XIXe siècle et se réclamant de l'islam ; mais pour eux le dernier

qu'actuellement, ce sont les musulmans chiites les plus visés : les extrémistes sunnites les haïssent, ils estiment qu'ils ont trahi l'islam. Ces dernières années, ils ont tué des centaines de médecins, d'ingénieurs et d'universitaires chiites : ils veulent détruire l'élite pour briser toute la communauté et la forcer à partir. Comme ils voudraient aussi faire partir les chrétiens. Ainsi, ils réaliseraient leur rêve d'un Pakistan sunnite pur et dur. »

Monsieur le curé respire bruyamment, il y a tant à dire, il voudrait tellement que cette journaliste comprenne !

« Aidez-nous, madame, implore-t-il, écrivez que depuis que l'islamisme progresse nous vivons sous la menace, non seulement des attentats mais aussi de la terrible loi sur le blasphème : quiconque manque de respect envers le Prophète Muhammad est emprisonné et peut être condamné à mort. »

Il a un rire amer :

« Dans de telles conditions, quel fou, dites-moi, oserait s'y risquer ? En réalité, la loi est utilisée frauduleusement : si quelqu'un désire s'approprier les biens de son voisin ou se venger de lui, il l'accusera de blasphème. C'est un moyen facile et infaillible de l'éliminer[1]. »

Prophète n'est pas Muhammad, mais leur Prophète Ahmad, ce qui leur vaut d'être considérés comme hérétiques par les musulmans.

1. En réalité, les chiffres montrent qu'il y a trois fois plus de musulmans que de chrétiens accusés de blasphème. De 1987 à 2015, il y eut 730 musulmans contre 205 chrétiens, 26 hindous et 501 Ahmadis. Ce qui prouve que l'accusation est employée pour des motifs frauduleux, comme se venger ou s'emparer des biens d'un voisin.

Il fait signe au serviteur qui se tient debout devant la porte, les yeux modestement baissés.

« Va chercher Chandananda, dis-lui que j'ai une visiteuse pour elle. »

Au bout de quelques minutes, apparaît une grande femme, enveloppée dans un châle moutarde qui peine à dissimuler ses formes plantureuses.

« Chandananda est venue nous demander protection voilà trois mois. Nous la cachons, Dieu seul sait pour combien de temps !

— Et je vous en suis profondément reconnaissante, mon père.

— Raconte ton histoire à notre invitée, elle est journaliste, elle pourra peut-être t'aider. »

La femme hoche la tête, elle a raconté son histoire maintes fois, mais elle ne peut rien refuser à son bienfaiteur.

Issue d'un village proche de Lahore, peuplé de musulmans mais où habitent également une dizaine de familles chrétiennes, Chandananda n'avait jamais eu de problème. Chacun vaquait tranquillement à ses occupations. Elle travaillait avec son mari maçon, achetait des plaques de bois dont on se sert pour faire les toits, les entreposait à la maison et les vendait. Un jour, la femme du maulvi lui demanda des plaques pour le toit d'une mosquée, qu'elle promettait de payer plus tard. Mais les jours passaient et elle ne payait pas.

Un matin, Chandananda lui demanda de lui donner son argent ou de rendre le bois. La femme du maulvi refusa net. Le ton monta, elles échangèrent des insultes. Les voisins sortirent pour les faire taire : « Comment osez-vous vous battre en face d'une mosquée ! » s'indignèrent-ils.

Chandananda rentra chez elle, ulcérée.

Vers minuit, des gens frappèrent à sa porte, ils étaient une cinquantaine et clamaient : « Elle a insulté le Prophète ! » Par la fenêtre, elle cria très fort : « C'est faux ! », mais elle et son mari commencèrent à prendre peur.

Voyant qu'ils n'ouvraient pas, le groupe se rendit à la mosquée principale et, par haut-parleur, appela tous les hommes à sortir dans la rue. Une foule, armée de bâtons, se dirigea vers la maison.

Les policiers, arrivés sur les lieux, entrèrent de force. Chandrananda tenta de leur expliquer ce qui s'était passé, pensant qu'ils allaient les aider. Sans l'écouter, ils la déclarèrent coupable et la mirent en prison, seule dans sa cellule.

« C'était sans doute pour la protéger, intervient le curé, car dans les cas de blasphème, il arrive que les autres prisonniers fassent "justice" eux-mêmes. »

Chandananda était restée en prison quatre mois. Finalement une famille de riches chrétiens avait payé sa caution et elle avait pu sortir.

« Mais je ne peux pas rentrer au village, je me cache. On m'a prévenue que mon affaire va bientôt être jugée mais j'ai même peur de paraître en cour de justice car les maulvis ont juré de me tuer. Et dans ces procès pour "blasphème", il est arrivé que le prévenu soit assassiné en plein tribunal ou sur les marches du palais.

— C'est presque la même histoire que celle d'Asiya Bibi ! constate Anne.

— Il y a dans ce pays des centaines d'Asiya Bibi emprisonnées sur la base de faux témoignages, confirme le père Da

Souza. Tant que la loi sur le blasphème ne sera pas changée, il y en aura de plus en plus. C'est ce qu'avait compris Salman Taseer, le gouverneur du Pendjab. Il a voulu faire amender la loi et l'a payé de sa vie. »

Anne se souvient bien de la mort du gouverneur, qui avait fait la une des journaux. C'était en janvier 2011. Le cas d'Asiya Bibi, une chrétienne condamnée à mort pour blasphème, avait suscité des protestations dans tout le pays et même à l'étranger tant il était clair que les témoignages étaient fallacieux. Le gouverneur Salman Taseer, connu pour ses idées progressistes, avait évoqué à différentes reprises la nécessité d'amender la loi, adoptée dans les années 1980 sous la dictature du général Zia, afin qu'elle ne puisse plus être détournée pour servir des intérêts particuliers. Il était même allé voir Asiya Bibi en prison, un geste fort qui avait été retransmis par toutes les chaînes de télévision.

À la suite de quoi les islamistes avaient répandu la rumeur qu'il voulait abroger la loi. Quelques jours plus tard, alors qu'il sortait d'un restaurant avec des amis, un de ses gardes du corps l'avait abattu de vingt-neuf balles, sans qu'aucun autre garde intervienne.

L'assassin, Mumtaz Qadri, s'était immédiatement rendu, déclarant avoir agi pour défendre l'honneur du Prophète. Conduit sous escorte à la cour de justice, il avait été accueilli avec des guirlandes de fleurs par des milliers d'admirateurs, parmi lesquels des dizaines d'avocats. Il n'y eut d'ailleurs pas de procès car les juges, effrayés, partirent en vacances. Tétanisé, le gouvernement recula et renonça à changer la loi.

« Et par la suite, qu'est-il arrivé à l'assassin ? » demande Anne.

Le curé hausse les épaules, visiblement désabusé.

« Il est actuellement en prison à Lahore dans des conditions très confortables. Pour une partie de la population, c'est un héros, un saint défenseur de l'islam. Il reçoit de nombreuses visites, dont celles de pères qui emmènent leur fils lui rendre hommage[1]. »

Après avoir remercié le père Da Souza et promis de lui envoyer son article, Anne s'est fait déposer au parc Lawrence Gardens, un bel espace vert au cœur de la ville. Elle marche d'un pas rapide mais au bout d'un moment elle a la sensation d'être suivie ; elle se retourne, personne. *Je me fais des idées, il faut absolument que je me détende*. Besoin de respirer, besoin de secouer ce poids qui l'oppresse. Est-ce un trop-plein de malheurs ? Ou surtout un sentiment d'impuissance devant toutes ces injustices ? Elle n'a jamais su garder de distance face aux drames, distance qui caractérise, paraît-il, le journaliste professionnel. En réalité, elle ne le souhaite pas, elle a besoin de rester proche, en empathie avec la souffrance des autres pour pouvoir la transmettre à ses lecteurs, leur faire comprendre, et peut-être changer leurs préjugés.

« Il ne s'agit pas de juger, il s'agit de comprendre. »

---

1. En 2016, sous la pression des militaires, Mumtaz Qadri a finalement été exécuté. Mais sa tombe, un superbe mausolée, est devenue un lieu de pèlerinage.

Cette phrase de Spinoza, donnée à commenter par son professeur de philosophie lorsqu'elle avait dix-huit ans, a toujours été son guide.

Anne marche depuis une bonne heure, mais à nouveau elle sent une présence, cette fois il n'y a aucun doute, un homme la suit. Inquiète, elle presse le pas, derrière elle l'homme presse le pas lui aussi. La nuit tombe et il n'y a presque plus personne dans le parc. L'homme continue de la suivre, il n'essaie même plus de se cacher. Il ne faut surtout pas qu'il se rende compte qu'il l'effraie… Marchant de plus en plus rapidement, elle atteint enfin la grille. Par chance, un taxi passe, elle le hèle et s'y engouffre. Par la lunette arrière, elle voit l'homme immobile qui la regarde partir. Qui peut-il bien être ? Un simple quidam cherchant l'aventure ? À moins qu'elle ne soit surveillée et filée depuis sa visite à l'église…

Rentrée dans sa confortable chambre d'hôtel, Anne a commencé à se faire couler un bain – remède souverain contre les angoisses – lorsque la sonnerie du téléphone retentit.

À l'autre bout du fil, une voix chaude claironne :

« Bonjour, chérie !

— Oh Julien, comme je suis heureuse de t'entendre ! Au fait, ici ce n'est pas bonjour, c'est bonsoir. Nous avons quatre heures d'avance sur vous. »

Un rire :

« C'est bien la seule chose sur laquelle le Pakistan est en avance !

— Arrête tes plaisanteries vaseuses. Si tu voyais les soirées de la bonne société, tu serais étonné ! On pourrait se croire à Paris ou à New York.

— La “bonne société” soit, mais qu’en est-il de la “mauvaise” ?

— Ah, ça, c’est une autre histoire… »

Longuement, elle lui raconte les camps, la pauvreté, la peur des minorités…

« Je ne pensais pas que ce serait si dur, avoue-t-elle.

— Ne prends pas les choses trop à cœur ! Quand rentres-tu ?

— Je suis arrivée depuis quelques jours à peine ! Je pense rester encore un ou deux mois.

— Pas trop longtemps ! Tu me manques, ma chérie.

— Toi aussi… Mais tu sais qu’avec mon métier je suis souvent partie. Il faudra t’y habituer. D’ailleurs tu te consoles très bien avec tes vieilles pierres. »

Ils rient. C’est entre eux un sujet de plaisanterie. Julien est archéologue, spécialiste du gallo-romain, et Anne prétend qu’il préfère les pierres aux humains. À quoi il répond que c’est sans doute vrai, mais qu’elle est l’exception qui confirme la règle.

Longtemps après avoir raccroché, Anne, allongée voluptueusement dans son bain, continue de savourer ce moment de douceur. Qu’y a-t-il de plus merveilleux que de se sentir aimée ? Ils se connaissent depuis trois ans et Julien veut faire sa vie avec elle. Mais chaque fois qu’il parle de leur avenir, Anne change de sujet, arguant que c’est trop tôt. Est-ce qu’elle l’aime ? Elle sait en tout cas qu’elle n’envisage pas de le perdre, elle a besoin de lui, en toutes circonstances elle peut compter sur lui, il la rassure. Et la jeune femme fait taire un léger sentiment de culpabilité en se disant qu’elle est sans doute égoïste mais qu’après tout Julien a l’air si heureux d’être son soutien…

Intermède

Dans un petit bureau encombré d'armoires métalliques branlant sous le poids des dossiers, trois hommes en shalwar kameez gris foncé conversent en buvant un verre de thé.

— Alors cette enquête sur la journaliste française, ça avance ? questionne, moustache noire bien cirée, celui qui semble être le chef. Comment se fait-il qu'à peine arrivée elle connaisse tant de monde ?

— On a fouillé sa chambre, discrètement, comme vous nous l'aviez demandé, on n'a rien trouvé de suspect.

Fronçant les sourcils, le chef aspire bruyamment une longue gorgée de thé.

— Quelque chose me dit qu'elle n'est pas que journaliste. Diplomate ou journaliste, c'est la couverture commode adoptée par tous ces agents secrets étrangers ! Continuez à la surveiller de près, notez tous ses déplacements et les gens qu'elle rencontre. On finira bien par la coincer !

Chapitre 4

« Ah c'est vous ? Je ne pensais pas vous voir si tôt ! »

Sylvie, la doctoresse de Médecins sans frontières, accueille Anne avec un sourire étonné.

« Vous m'aviez dit 8 heures…

— Oui, mais ici 8 heures signifie en général 9 ou même 10 heures, lui répond la jeune femme en l'invitant à prendre un café. J'ai eu du mal à m'y habituer mais j'ai vite compris que s'énerver ne servait à rien, bien au contraire. Les Pakistanais ne cessent de se critiquer entre eux – voyez les journaux qui vilipendent les hommes politiques et les bureaucrates en toute liberté – mais ils ne tolèrent pas les critiques venant d'un étranger, encore moins d'une étrangère. N'oubliez pas qu'ils ont subi deux cents ans de colonisation, cela rend susceptible ! »

Le temps de rassembler matériel médical et dossiers, un quart d'heure plus tard les deux jeunes femmes sont dans le 4 x 4 conduit par Hamid, chauffeur de l'ONG depuis quinze ans.

« Le camp est juste à la sortie de Lahore, à une demi-heure de la maison. Mais MSF ne nous autorise pas à conduire, ici pas plus qu'en Inde ou dans les autres pays de la zone Sud, car s'il y a un accident, cela risque de tourner mal pour le conducteur.

— Surtout s'il est blanc ? C'est du racisme à rebours !

— Peut-être un juste retour des choses pour des siècles d'humiliations... Mais c'est aussi une réaction à notre arrogance actuelle : la plupart des Occidentaux, humanitaires compris, croient tout savoir, tranchent sur tout et, quand ils ne se montrent pas ouvertement méprisants, sont insolemment paternalistes.

— N'y a-t-il pas d'ONG pakistanaises ?

— Si, bien sûr ! Vous avez par exemple rencontré avant-hier Taher, qui dirige une ONG étudiant les conditions de travail des ouvriers et les moyens de défendre leurs droits. Vous devriez aller le voir. Certaines personnes se méfient de lui, mais moi je pense que c'est un type bien.

— Et pourquoi cette méfiance ? »

Sylvie explique qu'il y a dix ans Taher était un vrai révolutionnaire, un important leader de la classe ouvrière. Pour le gouvernement et les industriels, il représentait un réel danger. Arrêté, il est resté plusieurs mois en prison où il semble avoir été effroyablement torturé. En sortant, il n'était plus le même. Il n'a pas repris ses anciennes activités ; d'ailleurs, cela lui aurait été difficile, car ici on pense que les militants qui sortent de prison ont été retournés par la police, sinon ils ne seraient pas libérés. Taher s'est donc consacré à un travail plus théorique, très utile mais qui n'est pour lui qu'un pis-aller.

« Pauvre Taher, ce doit être dur d'avoir été engagé dans l'action et de se retrouver simple observateur. Moi aussi je ne suis qu'observatrice alors que je rêvais d'être, comme vous, médecin dans un pays du tiers-monde ; j'ai même fait l'année préparatoire à médecine mais j'ai échoué lamentablement à cause des mathématiques. Enfant, j'avais été traumatisée par une religieuse qui me giflait quand je ne comprenais pas. Autant vous dire que je comprenais de moins en moins. L'échec de mon rêve a été dur à admettre mais, finalement, je me suis dit que, si je ne pouvais aider directement, au moins pouvais-je faire connaître les problèmes en écrivant.

— C'est absolument essentiel ! approuve Sylvie. C'est grâce à vous, les journalistes, que nous attirons l'attention sur tous ces drames humains et obtenons les aides qui nous permettent de fonctionner. »

Il n'empêche qu'Anne aurait aimé travailler sur le terrain pour se sentir vraiment utile : une enfant que les parents n'ont pas assez aimée a constamment besoin de justifier son existence. Si Anne a pu surmonter ce manque, ce fut grâce à la tendresse de ses grands-parents ; mais la faille en elle, sa fragilité, sa sensibilité exacerbée aux souffrances d'autrui, lui vient de l'indifférence de ceux qu'elle aimait. Après le divorce, son père, ingénieur, était parti travailler dans des pays lointains, elle le voyait une fois par an lorsqu'il revenait en France. Sa mère s'était remariée et avait voulu oublier l'échec de son couple en se consacrant pleinement à sa nouvelle famille. Lors des fêtes de Noël et le jour de l'anniversaire de sa fille, elle apparaissait les bras chargés de cadeaux, l'emmenait déjeuner dans un restaurant chic, lui posait quelques questions sur ses études, puis, la conversation languissant, avec un soupir de soulagement, elles se quittaient.

La voix de Sylvie sort Anne de ses souvenirs.

« Depuis les inondations de 2010 qui avaient recouvert une superficie équivalente à celle de l'Italie et fait quelque vingt millions de sans-abri, chaque mousson provoque de nouvelles dévastations. L'État ne fournit plus d'aide et les conditions de vie sont catastrophiques.

— Et pourtant ce drame a si peu fait la une des médias que mon rédacteur en chef hésitait à m'envoyer ici.

— C'est bien le malheur de ce pauvre pays ! Avec sa réputation de nid de terroristes, le monde en est venu à penser que moins il y a de Pakistanais, mieux c'est.

— Vous exagérez !

— À peine. Pourquoi l'aide internationale est-elle aussi insignifiante alors que pour d'autres pays les dons affluent ?

— À cause de la corruption des classes dirigeantes, voyons ! »

Sylvie soupire. Elle le sait bien, personne en Occident n'a oublié qu'une partie de l'argent envoyé lors du grand tremblement de terre de 2005 avait disparu dans les poches des ministres, et que lors des inondations de 2010, où cette fois on avait pris soin de ne pas envoyer d'argent, une partie des tentes de la Croix-Rouge, des caisses de médicaments, des sacs de blé et de sucre, expédiés pour les victimes de la catastrophe, s'était retrouvée sur les marchés de Karachi et de Lahore.

On arrive au camp de réfugiés. Le long de la route se dressent des centaines de tentes de toutes tailles et de toutes couleurs, certaines en toile épaisse, d'autres simplement constituées d'une bâche de plastique soutenue par quatre piquets.

À l'apparition de la voiture, des nuées d'enfants se précipitent et entourent Sylvie avec des cris de joie. Ils savent qu'elle a toujours des bonbons pour eux, et malgré les taloches distribuées par les responsables du camp, ils s'accrochent à sa tunique. Il faudra qu'elle simule la colère et, dans un scénario bien rodé, remette les paquets de bonbons aux employés chargés de les distribuer pour que les enfants consentent à la lâcher. Non sans avoir protesté que la répartition est injuste et faite selon les préférences personnelles ou le degré de parenté.

« Est-ce vrai ? » s'enquiert Anne.

Sylvie hausse les épaules :

« Certainement, et si je ne suis pas là c'est vrai aussi pour les distributions de nourriture, d'eau et de vêtements. Mais si j'essaie de sévir, c'est pire, ils le font payer très cher à ceux qu'ils soupçonnent de s'être plaints. D'autre part, je ne peux pas les rabrouer, j'ai besoin d'eux : malgré certaines irrégularités, ils font, globalement, du bon travail. Ici on ne peut exiger du 100 ni du 80 %, on doit s'estimer heureux si les choses fonctionnent à 50 %. »

Tandis que Sylvie discute des problèmes du jour avec son équipe, Anne circule dans le camp, accompagnée de Hamid qui lui sert d'interprète. Avec son expérience de chauffeur et son assez bonne maîtrise de l'anglais, Hamid pourrait facilement trouver un emploi dans une grande société qui lui paierait le double de son salaire actuel.

« J'ai eu plusieurs propositions mais je préfère aider les gens, confie-t-il à Anne. Le sourire reconnaissant d'un pauvre homme que j'emmène à l'hôpital me rend bien plus heureux qu'un gros pourboire donné sans un regard. »

Beaucoup plus étendu qu'il ne lui a paru de prime abord, le camp abrite environ vingt mille personnes, venues de la même région du Pendjab, après que leurs villages ont été emportés par les inondations. Elles ont tout perdu, maison, récoltes, bétail, jusqu'à leurs terres submergées sous les eaux stagnantes, dont on estime qu'il faudra jusqu'à deux ans pour qu'elles s'assèchent et redeviennent cultivables.

Vêtues de robes de couleurs vives, une étoffe négligemment ramenée sur leur chevelure, les paysannes dévisagent la nouvelle venue sans la moindre timidité, et Anne s'étonne de les voir si différentes des femmes du peuple qui, dans les villes, se dissimulent sous leurs voiles.

« Pour travailler la terre, elles doivent être libres de leurs mouvements, explique Hamid. D'ailleurs, dans les milieux modestes, le voile correspond à une ascension sociale : il signifie que la femme n'a pas besoin de travailler et qu'elle est un trésor que le mari garde caché à la convoitise des autres. »

Très vite, les questions fusent de tous côtés : « Tu es docteur ? Non ? Alors tu travailles pour le gouvernement ? Tu dois leur dire qu'il ne faut pas fermer ce camp ! » Suppliantes, elles entourent Anne en lui pressant les mains.

« Mais personne ne veut le fermer.

— Si ! Hier, d'autres réfugiés sont venus ici demander asile, le responsable a refusé car il n'y a plus de place. Ils pleuraient, les femmes, mais aussi les hommes âgés, c'était terrible de voir des hommes pleurer... Ils habitaient un camp à cinq kilomètres d'ici, que le gouvernement vient de fermer. Depuis quelques semaines, la nourriture se faisait rare, des femmes et des enfants, difficilement sauvés des eaux, risquaient de mourir de faim. Il paraît que le gouvernement veut fermer tous les camps pour nous forcer à rentrer chez nous. Mais nous n'avons plus de chez-nous, tout est sous l'eau. Nous renvoyer là-bas, c'est nous condamner à mort ! »

Au vu du rassemblement, des hommes en shalwar, coiffés de larges turbans, se sont approchés.

« On ne réclame pas d'argent, on n'est pas des mendiants, on veut seulement travailler pour faire vivre nos familles jusqu'à ce qu'on puisse rentrer dans nos villages. »

Le paysan qui s'adresse ainsi à Anne est un grand type baraqué, le regard direct. Ses compagnons l'approuvent :

« On a toujours gagné notre vie, durement, on n'a jamais rien demandé à personne ! »

L'humiliation de ces hommes fait peine à voir. Chefs de famille respectés, qui chez eux faisaient la loi et étaient responsables de la survie des leurs, les voilà parqués, totalement dépendants du bon vouloir, de la charité des autres. Et cela sous les yeux de leurs femmes et de leurs filles…

« Je préfère mourir que de continuer à vivre ainsi, murmure un homme maigre au beau visage de patriarche. Et le pire, c'est qu'ils sont en train de pervertir ce que nous avons de plus précieux, nos fils ! Les trafiquants de drogues et les organisations criminelles trouvent parmi nos jeunes, trop naïfs, un terrain de recrutement rêvé. »

Devant une étrangère ils n'évoqueront pas l'horreur, le sujet tabou, le sort de certains de ces adolescents trompés par d'alléchantes offres d'emploi et forcés par les mafias à se prostituer. Ils ne parleront pas non plus des filles vendues pour être mariées, certaines à onze ou douze ans. Que faire quand il n'y a plus rien ? Vaut-il mieux laisser toute la famille mourir de faim ?

« Et les militants islamistes, risque la journaliste, essaient-ils aussi de recruter vos jeunes ? »

Sa question est accueillie par un silence de plomb. Elle insiste :

« Je ne parle pas des institutions charitables mais des terroristes, ceux qui posent des bombes et assassinent ?

— Moi, si mon fils tombe là-dedans, je le tue », gronde un paysan tandis que les autres hochent la tête, douloureusement conscients que non seulement ils ont perdu tous leurs biens mais aussi leurs repères transmis de génération en génération, et que leurs fils leur échappent.

Les lumières et le luxe de la métropole éblouissent ces jeunes qui n'ont connu que la vie fruste et monotone de leur village. Mais quand ils comprennent que ce monde leur est inaccessible, que jamais cette société barricadée dans ses privilèges ne leur donnera leur chance, que, quoi qu'ils fassent, ils sont condamnés à la pauvreté, alors l'émerveillement se transforme en révolte et fait de certains des proies faciles pour les djihadistes.

Pour tenter de réconforter ces hommes désemparés, la journaliste promet de parler de leur situation dès qu'elle rentrera à Lahore. Ils la remercient, leurs yeux brillent à nouveau, les gens comme elle sont leur seul lien avec le monde des puissants. Cette confiance lui fait honte car elle sait bien qu'elle a peu de chances de pouvoir les aider.

Elle a rejoint Sylvie dans son dispensaire de fortune :

« Nous essayons par tous les moyens d'obtenir des dons pour maintenir temporairement les camps que le gouvernement ne finance plus, explique cette dernière. Ils disent n'avoir plus d'argent, mais ils en trouvent bien pour d'autres projets ! En réalité, ils entendent nettoyer les villes de tous ces misérables qui leur renvoient, comme un miroir, la preuve de leur égoïsme et de leur incompétence. S'ils crèvent dans leurs campagnes, personne ne le saura, cela ne fera pas de scandale. »

Elle hausse les épaules :

« De toute façon, les grands propriétaires exigent à cor et à cri de récupérer leur main-d'œuvre. Si le gouvernement coupe les vivres aux réfugiés, ceux-ci seront bien obligés de rentrer. »

Songeuse, Anne continue sa visite du camp, précédée par une ribambelle d'enfants aux cheveux filasse et aux yeux délavés, caractéristiques de la malnutrition. Timidement, une petite fille d'une dizaine d'années s'est rapprochée d'elle et a glissé sa main dans la sienne ; une petite fille aux yeux sérieux et au front trop bombé qu'ont souvent les enfants rachitiques. Contrairement aux autres, habillés de bric et de broc, elle est vêtue d'un joli uniforme bleu et blanc. En l'apercevant ce matin, Sylvie l'avait complimentée et la gamine avait rosi de plaisir.

« Nous avons établi une école dans le camp et essayons de donner des uniformes, ce qui est la règle pour tous les écoliers au Pakistan. Mais comme nous avons peu d'argent, nous commençons par les meilleurs élèves, avait-elle expliqué à Anne qui s'étonnait de ce luxe alors que manquait l'essentiel.

« Vous ne mesurez pas l'importance de l'uniforme pour ces enfants ! Cela leur apprend la propreté, le respect d'eux-mêmes, l'envie de se sortir de leur environnement misérable et l'espoir que, s'ils étudient, ils y arriveront. »

Les parents, analphabètes, ont une confiance illimitée en cette éducation qui permettra à leurs fils d'avoir une vie meilleure que la leur. Pour les filles, c'est différent, l'éducation les empêcherait de trouver un mari pensent-ils, un homme n'aime pas qu'une femme puisse lui tenir tête. Pourtant depuis qu'au Nord, dans la vallée de Swat, des fillettes ont bravé la mort pour aller à l'école, depuis qu'une adolescente de onze ans, Malala, s'est élevée contre la règle des talibans et, couronnée par le prix Nobel, est aujourd'hui célébrée partout comme une héroïne, certains commencent à s'interroger.

Anne avance lentement à travers les ruelles de terre, à tout moment elle est arrêtée par des femmes qui l'invitent sous leur tente. En souriant elle refuse, elle ne doit pas faire de jalouses. Les femmes insistent : un verre de thé, ou au moins un verre d'eau ? Cette eau si précieuse que des camions-citernes apportent irrégulièrement et vendent une roupie le litre, lui a raconté Sylvie. Un prix prohibitif, fixé par la mafia mais qui ne garantit pas qu'elle soit potable : beaucoup d'enfants sont tombés malades et on doit insister régulièrement auprès des mères pour qu'elles pensent à la faire bouillir.

Tandis qu'Anne progresse dans les allées poussiéreuses entourée d'une nuée de femmes et d'enfants ravis de cette distraction imprévue, un homme jeune surgit d'une tente et joignant les mains la supplie d'entrer. À l'intérieur, une femme livide est recroquevillée sur sa couche.

« Depuis hier soir elle souffre, explique son mari.

— Il faut l'emmener d'urgence au dispensaire du camp pour qu'on l'examine ! »

L'homme baisse la tête :

« Impossible, il y a trop de monde, il faut que le docteur vienne ici.

— Mais elle ne peut pas ! Elle a cinquante patients à voir. Tu dois emmener ta femme ! »

L'homme fixe le sol un long moment, ses yeux s'emplissent de larmes mais il continue à secouer la tête obstinément. Et Anne finit par comprendre qu'il laissera sa femme mourir plutôt que risquer de l'exposer aux regards d'autres hommes.

En hâte, elle revient vers la tente où officie Sylvie. Des dizaines de personnes font la queue, tant pis, elles patienteront.

Une fois sur place, le diagnostic du médecin est rapide : une fausse couche et, vu les conditions d'hygiène, un début de septicémie. Il faut appeler une ambulance pour l'emmener d'urgence à l'hôpital de la ville. L'attente est longue, la jeune femme se tord de douleur. Au bout d'une heure, l'ambulance arrive enfin et l'emmène ainsi que son mari.

« Va-t-elle survivre ? »

Sylvie esquisse une moue, amère :

« C'est très tard, la fausse couche a eu lieu il y a vingt-quatre heures… C'est hélas souvent comme ça : l'imbécile honneur du mari avant la vie de sa femme ! »

L'après-midi tire à sa fin. De toute la journée la petite fille en uniforme n'a pas lâché la main d'Anne, elle est si fière que la dame blanche la regarde et lui parle. Plus tard elle sera médecin, lui a-t-elle confié. Médecin ou institutrice, c'est ce dont rêvent toutes les petites filles pauvres au Pakistan.

« Qu'en pensent tes parents ? »

Elle lève vers Anne ses grands yeux mélancoliques :

« Ils sont morts noyés, c'est mon grand-père qui m'a sauvée. »

Puis d'une voix à peine audible, elle demande :

« Est-ce que vous reviendrez me voir ?

— Bien sûr, je reviendrai ! la rassure Anne en la prenant dans ses bras, mais en attendant, pour devenir médecin, tu dois bien travailler à l'école ! »

Le cœur serré, elle est montée dans le 4x4. Immobile, la petite fille la regarde partir, l'air triste, si triste… Comme si elle pressentait qu'elle ne la reverra jamais, comme si elle savait qu'elle ne sera jamais médecin…

Chapitre 5

Ce matin, Anne traverse le hall de l'hôtel tout en parcourant en hâte les titres de *Dawn*, le grand quotidien pakistanais en langue anglaise, lorsqu'elle entend qu'on l'appelle ; se retournant, elle se retrouve face à un grand garçon dont le visage lui semble familier.

« Bonjour ! Vous ne me reconnaissez pas ? Souvenez-vous, Karim, le type insupportable que vous avez rencontré le soir de votre arrivée ? Ma grand-mère voudrait vous inviter à visiter son école puis à prendre le thé chez elle. Êtes-vous libre cet après-midi ? Oui ? Alors je viens vous chercher, à 14 heures précises. »

Anne a dit oui un peu vite, maintenant il s'agit de convaincre son rédacteur en chef qu'un article sur l'éducation au Pakistan entre dans le cadre de son enquête : l'éducation n'est-elle pas la meilleure défense contre les sirènes de l'islamisme ?

Remontée dans sa chambre, elle se concentre un instant, puis prenant une profonde inspiration elle décroche son téléphone :

« Allô, Olivier, je ne te réveille pas ? Bon écoute, j'ai bien réfléchi : à propos du danger que représente la bombe pakistanaise, il y a en fait deux questions. La première : les extrémistes bénéficient-ils de suffisamment de complicités au sein de l'armée pour arriver à s'emparer non de l'arme atomique, très sécurisée, mais de petites bombes tactiques, plus faciles à transporter et qui peuvent causer de gros ravages, ou même d'une quantité d'uranium enrichi suffisante pour fabriquer "une bombe sale" ? La seconde question, également cruciale : dans cette société déchirée par mille conflits ethniques, religieux, économiques, les islamistes peuvent-ils un jour accéder au pouvoir ? À la suite de troubles graves ou même par voie légale ? Le Pakistan pourrait alors devenir un second Iran, en bien plus dangereux !

— Tu te fous de moi ? C'est précisément sur cela qu'on t'a envoyée enquêter !

— Je sais, mais pour avoir un début de réponse, le seul moyen c'est, comme le préconise le consul, d'enquêter sur la société pakistanaise. »

Sans laisser à son interlocuteur la possibilité de l'interrompre, elle continue :

« Je te propose donc une série de reportages, non seulement dans les camps de réfugiés mais dans les écoles, les bidonvilles et les villages inondés où les paysans ont commencé à rentrer. Quel est actuellement le degré de radicalisation islamiste dans ces différentes populations ? »

Un silence à l'autre bout du fil. Puis…

« Tu ne lâches jamais le morceau, hein ? Mais je dois te dire que nous avons eu de très bonnes réactions à tes premiers papiers, alors pourquoi pas ? Ici les gens n'ont aucune idée sur le Pakistan et ce que tu racontes a l'air de les intéresser. Mais tu axes tes reportages sur la possibilité ou non que les extrémistes s'emparent de la bombe !

— Évidemment ! »

Anne raccroche, sur ses lèvres un sourire triomphant : elle va enfin pouvoir travailler comme elle l'entend.

L'école Fatimah Jinnah, du nom de la sœur du fondateur du Pakistan, est l'une des plus grandes de Lahore. Répartie entre plusieurs bâtiments sur un large espace situé dans un quartier nord de la ville, elle accueille deux mille étudiants, garçons et filles.

« Nous avons commencé voilà trente ans avec une école de cinq cents enfants, raconte la bégum, et peu à peu nous nous sommes développés. Mais il y a tellement de demandes qu'il faudrait agrandir bien plus encore. Actuellement, nous sommes en pourparlers pour acheter une parcelle voisine.

— Ne vous méprenez pas, Anne, intervient Karim, le "nous" de ma grand-mère est un nous de modestie. C'est elle qui a tout fait construire ici. Je n'arrive d'ailleurs pas à comprendre comment, elle qui dans la vie quotidienne n'a aucun sens de l'argent, est capable de discuter avec les banques et les entrepreneurs en redoutable femme d'affaires. »

Il rit.

« Bon maintenant je dois vous laisser, j'ai un rendez-vous au théâtre. À ce soir, Nani !

— J'ai l'impression que vous ne saviez pas que mon petit-fils est metteur en scène ? remarque la bégum. En ce moment, il monte *En attendant Godot*[1]. Eh oui, le Pakistan ne correspond pas toujours à l'idée qu'on s'en fait ! »

Et prenant la main d'Anne :

« Venez, je vous fais faire le tour. »

Devant elles, huit bâtiments d'un blanc étincelant se dressent sur trois étages.

« Avec ce climat, tout s'abîme très vite, aussi nous repeignons chaque année après la mousson. Mais regardez juste derrière : c'est notre nouveau terrain de sport dont je suis particulièrement fière ! »

Sur le sol de terre battue, Anne aperçoit des jeunes filles en survêtement rouge qui disputent une partie de football.

Constatant son étonnement, la bégum sourit malicieusement et explique que le football est devenu très populaire depuis qu'en 2003 une femme, Sadia Sheikh, a fondé le premier club « Diya ». À ce jour, seize clubs se sont créés et le Pakistan a désormais une équipe nationale féminine.

« Nous avons même une super championne, Diana Baig, originaire de Hunza, au nord du pays. À vingt ans, elle est à la fois championne de criket et de football, et en plus continue ses études. Elle est une extraordinaire source d'inspiration pour nos filles. Et depuis l'an dernier nous avons aussi des femmes coureuses automobiles ! »

La partie se termine, par-dessus leur survêtement les joueuses enfilent une burqa noire avant de se diriger vers la sortie.

---

1. Authentique : malgré tous les attentats, la bourgeoisie pakistanaise continue à fréquenter les théâtres où l'on joue des pièces modernes comme celles de Beckett qui remportent un grand succès.

« C'est plus facile pour elles de voyager voilées dans les transports publics. Football et burqa, c'est paradoxal, mais le Pakistan est un pays de paradoxes, comme vous avez pu l'observer. »

Elles traversent maintenant un grand hall sur lequel donnent des salles de classe. Par les portes ouvertes, Anne aperçoit filles et garçons penchés studieusement sur leurs cahiers.

« Je ne pensais pas qu'au Pakistan l'éducation mixte allait jusqu'à seize ans ! remarque-t-elle.

— Dans ce genre d'écoles oui, mais hélas elles sont rares. Nos élèves viennent de familles modestes, souvent des employés du gouvernement ou des petits commerçants, qui veulent donner la meilleure éducation à leurs enfants. Les frais de scolarité sont minimes – deux mille roupies[1] par mois – et s'ils ont un problème, nous ne les faisons pas payer. Ce qui me fend le cœur, c'est que nous avons chaque année des milliers de demandes que nous ne pouvons satisfaire.

— N'y a-t-il pas des écoles d'État gratuites ?

— Oh si… mais la plupart sont des écoles fantômes.

— Pardon ?

— On les appelle ainsi. On recense actuellement plus de douze mille écoles fantômes ! »

Ces écoles d'État, qui autrefois étaient correctes, se sont peu à peu dégradées, le budget de l'Éducation représentant à peine 2 % du budget total de l'État, trente fois moins que celui de l'armée, explique la bégum. Dans la plupart de ces écoles il y a tout juste quatre murs. Ni livres ni instituteurs car les

1. 125 roupies valent 1 euro.

salaires sont si misérables qu'ils ne permettent pas de nourrir une famille. Alors les enseignants viennent signer la feuille de présence, pour empocher leurs quelques milliers de roupies, et vont travailler ailleurs.

« Même les pauvres gens n'envoient plus leurs enfants dans ces écoles : pour qu'ils restent assis sur le sol humide, sans bureaux ni livres, volés il y a beau temps, à quoi cela sert-il ?

— C'est donc pour cela, plus que pour des raisons religieuses, qu'ils les mettent dans des madrasas ?

— Absolument. Dans ces écoles religieuses tenues par des imams, leurs enfants apprendront au moins à lire. Bien sûr, ils ne comprennent pas ce qu'ils lisent puisque c'est le Coran en langue arabe, mais ils sauront l'alphabet. En plus, ils seront nourris et souvent logés. Ce que les parents ne voient pas, c'est que la plupart de ces établissements, financés par l'Arabie saoudite et autres monarchies du Golfe, enseignent le wahhabisme, une interprétation extrémiste de l'islam. Là, les petits garçons sont séparés de leur mère, sans aucun environnement féminin, et on leur apprend que les femmes sont des êtres inférieurs, dangereux, qu'il faut maîtriser. Certaines madrasas sont même des écoles de talibans, on y enseigne le maniement des armes et on persuade les enfants que le Coran ordonne de tuer les infidèles.

— Mais pourquoi le gouvernement n'intervient-il pas ?

— Pendant des années il a laissé faire, sans mesurer la gravité de la situation, ou peut-être par calcul électoral... Mais les mouvements islamistes se sont renforcés et depuis quelque temps le gouvernement tente de les contrôler. Alors les islamistes hurlent que, sous la pression de l'Occident, les autorités s'attaquent à l'islam ; certains ministres ont été assassinés, nos dirigeants ont peur. »

La bégum secoue la tête, elle semble découragée, mais se reprend vite :

« Allons voir les enfants ! »

À peine ont-elles pénétré dans la cour de récréation qu'une nuée de petits, en uniforme bleu et blanc, les entourent, malgré les rappels à l'ordre des jeunes professeurs, « souvent d'anciennes élèves qui ne veulent pas nous quitter », me confie la bégum. Elles saluent la vieille dame avec respect, mais on perçoit surtout leur affection et leur admiration.

« Assisterez-vous à la répétition ? demandent-elles, pleines d'espoir.

— Certainement, les rassure la bégum, et se penchant vers Anne : Demain c'est la fête de l'école et comme chaque année les élèves donnent un spectacle. Restons au moins pour la répétition des petits, ils seront si fiers ! »

Une estrade a été montée au fond de la cour. On les fait asseoir sur les meilleures chaises en plastique. Le spectacle peut commencer.

Ce sont d'abord les danses folkloriques : des bouts de chou de cinq à six ans se font face, poings sur les hanches, et frappent la mesure de leurs petits pieds, puis au signal de leur professeur les garçons sortent des mouchoirs de couleur qu'ils agitent en tournant autour des filles.

« Une danse du Nord, commente la bégum, mais je crains que, dans le contexte actuel, elle ne soit plus guère pratiquée. »

D'autres danses se succèdent, illustrant les folklores très divers du Sind, du Pendjab, du Khyber Pakhtunkhwa et du Baloutchistan, les quatre provinces qui forment le Pakistan.

À présent, c'est au tour des élèves de sept à dix ans de jouer une pièce de théâtre écrite par leurs professeurs.

Sous les yeux incrédules de la journaliste, une petite fille est enlevée par des brigands malgré les cris de son père et de sa mère éplorés. Le chef des brigands, un garçon de neuf ans, coiffé d'un large turban, menace de son sabre de bois la petite otage à genoux. Il est entouré de ses complices. Lorsque soudain surgissent des policiers qui désarment les bandits et les arrêtent. Ils ramènent la fillette à ses parents qui les remercient en pleurant de bonheur.

Tout le monde applaudit très fort, mais Anne n'en revient toujours pas.

« N'est-ce pas traumatisant pour de si jeunes enfants ? risque-t-elle.

— Au contraire ! l'assure la bégum, les enfants entendent parler de cela sans arrêt, par les parents, les voisins, la télévision. Ils vivent dans cette atmosphère de drame, ils ne comprennent pas, ils sont angoissés. Nous devons désamorcer cette angoisse, leur expliquer. Là, le terroriste est arrêté par la police, tout finit bien, on leur montre qu'ils sont protégés, ils sont rassurés. »

Sur le chemin qui les ramène chez elle, la bégum explique à Anne que maintenir une école mixte dans ce quartier populaire n'est pas aussi simple qu'il le paraît :

« Nous recevons des lettres de menaces mais il n'est pas question de céder et d'abandonner notre pays à ces islamistes ignorants. Cependant nous avons pris nos précautions et doublé le nombre de gardes à l'entrée.

— J'admire votre force !

— Oh moi ce n'est rien, il y a beaucoup de femmes du peuple bien plus fortes. Mukhtar Mai, par exemple, je n'aurais jamais eu son courage.

— Mukhtar qui ? »

Et la bégum de raconter l'histoire de cette femme de trente ans, illettrée mais qui connaissait le Coran par cœur et l'enseignait aux filles de son village. En 2002, le conseil tribal l'avait condamnée à subir un viol collectif pour racheter la liaison présumée de son frère cadet avec une jeune fille. Après que plusieurs hommes l'eurent violée, ils l'avaient forcée à marcher nue dans la rue. Outré, le maulvi avait informé la presse locale. L'affaire avait suscité un tel émoi que la police avait été forcée d'enregistrer la plainte, ce qu'elle fait rarement lorsqu'il s'agit de violences envers des femmes. Mais, par la suite, le tribunal de la cour d'appel avait ordonné de libérer les violeurs.

« Depuis, Mukhtar Mai n'a cessé de se battre pour obtenir qu'ils soient châtiés ; malgré les sarcasmes, les insultes et même les menaces de mort. En général, les violeurs s'en tirent en toute impunité car dans notre société les femmes ont honte de parler de ces choses. Leurs familles estiment d'ailleurs souvent qu'elles-mêmes sont déshonorées et il arrive qu'elles tuent la victime du viol “pour laver la honte”. »

Malgré l'opposition des hommes et de presque toute la société, Mukhtar Mai a formé une association de femmes violées et battues qui luttent pour briser la loi du silence.

La vieille dame a saisi la main d'Anne :

« Dans vos articles, parlez des femmes, c'est essentiel. Le monde musulman ne changera que par les femmes. Car ce sont elles, les mères, qui éduquent les hommes. »

Elles sont arrivées chez la bégum, une demeure patricienne à hauts plafonds et aux vastes pièces dallées donnant sur une véranda ornée de plantes vertes. Aujourd'hui un peu vétuste, elle a dû avoir son heure de gloire. Un vieux domestique les accueille :

« Je vous présente Djelil, il est dans la famille depuis soixante ans, il était déjà là quand je suis arrivée jeune mariée. »

Anne essaie d'imaginer Nusrat jeune mariée, elle est encore si belle, elle devait être éblouissante…

Elles se sont assises sous la véranda. En cette fin du mois de mars il fait encore doux, l'air est parfumé, Djelil sert le thé dans de fines tasses de porcelaine anglaise, vestiges d'une autre époque.

« Quand je repense à ma jeunesse… Ce pays était si plein de promesses, nous le construisions avec enthousiasme, persuadés que nous allions vaincre la pauvreté et l'obscurantisme. Mais ces maulvis ignorants, et maintenant ces groupes criminels… En aucun cas l'islam ne permet ces tueries. Le Coran est très clair sur ce point. » Et faisant signe à Djelil : « Apporte-moi mon Coran, je te prie. Maintenant écoutez : le verset 62 de la sourate II proclame : "Ceux qui croient, ceux qui pratiquent le judaïsme, ceux qui sont chrétiens ou sabéens, ceux qui croient en Dieu et au dernier jour, ceux qui font le bien : voilà ceux qui trouveront leur récompense auprès de leur Seigneur." Et pour qu'on ne s'y trompe pas, le Coran insiste dans le verset 136 de la même sourate : "Dites : Nous croyons en Dieu, à ce qui nous a été révélé, à ce qui a été révélé à Abraham, à Ismaël, à Isaac, à Jacob et aux tribus ; à ce qui a été donné à Moïse et à Jésus, à ce qui a été donné aux Prophètes de la part de leur Seigneur. Nous n'avons de préférence pour aucun d'entre eux ; nous sommes soumis à Dieu." Enfin le verset 256 de la sourate II conclut : "Pas de contrainte en religion ! La voie droite se distingue de l'erreur." »

La bégum referme le Livre, et se tournant vers Anne :

« Vous voyez bien que les attaques des djihadistes, les pogroms des extrémistes hindous contre les musulmans et les chrétiens en Inde, les massacres des musulmans Rohyngias dirigés par des moines bouddhistes, tout cela n'a rien à voir avec les religions. Ce ne sont que des luttes de pouvoir. »

« Alors, mesdames, comment s'est passé votre après-midi ? »

Karim les a rejointes, en grande forme :

« L'acteur qui joue Godot est génial ! Figurez-vous qu'il était clerc de notaire, je l'ai déniché par hasard en allant chercher des papiers pour ma mère. Il n'était jamais monté sur les planches avant.

— Et vous, comment en êtes-vous venu au théâtre ? demande Anne, intriguée.

— Ne voyez-vous pas que je suis comédien dans l'âme ? »

D'un geste affecté, il passe ses longs doigts dans son épaisse crinière noire.

« Mais comme je suis modeste, je préfère ne pas m'exhiber sur scène ! »

Sans relever l'ironie, elle insiste :

« Mais pour devenir metteur en scène, avez-vous fait une école ?

— Je déteste l'école.

— Même celle de votre grand-mère ? Au fait, est-ce là que vous avez fait vos petites classes ?

— J'aurais bien aimé, mais ma mère était beaucoup trop snob pour me permettre de fréquenter "ces écoles populaires". Elle a tenu à me mettre dans une école privée pour milliardaires. »

Il hausse les épaules en riant et pour la première fois Anne se surprend à lui trouver du charme. Certes il est loin d'avoir une beauté classique, mais avec ses traits aigus, ses yeux étirés vers les tempes, ses dents éclatantes, il est plutôt séduisant...

« Ce sont des écoles pour les enfants de la haute société, leur coût est dix fois plus élevé que chez nous, commente la bégum. Karim n'en parle pas mais il a étudié au très chic Aitchison College fondé en 1886 par les Britanniques pour éduquer "à l'anglaise" les fils des princes indiens et des grandes familles penjâbi. Ces établissements suivent le cursus des écoles occidentales. Quatre-vingt-cinq pour cent des élèves qui en sortent sont admis dans les meilleures universités d'Angleterre et des États-Unis.

— Des établissements qui perpétuent le système élitiste qui depuis toujours régente le Pakistan, renchérit Karim. Excepté quelques moutons noirs comme moi, ceux qui les fréquentent sont coupés de la réalité du pays. Ils sont persuadés qu'ils ont droit à tous les privilèges et que le peuple est là pour les servir. Croyez-moi, le manque d'éducation de la majorité n'est pas un hasard : c'est le meilleur moyen de consolider la division de classes et de garder le pouvoir. »

Au tour d'Anne d'ironiser.

« Seriez-vous marxiste ? »

Il la regarde froidement

« Non, simplement humaniste.

— Encore un peu de gâteau au chocolat, intervient la bégum, désireuse de détendre l'atmosphère. Il vient de l'hôtel Faletti, le plus ancien de Lahore, construit en 1880 par un Italien, Giovanni Faletti. Avant l'indépendance, nous n'avions pas le droit d'y mettre les pieds. Pas plus qu'au Pendjab Club, fréquenté exclusivement par les Britanniques. Mais cela nous était bien égal, nous avions nos clubs, le Gimkana, le Cosmopolitan, où se retrouvaient les familles hindoues, musulmanes et chrétiennes. Nous nous amusions beaucoup.

— J'aimerais tant que vous me parliez de ce Lahore d'avant la partition !

— Avec plaisir, mais une autre fois, si vous le voulez bien. La journée a été fatigante et il se fait tard. Karim va vous raccompagner. À très bientôt, chère Anne. »

Dans la voiture règne un silence gêné. Chacun est conscient de sa maladresse mais aucun des deux ne songerait à s'en excuser. Finalement, c'est Karim qui prend les devants.

« Vous avez visité un camp de réfugiés, mais avez-vous jamais visité un village ?

— Pas encore, mais je compte bien le faire.

— J'ai une idée. Je vais voir si elle est réalisable et je vous téléphone dans quelques jours.

— C'est vraiment gentil à vous !

— Ce n'est pas "gentil" ! J'ai simplement envie que vous compreniez que mon pays n'est pas ce trou noir que vous autres, Occidentaux, imaginez. »

Il se rend soudain compte de sa brusquerie et se met à rire, cette fois sans la moindre ironie.

« Vous devez vraiment penser que je suis un ours ! La prochaine fois, j'essaierai de me rattraper. »

Ils se sont quittés presque réconciliés.

Chapitre 6

Quelques jours plus tard, en rentrant d'une interview, Anne trouve sur son portable un message de Karim.

« Vous m'avez dit vouloir visiter un village. J'ai une ancienne relation, un grand féodal, qui m'invite toujours à ses shikars[1] – où je ne vais jamais car je suis résolument contre la chasse. Son village, Khanawal, est proche, il s'y rend pour la journée afin d'organiser les aides pour ceux de ses paysans qui ont tout perdu. Il sera ravi de vous recevoir. Si nous partons tôt demain matin, nous serons rentrés pour la nuit. Faites-moi savoir si vous êtes d' accord. »

Une occasion à ne pas manquer ! Anne accepte avec joie.

Le confortable 4x4 sillonne en zigzaguant la piste de terre battue creusée de fondrières, les arbres beiges de poussière défilent, il n'est pas encore 8 heures mais le soleil est déjà

1. Chasses.

chaud en cette matinée d'avril. C'est le début de l'été, au Pakistan il n'y a presque pas de demi-saison.

D'excellente humeur, Karim plaisante :

« Attention, ma chère, mon ami Osman est un charmeur ! Beau garçon, champion de cricket, et en plus très riche. Peu de femmes lui résistent ! »

Anne ne peut s'empêcher de le provoquer :

« Seriez-vous jaloux ? »

Il s'interrompt, interloqué :

« Vous dites vraiment n'importe quoi ! Je ne connais pas les usages en France mais ici ce genre de sortie n'est pas très bien vu. Avec moi, bien sûr, ça n'a pas d'importance, au contraire, vous m'amusez !

— Ah, je vous amuse ? Pour qui vous prenez vous ? » se rebiffe-t-elle.

Mais son attention est soudain détournée par des inscriptions en lettres rouges s'étalant sur les murs d'un hameau.

« Qu'est-ce que c'est ? Des slogans politiques ? »

Karim hésite :

« En un sens... Ce sont des slogans de Daech qui sont apparus depuis peu dans les quartiers pauvres des grandes villes et aussi dans quelques villages.

— Daech est donc bien en train de s'implanter au Pakistan ? En plus des talibans et d'al-Qaida ?

— En tout cas, il essaie. On a trouvé des prospectus où il explique que le califat autoproclamé sur des parties de l'Iraq et de la Syrie va s'étendre sur tout le territoire de l'ancien Khorassan, c'est-à-dire l'Iran, l'Afghanistan et les pays musulmans d'Asie centrale. Daech clame que c'est à partir du Khorassan que se livrera l'ultime bataille qui verra l'islam dominer le monde. Et il aurait décidé d'établir des bases au Pakistan, frontalier de ces pays, et où les groupes djihadistes sont actifs depuis des années. Six chefs talibans leur ont récemment prêté allégeance.

— Mais c'est très grave, ce pays serait complètement noyauté ? »

Karim lui lance un regard agacé :

« Pensiez-vous que nous vivons sur un tapis de roses ? »

L'arrivée devant une haute grille met fin à la discussion. Deux gardes en uniforme kaki font un salut militaire et ouvrent les lourdes portes. La voiture emprunte une allée bordée de champs où travaillent des centaines de paysans ; au passage du véhicule, ils lèvent la tête et saluent respectueusement.

Après avoir roulé un kilomètre, Karim et Anne arrivent devant une grande demeure au toit de tuiles rouges, avec balcons de fer forgé et volets de bois peints en vert, qui détonne étrangement dans le paysage.

« Bienvenue à *Casa Linda* ! »

Le maître de maison les accueille chaleureusement. « Enchanté, mademoiselle », il s'incline devant Anne et lui baise la main, puis, se tournant vers son ami :

« Karim, comment trouves-tu ma nouvelle maison ? Tu préférais l'ancienne ? Mais elle était trop difficile à entretenir. Celle-ci a l'air conditionné et tout le confort moderne, et, décrochant à la journaliste son plus beau sourire : Comme j'adore l'Espagne, je l'ai baptisée *Casa Linda*. »

Les trois jeunes gens se sont installés sur la terrasse ombragée, bordée de superbes massifs de bougainvillées. Alors qu'un serviteur leur sert divers sorbets, du coin de l'œil Anne examine leur hôte : c'est vrai qu'il est bel homme, bâti en athlète, les traits fins… Mais cet air de fils de famille content de lui, non, ce n'est décidément pas son genre.

Après avoir échangé quelques propos sur la France, qu'il « adore presque autant que l'Espagne », Anne en vient au cœur du sujet.

« Avec ces inondations, avez-vous eu beaucoup de terres submergées ?

— La plupart ont été épargnées, grâce au ciel, mais parmi mes villages – j'en possède huit – l'un a été complètement emporté par les eaux. Heureusement l'armée a pu évacuer les paysans à temps, elle les a transférés dans un camp de toile, à côté de Lahore. Maintenant ils sont rentrés, enfin presque tous…

— Presque tous ?

— Certains jeunes sont restés, ils semblent avoir pris goût à la ville, à moins que… »

Il s'est tu. Anne n'insiste pas, elle se remémore les propos des réfugiés du camp de MSF : pour les mafias ou les organisations djihadistes, ces jeunes constituent un vivier idéal.

La matinée est déjà bien avancée, il est temps d'aller visiter Khanawal.

Sa demande semble étonner le maître de maison.

« Que voulez-vous savoir ? Je peux vous donner tous les renseignements.

— Merci, mais je préfère rencontrer les gens, parler avec eux. »

Osman hausse les sourcils :

« Ils n'ont rien d'intéressant à dire. Et, de toute façon, ils auront peur de parler à une femme étrangère. Moi-même je ne vais jamais dans les villages, je fais venir le responsable, nous discutons des problèmes et trouvons les solutions. »

À l'air contrarié de sa visiteuse, il se reprend :

« J'ai une idée. Puisque vous voulez parler aux paysans, je vais appeler le chef du village, c'est un paysan, il vous racontera tout.

— Je crois que vous ne comprenez pas le travail d'un journaliste, insiste Anne, on a besoin de voir, de sentir…

— Ah, pour sentir, vous allez sentir ! »

Il échange quelques mots en ourdou avec Karim et tous deux se mettent à rire.

C'en est trop pour la jeune femme. Elle se lève.

« Je n'ai pas fait trois heures de voiture sur une route impossible pour rester sur une terrasse à… »

Au moment de dire « à échanger des sottises », elle se retient :

« … à discuter, si agréable soit la compagnie. J'ai trop de travail pour cela. Merci pour les sorbets. »

Elle se tourne vers Karim :

« Je crois qu'il est temps de rentrer.

— Un moment, Anne ! »

Karim l'a prise à part :

« Allez vous promener quelques minutes dans le jardin, je vais tout arranger. »

Tandis que, de mauvaise grâce, elle consent à sortir, il entreprend son ami :

« D'accord, elle est bizarre, mais passe-lui ses caprices. Si tu ne la laisses pas visiter, elle va imaginer le pire. Et Dieu sait ce qu'elle pourra écrire ! »

Sur ces entrefaites est arrivé un homme ventru, aux moustaches impressionnantes. C'est Mustapha, le chef du village, qui a quelques notions d'anglais.

L'air sombre, Osman lui ordonne de retourner chez lui préparer la visite de la Mem Sahíb[1] et de revenir la chercher. Il n'a plus qu'une envie : se débarrasser au plus vite de cette Française insupportable.

Lorsqu'ils se retrouvent sur le chemin de Khanawal, Anne félicite Mustapha d'avoir été élu par l'assemblée des anciens, comme c'est la coutume ; mais ce dernier secoue la tête :

« Je n'ai pas été élu, c'est Sahíb qui m'a nommé. C'est beaucoup mieux, car ainsi on évite les problèmes et on arrive toujours à s'entendre », explique-t-il benoîtement.

Le village est un ensemble de maisons de terre aux toits de chaume, entourées de murs assez hauts pour protéger les familles des regards indiscrets, un agrégat beige poussière parsemé de maigres arbustes, quelque deux cents habitations au milieu desquelles se détache une vilaine bâtisse de briques à deux étages.

Mustapha la désigne avec fierté :

« Ma maison ! C'est la plus grande et la seule en dur ! Venez, ma femme a préparé pour vous des gulab jaman et du gar jar halva[2]. »

---

1. Littéralement : « la dame du Monsieur », désigne une femme blanche.

2. Gulab jaman : pâtisserie au miel. Gar jar halva : halva de carotte, le halva étant une confiserie répandue du sous-continent indien jusqu'au Maghreb.

Impossible de refuser. Avec un sourire contraint, Anne remercie :

« Mais seulement un petit moment ! »

Réunie dans la cour intérieure, la famille de Mustapha accueille l'hôte de marque avec enthousiasme. Une femme plantureuse, sûrement l'épouse, la serre dans ses bras tandis que filles, belles-filles et petits-enfants habillés de couleurs vives se pressent autour d'elle. Ils sont une bonne trentaine, une famille élargie vivant sous le même toit, comme le veut la tradition.

On fait entrer l'invitée dans le salon, une pièce vide au sol recouvert de tapis et de gros coussins de velours – pièce à l'évidence utilisée seulement pour les grandes occasions. On apporte une chaise, dénichée Dieu sait où, car on sait que les dames blanches n'aiment pas s'asseoir par terre. Anne refuse poliment et s'installe sur un coussin bas tandis qu'une jeune fille apporte un plateau garni de Coca-Cola et de Fanta.

Mustapha s'est assis à côté d'elle.

« Combien avez-vous d'enfants ? s'enquiert-elle.

— Quatre enfants, quatre garçons, répond-il fièrement.

— Pas de filles ?

— Ah si ! J'ai des filles, cinq. »

Anne plisse les lèvres mais se retient de commenter. Elle constate qu'ici comme en Inde, seuls les garçons sont des enfants, les filles étant considérées quantité négligeable. En Inde, c'est encore pire : d'après la tradition hindoue, à l'inverse de la tradition musulmane, les filles doivent être dotées et sont donc un poids pour les familles pauvres. Aussi la mère vous dira souvent : « J'ai accouché d'une pierre »...

Les plats se succèdent, samosas[1] de poulet et d'agneau, riz biriani[2], et pour finir des friandises de toutes couleurs. L'hôtesse insiste, Anne est si maigre, elle n'est pas malade au moins ? Non ? De tous côtés les questions fusent. À leur tour de demander combien d'enfants elle a. Pas mariée ? Un silence tombe sur l'assemblée, les femmes la regardent, consternées, comme si elle avait avoué une maladie honteuse.

« Alors il faut manger, déclare l'une d'elles en lui resservant un gulab jaman dégoulinant de miel, les hommes aiment les femmes grasses !

— Ne vous en faites pas, la rassure une autre, après tout vous n'êtes pas si vieille, vous pouvez encore trouver un mari. J'ai une voisine qui s'est mariée à l'âge de vingt-six ans ! »

Anne n'ose lui avouer qu'elle en a presque vingt-huit ; elle a envie de rire mais en même temps se sent un peu vexée de la commisération dont elle est l'objet. Elle n'a pas l'habitude de faire pitié ! Désormais, se promet-elle, elle s'inventera un mari et deux ou trois enfants.

Il est temps d'aller faire le tour du village. Malgré la réticence de Mustapha – elle va se salir dans les chemins poussiéreux, et pour voir quoi ? il n'y a rien d'intéressant –, elle se lève, embrasse chacune des femmes, se confond en remerciements, promet de revenir et se dirige résolument vers la sortie.

À l'extérieur de la maison, des grappes d'enfants vêtus de vieilles hardes se sont agglutinés pour voir la dame anglaise

1. Pâtés à la viande.

2. Plat de riz accompagné de morceaux de poulet, de mouton ou de poisson.

– pour les paysans, toute femme blanche est anglaise. Le chef du village lève la main pour les disperser, mais Anne proteste.

« Laissez-moi leur parler.

— Ce sont des enfants de familles pauvres, que voulez-vous qu'ils vous disent ? »

Sur l'insistance de la journaliste, de mauvaise grâce il va servir d'interprète. Anne s'est assise sur un muret, elle ouvre son sac d'où elle sort un gros paquet de bonbons. Les yeux brillants, les enfants se pressent autour d'elle, il en arrive de partout. Elle commence la distribution, à chacun elle demande son nom, son âge, ils se redressent tout heureux que la dame anglaise s'intéresse à eux.

« Vont-ils à l'école ? demande-t-elle.

— Bien sûr », répond Mustapha, mais Anne a la nette impression qu'il ment. Avec les quelques mots qu'elle a retenus depuis son arrivée, elle réitère sa question en anglo-ourdou, ce mélange de langues si répandu dans le pays :

« School jahange ? » (Vas-tu à l'école ?)

Les petits garçons secouent la tête, deux ou trois hasardent :

« Ji, madrasa. (Oui, à l'école de la mosquée.)

— Et les filles ?

— Ah non ! proteste Mustapha, les filles doivent rester à la maison pour aider au ménage et s'occuper des petits.

— C'est écrit dans le Coran ? questionne Anne, ouvrant de grands yeux naïfs.

— Bien sûr », répond l'homme, sans saisir l'ironie.

La distribution de bonbons se termine. Anne veut encore en donner à trois enfants qui, lui semble-t-il, n'ont rien eu.

Ils font non de la tête et, avec un joli sourire, ouvrent leur main où se trouve le bonbon. La jeune femme n'en revient pas... *N'importe où dans le monde, quand il s'agit de friandises, les enfants tentent de resquiller. Et ceux-là qui n'ont rien, ces enfants misérables que beaucoup tiennent pour de petits voleurs, ces enfants si pauvres et si innocents...* Anne ne peut contenir son émotion et, sous l'œil scandalisé de Mustapha, d'un geste instinctif elle les prend dans ses bras et les embrasse.

Le tour du village sera rapide. La présence de Mustapha intimide les femmes qui n'osent répondre aux questions de la journaliste. Anne n'insiste pas, elle n'a d'ailleurs pas besoin d'explications, la pauvreté est partout évidente, sur le visage maladif des enfants, dans les yeux tristes et les joues creusées des femmes, le dos courbé d'hommes encore jeunes. Quant aux maisons... Comment peuvent-ils cohabiter dans l'unique pièce où de vieilles couvertures empilées dans la journée sont sorties le soir et jetées sur le sol de terre battue pour servir de couchage à toute la famille ?

« L'été, nous dormons dehors, explique une femme.

— Et l'hiver ? »

Elle hausse les épaules.

« Les nuits d'hiver sont glaciales, alors on se serre pour se tenir chaud... »

Sur le chemin du retour vers *Casa Linda*, Anne, perdue dans ses pensées, ne se donne pas la peine de répondre au discours du chef de village qui cherche à lui démontrer que « ces paysans n'ont pas les mêmes besoins que vous autres Occidentaux ; malgré leur maigres ressources ils sont parfaitement heureux ! »

À l'horizon, le soleil disparaît peu à peu dans de flamboyantes lueurs pourpres ; sous la véranda, Osman et Karim boivent un whisky. Ils convient Anne qui décline :

« Merci, il est tard, je dois rentrer.

— Êtes-vous satisfaite de votre visite ? J'espère au moins que vous n'avez pas attrapé de poux, interroge l'hôte, narquois.

— La visite était passionnante, j'ai beaucoup appris », rétorque Anne sans élaborer.

À l'air inquiet d'Osman, elle voit qu'elle a fait mouche ; mais il ne posera aucune question.

Sur le perron de *Casa Linda* ils se sont dit au revoir, poliment.

Dans la voiture, elle laisse éclater son indignation.

« Votre ami est impossible et son village absolument misérable. Vous me dites qu'il s'occupe de ses paysans, je me demande ce que ce serait s'il ne s'en occupait pas !

— Je peux vous assurer que tous les villages sont plus ou moins semblables et qu'Osman n'est pas plus mauvais qu'un autre. En fait, il est plus humain que la plupart des grands propriétaires. Lui, au moins, ne réduit pas ses paysans en esclavage pour dettes.

— En esclavage ? Qu'est-ce que vous me chantez là ? »

Sur ces propriétés, il y a beaucoup de paysans asservis pour dettes impayées, lui révèle Karim. Ils ont dû emprunter pour se faire soigner, ou pour un mariage, et comme les prêts sont à des taux usuraires – de 10 à 15 % par mois – ils ne peuvent pas rembourser. À la merci du créancier, souvent le féodal du coin, ils devront travailler pour lui gratuitement jusqu'au total remboursement. Généralement, ils meurent avant et leurs enfants héritent de la dette. Cela peut durer sur des générations : esclaves pour dette, de père en fils. Certains prennent la fuite mais beaucoup sont rattrapés ; les gardes du propriétaire ont ordre de leur tirer dans les jambes. Ils ne pourront plus travailler mais, estropiés à vie, ils seront un exemple pour les autres. La seule façon de s'en sortir est de s'échapper et de se fondre dans l'anonymat des grandes villes.

« N'ont-ils aucun recours ? s'indigne la journaliste. N'y a-t-il pas de lois dans ce pays ?

— Les lois sont faites par les grands propriétaires, la plupart membres du parlement, élus par leurs paysans. Pourquoi scieraient-ils la branche sur laquelle ils sont assis ? Quant à l'élection, les paysans n'ont guère le choix, tout se sait dans les villages et malheur à celui qui tente de se rebeller !

— Il n'y a vraiment rien à faire ?

— Pas grand-chose, j'en ai peur », rétorque Karim, flegmatique.

C'en est trop pour la jeune femme. Ce garçon qu'elle commençait à trouver sympathique ne vaut pas mieux, finalement, que son féodal d'ami !

« Comment pouvez-vous être aussi blasé ? »

Il s'est retourné vers elle, le regard mauvais :

« Et vous ? Vous en Occident qui fixez les prix de ce que vous nous achetez, de ce que vous nous vendez, et qui contribuez ainsi à ruiner nos pays et à acculer nos populations à la misère ! Notre bourgeoisie est corrompue, soit, mais c'est en partie par vous ! Ne vous êtes-vous jamais demandé, quand vous achetez pour trois sous une petite merveille d'artisanat, combien est payé l'enfant ou la femme qui la fabrique ? Moi je vous le dis : deux cents roupie pour douze heures de travail, juste de quoi se nourrir d'un plat de lentilles et de légumes, quelques chappattis et un verre de thé. Car, bien sûr, le commerçant fait son profit. Et plus vos acheteurs tirent les prix, moins le travailleur est payé. »

D'un ton sifflant, il poursuit :

« À quoi servent les bons sentiments, les belles déclarations ? Tout le monde parle, mais très peu agissent. Et si on n'agit pas, il faut au moins avoir la décence de se taire. »

Il ricane :

« Moi je suis un théâtreux, un saltimbanque, pas un homme d'action. Mais vous qui écrivez, seriez-vous capable d'agir pour une cause qui vous tient à cœur ?

— J'agis en informant et, croyez-moi, j'ai eu beaucoup d'ennuis pour avoir dénoncé certains abus. Je ne vous parle pas des lettres d'injures, mais des menaces voilées et surtout des pressions sur mon rédacteur en chef pour qu'on me renvoie ou qu'on m'affecte aux chiens écrasés. »

Il la regarde, pensif :

« Je le crois, vous n'êtes pas un de ces journaleux qui s'en fichent. C'est d'ailleurs pour votre honnêteté que je vous apprécie. »

Anne dissimule un sourire, elle a envie de répondre : Seulement pour mon honnêteté ?

Karim a compris sans qu'elle parle, il détourne la tête, l'air gêné.

Ils continuent de rouler vers Lahore lorsque soudain, au bord de la route, devant quelques tentes faites de bric et de broc, un groupe de paysans leur fait signe d'arrêter : ce sont des réfugiés d'un village voisin, dévasté par les eaux ; l'ONG qui les ravitaille quotidiennement n'est pas passée depuis deux jours, ils n'ont plus rien à boire ni à manger.

Karim s'empresse de leur donner les deux bidons d'eau qu'il garde toujours en réserve dans la voiture et quelques centaines de roupies pour leur permettre de faire leurs achats au village voisin.

« Votre sardar[1] ne vous aide-t-il pas ? » questionne-t-il.

Les hommes secouent la tête et se lancent dans un long discours d'où il ressort que leur maître les a chassés car ils ont osé se plaindre de lui aux autorités. En effet, lorsque au début de la mousson les eaux ont dévalé des collines vers les plaines, emportant tout sur leur passage, le sardar a convoqué ses paysans. Sous la menace, il les a forcés à pratiquer des brèches dans le canal principal pour détourner les eaux : ses terres ont été épargnées mais le village en contrebas a été emporté par les flots.

« Ce n'est pas possible !

— Si, hélas… Nous avons recueilli plusieurs récits semblables dans différents districts du Pendjab. Les organisations humanitaires ont porté ces cas devant les tribunaux. En vain. Que vaut la parole de paysans face à celle d'un grand propriétaire, souvent membre du parlement ?

— C'est infâme ! Que va devenir ce pauvre pays ?

1. Grand propriétaire terrien, qui possède souvent des dizaines de villages.

— Tout n'est pas si noir. Il y a aussi beaucoup de positif : des gens se battent et parviennent envers et contre tout à améliorer certaines choses. Vous en avez d'ailleurs rencontré quelques-uns : ma grand-mère mais aussi Samiya, Taher... Allez voir ce qu'ils font, cela redonne espoir. Mais il y a surtout notre peuple, travailleur, inventif, débrouillard, capable de trouver le bonheur dans des petits riens. Un peuple qui me stupéfie par son héroïsme quotidien et son extraordinaire capacité de survie. C'est ce capital humain qui est la richesse et l'espoir du Pakistan. »

Pendant le reste du trajet chacun reste plongé dans ses pensées. Karim passe un CD et, à son grand étonnement tant cela semble faire partie d'un autre monde, Anne reconnaît le concerto pour violon de Mendelssohn.

« C'est l'un des morceaux que je préfère », murmure-t-elle, et se calant bien au fond de son siège elle se laisse transporter par la mélodie sereine du violon, loin, très loin...

La voix de Karim la tire de sa rêverie.

« Nous voici arrivés. »

Silencieusement, il la raccompagne jusqu'à la porte de son hôtel, mais au moment de se quitter il se penche vers elle et lui sourit :

« Nous avons au moins un point en commun : ce concerto est aussi l'un de mes morceaux préférés. »

Chapitre 7

Ce matin, Anne se sent d'humeur nonchalante. Appuyée confortablement sur ses oreillers, elle se remémore les derniers moments de la soirée avec Karim, ce garçon si irritant et qui en même temps l'intrigue. Il est différent des hommes qu'elle a connus, il n'essaie pas de lui plaire, il se moque d'elle. Cependant... la façon dont parfois il la regarde... Elle hausse les épaules, elle se fait des idées ! Pourtant... elle ne peut se mentir, il l'intéresse.

Encore rêveuse, elle a pris le journal, le titre en première page attire son attention :

« Un attentat contre un convoi de camions de l'OTAN : trois morts, une dizaine de blessés. »

L'attentat a eu lieu dans la passe de Khyber, un corridor bordé de hautes montagnes déchiquetées et arides qui sépare le Pakistan de l'Afghanistan. Utilisée pour le ravitaillement des troupes de l'OTAN, cette route est la voie historique des invasions venant du Moyen-Orient, depuis Alexandre le Grand en 326 avant Jésus-Christ jusqu'aux Perses, aux Afghans et aux Turkmènes, tous attirés par les fabuleuses richesses des Indes. Longue de cinquante-huit kilomètres, de Peshawar à la frontière afghane, elle comporte trente-quatre tunnels, et quatre-vingt-douze ponts, endroits rêvés pour des attentats. Ces dernières années, elle a été baptisée « la route de la peur ». Il existe bien un autre itinéraire, à travers le Baloutchistan, mais, en raison de la guerre civile larvée qui sévit dans cette province du Sud-Ouest, elle est encore plus dangereuse. Les Américains se sont donc résignés à payer grassement les tribus qui contrôlent cette « route de la peur », afin qu'elles protègent, sans se servir, les centaines de tonnes de matériel – armement, carburant, nourriture – transitant chaque jour vers leurs bases afghanes.

Anne repose le journal sur la table. C'est le deuxième incident en une semaine. Une violence qui répond à la violence. Ces premiers mois de 2014 ont vu une nette augmentation des attaques de drones, aussi bien dans les régions tribales du Pakistan qu'en Afghanistan. Il semble que les forces de l'OTAN veuillent « nettoyer » au maximum avant leur départ prévu pour la fin de l'année. Mais la multiplication de leurs bombardements entraîne une multiplication tragique de victimes civiles. *Dawn* estime qu'il y aurait eu plus de deux mille morts pour le seul Pakistan en moins de quatre mois.

Il faut absolument qu'elle téléphone à Jamal. Sur les talibans il est l'expert reconnu, peut-être a-t-il déjà quelques précisions ?

« J'étais justement en communication avec le consulat des États-Unis, confie-t-il à sa collègue. Ils me demandent de venir, ils ont besoin de mes lumières… »

Il rit :

« Les pauvres n'y comprennent rien, ils raisonnent en noir et blanc : le bien contre le mal. Avec la meilleure volonté du monde, ils sont toujours à côté de la plaque.

— Puis-je t'accompagner ? risque Anne, sans trop y croire.

— Impossible ! Et même s'ils acceptaient, ils ne parleraient pas librement, ils se méfieraient. Moi je les cultive depuis dix ans. Ils ont besoin de moi pour essayer de se retrouver dans ce chaos, alors ils jouent cartes sur table… Enfin… plus ou moins.

— Dis que je suis ta secrétaire !

— Tu plaisantes ! Mais je te promets qu'après je passe tout te raconter. »

Le consulat des États-Unis à Lahore, une ancienne demeure coloniale toute blanche, alourdie de deux ailes modernes abritant les bureaux, est un véritable fortin. Entouré de hauts murs de béton couronnés de fils de fer barbelés et garnis de miradors, il est gardé jour et nuit par des dizaines de policiers. Sur une centaine de mètres, des chicanes, surmontées de tourelles où des militaires armés de mitraillettes sont postés, protègent le lourd portail de fer de l'entrée, lequel ne s'ouvrira qu'après que le visiteur aura présenté ses papiers à trois postes de contrôle successifs.

Pour Jamal, ce n'est qu'une formalité ; ici tout le monde le connaît et il bénéficie d'un traitement de VIP. Les consuls qui se succèdent apprécient ses analyses et ses positions pro-occidentales. Il est souvent invité aux États-Unis pour des tournées de conférences sur les talibans et les divers groupes extrémistes. Et, chaque fois, il est reçu à Washington au plus haut niveau du Département d'État.

À peine arrivé, on l'introduit dans le bureau du consul, une grande pièce claire où, installés dans de confortables fauteuils de cuir, une demi-douzaine d'hommes sont plongés dans une discussion animée. Ce sont les représentants des services de sécurité et de renseignements que le consul a convoqués pour une réunion d'urgence. On accueille Jamal avec de petits signes d'amitié, sans cependant interrompre la conversation :

« Qu'est-ce qui a bien pu se passer avec ce convoi ? Quand on pense aux sommes que nous donnons aux chefs de tribu qui contrôlent les routes pour qu'ils sécurisent le passage ! s'indigne un diplomate.

— Peut-être veulent-ils faire encore monter les enchères ? hasarde un autre. Il n'y a pas de limites avec ces bandits !

— Et vous, Jamal, que pensez-vous de cette dernière attaque ? demande le consul en se tournant vers le nouvel arrivé.

— Je pense que c'est plutôt une action des talibans qui veulent venger les morts causées par vos drones. Depuis l'arrivée au pouvoir du président Obama, les sorties de drones ont été multipliées par trois. La population est ulcérée, cela fait regagner du terrain aux terroristes et leur amène de nouvelles recrues. Je trouve d'ailleurs cette augmentation des raids plutôt paradoxale quand les États-Unis annoncent leur retrait pour cette fin d'année et qu'ils ont discrètement commencé à négocier avec les talibans.

— Pas paradoxal, normal ! réplique vivement l'un des participants. Pour négocier en position de force, nous devons infliger le plus de pertes possible à l'ennemi.

— Permettez-moi de vous dire que vous faites fausse route, s'exclame Jamal. Avec les Pathans, ça ne marche pas comme ça. Leur code de l'honneur exige que toute mort soit vengée. Plus vous tuerez, plus ils vous attaqueront. »

Un silence pesant s'établit. Discrètement, le maître d'hôtel sert un liquide brunâtre, du café américain, réservé aux hôtes privilégiés dans ce pays où l'on ne boit que du thé.

« Il paraît aussi qu'ils sont furieux que nous laissions douze mille hommes pour épauler la nouvelle armée afghane, remarque un diplomate. Ils pensaient que nous partirions complètement et qu'ils pourraient s'emparer facilement du pouvoir. Peut-être croient-ils par leurs assauts nous faire changer d'avis ?

— Alors là, ils se trompent ! lâche le consul, outré. Il n'est pas question que les États-Unis abandonnent le terrain aux Russes et aux Chinois ! Figurez-vous, Jamal, que l'on a découvert que ce pays de déserts et de roches est l'un des centres miniers les plus riches au monde. Il possède de gigantesques gisements inexploités de fer, de cuivre, de cobalt, d'or et de métaux industriels cruciaux comme le lithium, matière première clé pour l'industrie électronique moderne. D'après un rapport interne du Pentagone, l'Afghanistan pourrait devenir "l'Arabie saoudite du lithium" ! »

Jamal sourit, sarcastique :

« Je sais cela depuis longtemps et m'étonne que ni les États-Unis ni l'Europe n'aient été au courant... Les Soviétiques, qui ont découvert ces fabuleuses ressources, avaient publié le résultat de leurs recherches dès 1984. Pourtant, on continuait à présenter l'Afghanistan comme l'un des pays les plus pauvres du monde. Révéler son fabuleux potentiel minier aurait sans doute alimenté les soupçons quant aux vrais motifs de la guerre…

— Mon cher Jamal, je puis vous assurer qu'au Département d'État personne n'en savait rien ! proteste le consul. Ce qui nous a déterminés à aider les Afghans, ce sont des raisons humanitaires. Et puis, bien sûr, la position stratégique du pays, aux frontières de la Russie, de la Chine et de l'Iran. Un poste d'observation essentiel que nous ne sommes pas près de lâcher.

— Sans compter que l'Afghanistan se trouve également au carrefour des futurs pipelines et gazoducs qui doivent relier les pays de la mer Caspienne au golfe d'Oman, précise un diplomate.

— Avant de pouvoir construire ces pipelines ou exploiter ces mines, il faudrait qu'il y ait la paix dans ce damné pays. Et ce n'est pas demain la veille ! lance, ironique, l'un des participants.

— Il faut reconnaître qu'ils se battent bien ! Je n'arrive toujours pas à comprendre comment ces va-nu-pieds en haillons réussissent à tenir tête aux plus puissantes armées du monde. » maugrée le consul.

Cette morgue inconsciente, c'en est trop pour le Pakistanais : « Sans doute que des hommes qui se battent pour défendre leur terre sont plus motivés que des attaquants qui ne savent pas vraiment ce qu'ils font là ! réagit-il, tempérant son propos par un sourire affable. L'Histoire ne nous enseigne-t-elle pas que les Pathans n'ont jamais été vaincus ? Les armées britanniques qui, au XIXe siècle, se sont aventurées sur leur territoire, ont toutes été anéanties. Quelques dizaines de soldats, à peine, ont échappé au massacre.

— Moi, ce qui me stupéfie, c'est la précision de leurs informations, intervient un homme glabre que Jamal n'a encore jamais vu mais qu'il devine être le chef de station de la CIA. J'écarte la possibilité que ces attaques viennent des chefs de tribu avec lesquels nous traitons. S'ils veulent plus d'argent, ils ne se gênent pas pour le demander, ils savent que nous ne prendrons pas le risque de le leur refuser. Car livrer le matériel par avion-cargo, comme nous l'avions fait lorsque, après une grave bavure, l'armée pakistanaise avait coupé les routes, nous avait coûté dix fois plus cher.

« Les attentats viennent à l'évidence des talibans, poursuit l'homme, mais comment diable savent-ils exactement le jour et l'heure de passage du convoi ? Ils ont forcément des complicités au sein des responsables du port de Karachi, là où débarque le matériel avant de prendre la route du Nord, et peut-être même au sein de l'armée pakistanaise ou de l'ISI, son puissant service de renseignements.

— Ah, ceux-là et leur double jeu ! proteste le premier conseiller. On me dit que même le chef d'état-major n'arrive pas à les contrôler. Qu'en pensez-vous, Jamal ?

— J'en pense qu'il y a sans doute quelques islamistes parmi les soldats et les sous-officiers. Après tout, les hommes sont influencés par leur entourage familial et social… Il peut donc y avoir des fuites. Mais nos généraux sont particulièrement attentifs à ce problème, ils procèdent régulièrement à des purges.

— Certes, mais sont-elles suffisantes ? Même hors de l'armée, certains restent actifs. D'après nos renseignements, le général Hamid Gul par exemple, l'ancien chef de vos services secrets, soutiendrait activement les talibans et al-Qaida dans leur guerre contre nous. »

Jamal part d'un grand éclat de rire :

« Permettez-moi de vous dire que vos services ont dix ans de retard ! Qu'ils arrêtent de perdre leur temps avec le vieux général, aujourd'hui il n'est plus dans la course, il ne fait que parler, personne ne le prend au sérieux.

— Mais, insiste un diplomate, il y a sans doute des jeunes plus actifs qui, de l'intérieur de l'armée, peuvent renseigner nos ennemis ?

— Vous voulez que je sois franc ? réplique Jamal presque brutalement, c'est pour cela que vous me faites venir, n'est-ce pas ? Alors oui, il y a dans l'armée, comme dans toute la société pakistanaise, de la sympathie pour les talibans afghans qui se battent contre l'OTAN, considérée par tous ici comme une force d'occupation ! Si la moitié de l'argent dépensé pour écraser la rébellion afghane, vous l'aviez dépensée pour reconstruire le pays, édifier des écoles, des hôpitaux, vous auriez acquis la sympathie de la population et les talibans ne seraient plus "comme des poissons dans l'eau" ! »

Sous la critique directe, le diplomate a rougi de colère.

« Vous parlez comme si les talibans n'étaient que des nationalistes qui se battent pour libérer leur pays des méchants impérialistes. Vous semblez oublier qu'ils ont rejoint al-Qaida pour promouvoir la révolution islamiste et surtout un combat sans merci contre l'Occident qu'ils accusent de tous les maux. »

Jamal se contient pour cacher son exaspération. À nouveau il va développer ce qu'il leur a déjà maintes fois expliqué. Depuis quelques années, les talibans sont divisés en deux courants : l'organisation des talibans du Pakistan ou TTP, influencée par al-Qaida, qui préconise une révolution islamiste mondiale. Ceux-là, l'armée pakistanaise les combat désormais sans merci. Et, d'autre part, les talibans afghans, qui reprochent amèrement aux premiers de détourner leur combat nationaliste vers un combat mondial, très éloigné de leurs préoccupations et qu'ils considèrent comme une chimère.

Un silence s'est établi, certains prennent des notes tandis que d'autres, plongés dans leurs pensées, sirotent leur précieux café.

« Une autre question m'inquiète. »

L'homme qui se tourne vers Jamal a jusqu'à présent peu parlé.

« Vous avez admis que l'armée pakistanaise n'est pas un bloc, que de jeunes militaires sont forcément influencés par leur milieu et notamment par les courants islamistes qui traversent la société. Pourraient-ils fomenter un coup et avoir ainsi accès à la force nucléaire ?

— Aucun danger ! »

Et le jeune homme d'expliquer comment l'armée pakistanaise, formée à l'anglaise, est extrêmement hiérarchisée et disciplinée-deux cents ans de présence britannique ont laissé des traces. En outre, son service de renseignements intérieur est très actif : dès qu'on soupçonne un militaire du moindre lien avec des intégristes, il est renvoyé.

« Chez nous, contrairement aux armées du Moyen-Orient ou d'Amérique latine, un coup de force de colonels est impensable.

— Mais s'ils ne peuvent fomenter un coup, insiste le diplomate, certains militaires qui ont des sympathies pour les djihadistes pourraient les informer des lieux où sont stockées les bombes ?

— C'est quasiment impossible. Vous savez bien qu'en accord avec le Pentagone le haut commandement a mis au point de strictes conditions de sécurité : les différents éléments de la force nucléaire sont stockés dans différents endroits, et pour y accéder il faut des codes qui changent régulièrement. Ne vous inquiétez pas, tout est sous contrôle.

— Acceptons-en l'augure », approuve le consul en faisant signe au maître d'hôtel de repasser le café et les gâteaux secs qu'il se fait envoyer régulièrement de New York, les friandises pakistanaises étant redoutables pour son diabète.

Puis se tournant vers le journaliste :

« Dites-moi, Jamal, j'ai une question d'un tout autre ordre mais qui m'intrigue. À la suite des dernières inondations, nous avions fourni au Pakistan pour des millions de dollars d'aide en nature, farine, sucre, thé, dans des sacs estampillés USA. Mes jeunes collègues ont fait le tour des camps de réfugiés, ils n'ont vu nulle part le moindre signe de l'aide américaine, même pas à la vente sur les marchés, comme c'est souvent le cas. Avez-vous une idée de ce qui a pu se passer ? »

Pris de court, Jamal bafouille qu'il va se renseigner. Comment pourrait-il avouer à cet homme plein de bonne volonté que les Américains sont aujourd'hui tellement haïs que les organisations humanitaires ont préféré effacer la marque USA pour ne pas aviver la colère du peuple ? Peut-il lui dire que leur souhait de « gagner les cœurs et les esprits », en faisant don de quelques sacs de blé après avoir tué des dizaines de milliers de civils – selon eux, des dommages collatéraux – est considéré comme une monstrueuse hypocrisie ? « Ils massacrent nos femmes et nos enfants et ils croient compenser en nous offrant un sucre ! Pour qui nous prennent-ils ? » Presque autant que les crimes des Américains, c'est leur bonne conscience, la certitude de leur bon droit, qui rend Pakistanais et Afghans fous de rage.

« Pour en revenir aux attentats contre nos convois de ravitaillement, que pouvons-nous faire ? interroge le consul, après que chacun se soit servi.

— Rien de plus que ce que vous faites déjà, répond Jamal. Ces pertes sont des “dommages collatéraux”, comme vous dites, et cela continuera aussi longtemps que continuera votre présence dans la région.

— Et si ces attentats n'étaient pas le fait des talibans mais de Daech ? hasarde le représentant de la CIA. Nos informateurs nous disent que l'organisation est en train de pénétrer le pays. »

Jamal a également des informations selon lesquelles des délégations de Daech ont visité récemment le Pakistan. L'État islamique essaie d'infiltrer les organisations djihadistes en promettant de l'argent et des armes. Il a bien choisi son moment car les talibans pakistanais sont actuellement en plein désarroi. Ces derniers mois, l'armée leur a porté des coups très durs, certains de leurs chefs ont été tués et ils s'affrontent dans d'interminables querelles de succession. Malgré cela ils ne veulent pas céder le terrain à Daech.

« Même si les groupes djihadistes sont divisés, ils sont du pays, et ni les Afghans ni les Pakistanais n'aiment ceux qu'ils appellent "les Arabes", explique-t-il à ses interlocuteurs. J'ai appris que la direction afghane a récemment écrit à leur calife, Al-Baghdadi, lui interdisant de chasser sur ses terres. Elle a été horrifiée par une vidéo de Daech montrant des prisonniers, de vieux chefs de tribu, qu'ils faisaient exploser… Cela dit, avec les divisions internes qui caractérisent ces groupes, on ne sait jamais ce qui peut se passer demain.

— Ce sera le mot de la fin ! Merci, messieurs. »

Pressé d'aller déjeuner, le consul a levé la séance.

« Et merci encore, mon cher Jamal, comme d'habitude vous nous avez été d'une grande aide. »

Dès cet après-midi, il enverra un télégramme à Washington où ses analyses tellement pertinentes seront, encore une fois, fort appréciées…

Quant à Jamal, il n'a pas oublié sa promesse. En sortant de l'ambassade, il a invité Anne à dîner pour lui rapporter la conversation, notamment sur les mesures de sécurité entourant la force nucléaire.

« D'accord, ce n'est pas facile de subtiliser les différents éléments d'une bombe, mais avec de bons contacts à l'intérieur de l'armée, ce doit quand même être possible », objecte la journaliste.

Jamal hausse les épaules.

« Il n'y a nulle part de sécurité à cent pour cent ! Et il y en aura d'autant moins que notre gouvernement continuera à mener une politique désavouée par la majorité de la population. Si l'armée a l'impression qu'on lui fait faire la guerre de l'Amérique et que cela va à l'encontre des intérêts du Pakistan – comme elle le pense de plus en plus –, en ce cas, oui, il peut se trouver des officiers qui se rapprochent des djihadistes. Et alors… Dieu seul sait à quoi cela pourra nous mener ! »

Intermède

Dans une chambre d'un petit hôtel minable du sud de Lahore, un homme à la barbe grise est assis, entouré de quatre jeunes gens en jean.

— Maintenant il faut organiser la prochaine opération. De combien d'hommes disposons-nous ?

— Du côté de Peshawar, nous avons trois équipes aguerries d'une dizaine d'hommes chacune.

— Bien armés ?

— Tu sais bien qu'on trouve tout ce qu'on veut à Darra. Ce village pathan est un arsenal à ciel ouvert. Les villageois sont capables de tout copier, des kalachnikovs aux lance-roquettes… Ce sont des armuriers hors pair.

— Bon, maintenant il ne nous reste plus qu'à attendre le message de notre informateur : le jour, l'heure approximative du passage du prochain convoi, ainsi que le nombre de camions et les forces qui le protègent.

Les jeunes gens se regardent. Finalement, l'un d'eux se risque :

— Est-ce que tu es absolument sûr de lui ?

L'aîné fronce les sourcils.

— Pourquoi cette question ? Jusqu'à présent il ne nous a donné que des informations exactes, non ?

— Oui mais… – le jeune homme hésite – la dernière fois que nous nous sommes rencontrés, voilà deux mois, nous avons eu une longue discussion : il n'est pas d'accord quant au but de notre lutte.

— Comment cela ?

— Il dit que notre mission est d'aider les Afghans à libérer leur pays, et non de porter la révolution islamique dans le monde ! Ce n'est pas un vrai musulman. Nous ne devrions pas lui faire confiance.

— En tout cas, actuellement, il nous est précieux, coupe le chef ; c'est le seul d'entre nous à avoir ses entrées partout et à pouvoir nous renseigner avec précision. D'ailleurs, n'oubliez pas qu'il a été recruté par notre maître, le major Haroon, qui en pensait le plus grand bien. Pour le moment, il n'est pas question de nous passer de lui. Plus tard, on verra.

Chapitre 8

Cet après-midi, Anne a rendez-vous avec Samiya à La Maison du café, une petite maison de deux étages, datant des années 1930. Située au coin de l'avenue principale, le Mall, dans une rue étroite bordée d'ateliers de réparation de voitures, regorgeant de vieux pneus et d'antiques accessoires, sa façade jaune paille ornée de volutes de stuc blanc présente un frappant contraste avec la saleté environnante.

Quand la journaliste pénètre dans le café, elle constate que toutes les tables sont occupées par de jeunes gens chevelus en jeans, plongés dans des discussions animées ; elle a l'impression de se retrouver dans un café du Quartier latin. Au fond de la salle, une femme lui fait de grands signes, c'est Samiya en compagnie de son ex-mari, Taher.

« Bienvenue dans l'antre des intellectuels de gauche ! claironne celui-ci pour couvrir le brouhaha ambiant. Que voulez-vous boire ? Il n'y a pas d'alcool, bien sûr, mais je vous recommande un expresso ou un cappuccino, il n'y en a pas de meilleurs en ville ! »

Tandis que tous trois dégustent leur expresso, Taher désigne à la journaliste les dizaines de photos qui ornent les murs :

« Ce sont les écrivains, poètes, philosophes et politiques qui depuis 1935 ont fréquenté cet établissement, tous des révolutionnaires ou du moins des hommes de gauche.

— Les écrivains de droite étaient interdits ? demande Anne en riant.

— Ils se réunissaient à quelques centaines de mètres, à La Maison du thé, qui, comme chacun sait, est une boisson pour gens convenables... De temps en temps, les uns se hasardaient chez les autres pour chercher un ami, mais c'était rare.

— D'où tenez-vous cette distinction entre buveurs de thé et de café ? insiste Anne, de plus en plus amusée.

— Voyons c'est bien connu ! Dès le XVIIe siècle en Angleterre, les cafés étaient des lieux de réunion où l'on discutait des affaires du monde de façon extrêmement libre et même radicale. Au point qu'en 1654 Cromwell ordonna la fermeture de tous ces "lieux de sédition". En vain. Très vite, les gens retournèrent à leur habitude de remettre en question la société autour d'une tasse de café. »

Sur ce, il se lève :

« Bon, je dois vous laisser, on m'attend à mon centre d'études. Anne, viendrez-vous nous visiter un de ces jours ?

— Certainement, j'ai mille questions à vous poser sur les conditions de travail au Pakistan.

— Parfait. À bientôt donc ! »

Et se tournant vers Samiya :

« Au revoir, mon ex-épouse chérie ! »

À peine a-t-il tourné les talons que Samiya lâche, exaspérée :

« Il est impossible !

— Peut-être est-il toujours amoureux ?

— J'ai bien peur que oui.

— Est-ce indiscret de vous demander comment vous vous êtes rencontrés ?

— Oh c'est toute une aventure… »

Samiya s'étire longuement sur sa chaise :

« Mon père était général, très strict sur l'éducation des filles mais qui entendait cependant que ses enfants soient élevés dans la culture occidentale. Pour lui, comme pour tous les gens de son milieu, celle-ci était bien supérieure aux autres. C'est ainsi que j'ai pratiqué toutes sortes de sports et que je me suis intéressée aux arts, surtout à la musique : Haydn et Mozart étaient mes préférés. »

Elle avait fait ses classes au couvent de Jésus-et-Marie – les écoles chrétiennes étant les meilleures à l'époque, et encore aujourd'hui. Mais les élèves n'avaient pas le droit de parler leur propre langue, l'ourdou, elles étaient complètement coupées de leur culture. Sortie de l'école, Samiya avait voulu poursuivre ses études en Angleterre. Après d'interminables discussions, ses parents y avaient consenti.

« C'était à la fin des années 1980 ; ce fut le tournant de ma vie. À Londres, mes professeurs étaient tous marxistes, mais j'adhérai aussi au mouvement féministe, mes héroïnes étaient Germaine Greer et Kate Millet !

— C'étaient aussi les héroïnes de ma mère qui avait milité en mai 1968 à la Sorbonne, approuve Anne.

— Oui, c'étaient des pionnières, elles ont influencé plusieurs générations ! »

Lorsque, pétrie de ces idées révolutionnaires, Samiya était rentrée au Pakistan, elle s'était naturellement rapprochée des milieux de gauche. Dans les réunions syndicales de travailleurs, elle avait rencontré Taher, un brillant jeune leader. Ces groupes étaient évidemment clandestins et beaucoup de gens la soupçonnaient : en tant que fille de général, elle ne pouvait qu'être une espionne.

« Ce fut très dur mais Taher me soutenait, il avait confiance en moi. Comme je connaissais mal l'ourdou il offrit de me donner des leçons à la maison. Mes parents ne suspectaient rien, jusqu'à ce qu'un jour la police arrive pour le chercher ; je l'ai caché dans un placard de ma chambre. Ce fut le début de notre idylle. »

Pendant ce temps, sa famille projetait des mariages arrangés, que Samiya refusait les uns après les autres. Sa vie devenait insupportable. Finalement, elle avait décidé de partir et d'aller vivre chez Taher.

« La fille d'un général et un révolutionnaire marxiste, cela a dû provoquer un énorme scandale !

— Plus encore que vous ne l'imaginez, renchérit Samiya, mais je m'en fichais, je ne supportais plus cette société conventionnelle et j'étais sûre de faire le bon choix. Pour gagner ma vie, j'ai pris un emploi de secrétaire mais tout le reste du temps je militais, clandestinement bien sûr. Avec Taher nous avions en commun l'engagement politique, tous les deux nous travaillions pour la révolution. Mais lorsque nous nous sommes mariés, Taher est devenu un “mari”, je n'ai pas supporté cette atteinte à mon indépendance. En outre, il n'était plus aussi engagé. Désillusionné par la realpolitik de l'URSS qui ne soutenait plus les mouvements révolutionnaires dans le monde, il a commencé à douter. Mais c'est surtout après qu'il a été emprisonné et torturé qu'il a vraiment changé. Il a commencé à dire : "Je suis un pacifiste, je ne crois plus en la lutte armée. Il faut poursuivre le combat par les actions sociales et le dialogue." J'avais l'impression qu'il avait peur, je n'avais plus confiance en son jugement politique et surtout, alors qu'il avait été des années mon héros, je ne l'admirais plus. C'est alors que je me suis éloignée de lui.

— Pauvre Taher, soupire Anne, il a perdu à la fois ses illusions et l'amour de sa vie… »

Elle feint de ne pas remarquer l'expression irritée de Samiya qui hésite à répondre mais finalement décide de changer de sujet.

« Parlons de choses plus intéressantes. Comment s'est passé votre visite au village avec Karim ?

— Désastreuse ! À part le grand propriétaire et le chef du village, je n'ai pour ainsi dire rien vu. »

Et elle raconte sa mésaventure à son amie qui l'écoute, l'air entendu.

« Ça ne m'étonne pas. Peut-être seriez-vous intéressée de voir ce que nous faisons ? J'ai récemment mis au point un programme d'éducation par le théâtre. Nous allons de village en village avec ma petite troupe et nous donnons des représentations pour les femmes. En mettant en scène des situations auxquelles elles sont confrontées chaque jour, nous leur apprenons qu'elles ont des droits et comment ne pas se laisser écraser. Si vous voulez venir avec moi après-demain, je commence ma tournée théâtrale dans les villages alentour. Vous rencontrerez des paysannes courageuses qui, parce qu'elles me connaissent, vous parleront franchement. Nous partons à 9 heures du matin, je vous embarque ?

— Certainement ! acquiesce Anne, enthousiaste. Et surtout ne vous avisez pas de partir sans moi ! »

La petite troupe compte douze personnes, sept comédiens et cinq musiciens.

« Les comédiens sont aussi capables de chanter et de danser, explique Samiya, car s'ils se contentent de déclamer, les paysans trouvent le spectacle sans intérêt et s'en vont. Au début de nos tournées, nous en avons fait la désagréable expérience. Le pari est donc d'écrire une pièce qui traite, en chantant, de problèmes sérieux.

— Qui l'écrit ?

— C'est une œuvre commune entre des femmes qui me racontent leurs expériences et moi. Et nous ne manquons pas de matière ! »

Ils sont partis à deux voitures et une camionnette bourrée de costumes et de quelques éléments de décor – rideau de scène, coussins, ustensiles de cuisine, un bébé en celluloïd et même une vache en carton, « personnage essentiel de la vie d'un paysan, parfois autant que sa femme », précise Samiya avec le plus grand sérieux.

Le premier village n'est qu'à une soixantaine de kilomètres, trois heures de trajet sur des routes encombrées de toutes sortes de véhicules : outre les voitures, il y a les motos transportant en un équilibre instable des familles de quatre à six personnes, et les Solex empestant l'atmosphère de fumées noires, et les bicyclettes d'un autre âge, et aussi les chars à bœufs chargés à ras bord de foin, de femmes voilées et d'enfants rieurs, et les carrioles tirées par de vaillant petits ânes, et bien sûr les seigneurs de la route, les superbes camions du Pakistan, recouverts de haut en bas de peintures naïves, représentant des montagnes enneigées, des forêts de sapins et des lacs d'azur, et ornés jusque sur les essieux de chaînes, de plaques et de clochettes en métal du plus bel effet.

À peine arrivée au village, la troupe s'est dirigée vers la cour de l'école où les accueille Yasmina, la jeune institutrice. C'est elle qui a appelé Samiya, elle a entendu parler de son théâtre par une enseignante d'un autre village. Le groupe essaie toujours d'avoir un contact sur place.

« Si nous ne savons pas où nous mettons les pieds, cela peut être très dangereux. Une fois nous nous sommes fait agresser par les hommes du village et nous avons dû fuir en laissant sur place tout notre matériel. Vous nous auriez vu courir grimées et costumées, pour échapper à ces enragés ! »

Heureusement, les hommes avaient laissé tomber, ils les avaient chassées et ridiculisées aux yeux de la population, et surtout ils avaient réaffirmé leur toute-puissance d'hommes face à ces êtres inférieurs que sont les femmes. Ils n'en voulaient pas plus.

« Est-ce qu'ils ne s'en prennent pas aussi aux femmes qui vous accueillent ? interroge Anne.

— Si, parfois, mais elles résistent. Dernièrement, dans un village, les hommes ont défendu à leurs femmes d'assister à notre représentation. Eh bien, elles l'ont regardée du haut des terrasses, nous forcions nos voix pour qu'elles entendent. Vous n'imaginez pas combien les femmes sont courageuses ici ! Elles veulent apprendre et surtout elles se battent pour que leurs filles aillent à l'école afin de n'être plus, comme elles, complètement dépendantes des hommes. »

Samiya se lève :

« Bon, il est temps de nous changer, c'est bientôt l'heure de la parade. »

Tapant sur leurs tambours, soufflant dans leurs flûtes et esquissant des pas de danse, la troupe a entamé le tour du village, suivie par des ribambelles d'enfants qui crient d'excitation. Debout sur le seuil de leurs maisons, des femmes les regardent passer, intriguées, tandis que des hommes échangent en riant des commentaires qu'Anne devine peu amènes. Lorsque soudain un personnage barbu, vêtu d'une longue robe et coiffé d'une calotte se plante devant la troupe, la stoppant net. C'est le maulvi du village, rouge d'indignation :

« Arrêtez ! Ce village est un lieu respectable, je vous interdis de venir dévergonder nos femmes et nos enfants ! »

L'institutrice s'interpose :

« C'est moi qui les ai invités, avec l'accord de nos anciens. N'ayez crainte, Maulvi Sahab, ils ont des manières différentes, car ce sont des jeunes de la ville, mais je peux vous assurer que ce sont tous de bons musulmans et leur pièce va beaucoup vous plaire.

— De bons musulmans qui s'exhibent ainsi ! La danse et la musique sont interdites dans notre religion ! Il faut qu'ils partent immédiatement ! »

Les femmes se sont rapprochées, elles protestent :

« Et les mariages alors ? Est-ce qu'on n'y danse pas ? Est-ce qu'on n'y joue pas de musique ? Et pour les fêtes-depuis quand est-ce interdit ? Qu'est-ce que ces nouvelles idées ? »

Tel un essaim de guêpes elles entourent le mollah[1] et, s'excitant les unes les autres, crient de plus en plus fort, jusqu'à ce qu'il finisse par battre en retraite en marmonnant des malédictions.

Les hommes ne sont pas intervenus.

Anne n'en croit pas ses yeux.

« Les femmes ont eu raison du mollah ! Qu'est-ce qui se passe ?

— Oh, c'est courant dans nos villages, explique Samiya. Ces maulvis de campagne ne sont pas respectés car ils sont aussi pauvres et ignorants que les paysans. Ils sont là juste pour dire la prière, mais personne n'écoute leurs conseils. Jusqu'à présent, les partis islamistes qui prônent l'établissement de la charia n'ont jamais obtenu plus de 5 à 6 % des voix. Et, rappelez-vous que ce n'est pas en France mais ici, au Pakistan, qu'une femme, Benazir, a été par deux fois élue démocratiquement à la tête de l'État ! Les gens sont pratiquants mais dans la vie ils font la différence : ils ne votent pas par idéologie mais pour ceux qu'ils estiment les plus aptes à les aider. »

Elle plisse les lèvres :

---

1. Équivalent de maulvi mais ayant au Pakistan un sens péjoratif, venant sans doute du fait qu'il s'agit d'un titre de l'islam chiite.

« Enfin c'était comme ça jusqu'à ces dernières années. Aujourd'hui, de nombreux Pakistanais, surtout des jeunes, se tournent vers une version violente du salafisme[1]. C'est le résultat de la misère, du manque total d'espoir, conjugués à la propagande et à l'argent saoudiens. Tout le contraire de l'islam tolérant pratiqué dans cette partie du monde depuis des siècles. Hélas, aujourd'hui, en Inde comme au Pakistan, cette tolérance séculaire perd de plus en plus de terrain face à l'extrémisme, alors que le sous-continent indien a toujours été très influencé par les soufis, ces mystiques musulmans pour qui les différentes religions ne sont que des chemins différents pour arriver à Dieu, le même pour tous. »

L'heure du spectacle approche. Une petite estrade est installée dans la cour de l'école où l'on a disposé les bancs de la classe. Le public se presse, il y a plusieurs centaines de femmes et d'enfants, et quelques hommes qui prennent tout naturellement place au premier rang.

La pièce a pour thème le « kari karo », ces meurtres d'honneur commis sur un simple soupçon. L'an dernier au Pakistan, il y en a eu plus d'un millier et pas un meurtrier n'a été condamné. Ceux qui ont été arrêtés ont vite été relâchés

1. Mouvement religieux sunnite prônant un retour aux pratiques en vigueur à l'époque du Prophète Muhammad et de ses premiers disciples, connus comme les pieux ancêtres (salaf). On distingue trois principales mouvances dans le salafisme contemporain : l'une, quiétiste, se consacrant à l'éducation des musulmans à la doctrine salafiste ; une politique et une djihadiste, qui utilise le salafisme comme base idéologique pour justifier le terrorisme.

car, lorsqu'il s'agit de défendre son honneur, un homme a tous les droits.

Le sujet est aussi brûlant que sensible. Très habilement, Samiya a mis en scène une jeune fille pure, dénoncée par jalousie. En pleurant, elle proteste de son innocence, sa mère la croit et supplie le père de l'épargner. Mais les voisins jasent, les frères doivent venger l'honneur de la famille, ils tuent leur sœur. À la fin, la preuve de son innocence est apportée. Alors la mère maudit publiquement ses fils qui, ravagés de culpabilité, quittent le village. Mais ils seront rattrapés par la police.

Tout au long du spectacle les femmes ont commenté, elles rient, elles crient, elles interrompent les comédiens pour donner des conseils. À la fin, quand les trois frères sont menottés, elles acclament les policiers et applaudissent à tout rompre, tandis que les hommes se lèvent bruyamment et quittent la salle pour marquer leur désapprobation.

« C'est toujours comme ça, assure Samiya à Anne qui s'inquiète de possibles violences, ils sont furieux sur le moment puis ils oublient, tant ils sont persuadés que leur domination ne peut être contestée. L'important c'est que maintenant les femmes discutent, échangent librement leurs idées, l'important c'est qu'elles ne sont plus isolées, chacune avec ses problèmes, et que se développe un sentiment de solidarité qui leur donne la force de réagir. »

Les paysannes vont débattre jusque tard dans la soirée. Cette courte pièce les a touchées plus profondément que de longs discours, elle leur a permis de se voir comme dans un miroir ; pour beaucoup, c'est une sorte de catharsis qui les aide à remettre en question des conditions de vie qu'elles avaient jusqu'alors acceptées comme une fatalité. Certaines pleurent en racontant des expériences qu'elles avaient enfouies au tréfonds d'elles-mêmes, d'autres demandent : que pouvons-nous faire ? Quelques-unes sont si remuées qu'elles voudraient agir tout de suite. Samiya doit les calmer.

« Je leur dis d'être prudentes, de ne pas se mettre en danger. Mais souvent elles me répondent qu'elles ou leurs sœurs ou leurs filles sont en danger tous les jours et qu'il faudra bien finir par agir. Je ne peux leur donner tort. »

Anne n'est pas convaincue :

« Vous prenez quand même une sacrée responsabilité…

— Je sais, admet Samiya, l'air soucieux, mais si nous ne faisons rien, les choses ne changeront jamais. Le gouvernement n'ose pas modifier la loi car il craint de mettre le pays à feu et à sang. Alors c'est à nous, les femmes, de prendre le risque. Nulle part au monde les choses n'évoluent sans une avant-garde prête à faire des sacrifices.

— Mais ces paysannes risquent leur vie ! proteste Anne.

— Ne vous en faites pas, nous gardons le contact avec tous les villages que nous visitons. Dans chacun nous avons convenu d'une responsable qui nous téléphone s'il y a le moindre problème. Ici c'est l'institutrice. Les femmes ont confiance en nous, elles savent que nous ne les laisserons pas tomber. »

Une jeune fille s'est approchée, elle murmure quelques mots à l'oreille de Samiya qui hoche la tête et lui glisse un papier dans la main.

À la question muette d'Anne :

« Elle se sent menacée, je lui ai donné mes coordonnées et vais demander à Yasmina de garder un œil sur elle. »

Il est 8 heures, la nuit est tombée, les femmes sont rentrées chez elles. Anne aide son amie à ranger les accessoires, toutes deux gardent le silence, songeuses.

« Tu sais que je ne suis pas croyante mais je dois reconnaître que, comparée à ces mœurs tribales, la loi islamique est un progrès, dit soudain Samiya, passant instinctivement au tutoiement.

— Cent coups de fouet pour un adultère ! C'est un progrès tout relatif !

— D'abord il y a une différence de taille : c'est le fouet pour l'homme aussi bien que pour la femme. Mais surtout le châtiment n'est appliqué que si quatre témoins jurent avoir vu l'acte en train de se faire. Or, à moins de faire l'amour dans la rue…

— Les témoins peuvent mentir, objecte Anne.

— Oui, mais s'ils ne peuvent prouver leurs dires, c'est eux qui recevront quatre-vingts coups de fouet. De toute façon très rares sont les pays, comme l'Arabie saoudite, l'Iran et l'Afghanistan, qui appliquent ce châtiment ; on n'a jamais vu une femme fouettée, encore moins lapidée[1] dans le reste du Proche-Orient ni au Maghreb. »

Elles ont discuté jusque tard dans la nuit. Anne doit repartir le lendemain car son journal attend son papier. Elle fera le chemin avec un musicien de la troupe qui revient vers Lahore,

1. Nulle part la lapidation n'est mentionnée dans le Coran.

tandis que la jeune femme va continuer sa tournée des villages. Anne est inquiète pour elle, elle a surpris les regards hostiles des hommes.

« Fais attention, Samiya, il y a des gens qui t'en veulent.

— Je sais... Mais des villages nous demandent, des femmes comptent sur nous. Nous devons continuer coûte que coûte. Et puis – elle esquisse une moue malicieuse – je fais quand même attention. Par exemple *Lysistrata*, la pièce d'Aristophane sur ces femmes qui font la grève du sexe pour obliger les hommes à arrêter la guerre, eh bien je l'ai montée à Lahore, pas dans un village !

— Encore heureux ! »

Elles éclatent de rire et se quittent en s'embrassant.

Chapitre 9

« Chérie, tu te souviens des Fous de Bassan ? »

Au téléphone, la voix chaude de Julien résonne, toute proche.

« Hier je me suis promené sur la plage de Perros-Guirec où nous les avions vus l'an dernier. Il y en avait des centaines... J'ai pensé très fort à nous. »

Les Fous de Bassan ! Bien sûr qu'elle se souvient de ces splendides oiseaux de mer d'un blanc éclatant. Ils sont censés être de grands amoureux, toujours fidèles à leur partenaire.

« Le printemps arrive, il fait doux, reprend Julien, quand est-ce que tu reviens mon amour ?

— Bientôt, dans un mois ou deux... »

A l'appareil un long soupir, puis, parodiant Racine :

« Dans un mois, dans un an, comment souffrirons-nous, madame, que tant de mers me séparent de vous... »

Elle rit :

« Comme tu es romantique ! Je te reconnais bien là ! »

On sonne à la porte, c'est certainement Taher qui vient la chercher pour l'emmener visiter le quartier des tanneurs de la vieille ville.

« Julien, je suis désolée, je dois te quitter, on vient me chercher pour le travail.

— Va, mais n'oublie pas que je t'aime, ma chérie !

— Moi aussi je t'aime, Julien ! »

Elle a raccroché avec un vague sentiment de gêne.

Sur le seuil, Taher semble bouleversé et se confond en excuses : il ne peut accompagner Anne, il doit partir pour Karachi rechercher l'un de ses collaborateurs qui a disparu.

« Saïd a lancé une campagne pour protéger les enfants travaillant dans l'industrie du marbre, et depuis deux jours personne ne l'a vu.

— Des enfants de quel âge ?

— À partir de huit ans, parfois moins

— Mais ce sont de tout petits enfants ! Sont-ils nombreux ?

— Il y en a des millions. Certains sont employés pour le tissage des tapis, d'autres pour la taille des pierres précieuses ou le ponçage du marbre. »

Et reprenant son sac :

« Bon maintenant il faut que j'y aille. Saïd habitait Orangui, un quartier pauvre de Karachi où il y a une concentration de marbreries. Je vais voir Parveen, c'est là qu'elle travaille depuis plus de quinze ans, les gens l'adorent, s'ils savent quelque chose ils le lui diront.

— Parveen ? – Anne sursaute – Samiya m'a parlé d'elle, elle dit que c'est une fille extraordinaire, de velours et d'acier. Je voulais justement la rencontrer ! Puis-je t'accompagner ? »

Sans s'en rendre compte elle l'a tutoyé. Taher ne relève pas mais ses yeux verts pétillent.

« Rien ne pourrait me faire plus plaisir ! »

Se moque-t-il ? Est-il sincère ou simplement poli ? Anne n'arrive jamais à savoir avec ces hommes pakistanais qui manient si facilement l'ironie. Est-ce une façon de se défendre ? Ces machistes auraient-ils au fond peur des femmes ?

À l'aéroport, l'hôtesse d'accueil leur annonce que l'avion est plein, mais Taher, la prenant en aparté, finit par obtenir deux places. Aux questions d'Anne il se contente de répondre par un sourire mystérieux, ce qui ne manque pas d'irriter la jeune femme.

« Je sais, tu lui as proposé le mariage et, pour se débarrasser de toi, elle t'a dégoté ces places ! » lance-t-elle, moqueuse.

Avec Taher elle a une relation détendue, elle se sent en confiance. Elle voudrait lui parler de son impression d'être espionnée mais craint de lui paraître ridicule… Pourtant, il serait le plus à même de la conseiller, il a une longue expérience. Finalement, elle se lance et lui raconte ses papiers fouillés et l'homme étrange qui l'a suivie.

Loin de se moquer, il l'écoute attentivement.

« Il semble évident que les services secrets te surveillent, mais ne t'en fais pas, tous les journalistes étrangers sont surveillés. Ils veulent t'intimider pour que tu arrêtes d'enquêter, peut-être même, si tu insistes, vont-ils vraiment essayer de t'effrayer dans l'espoir que tu quittes le pays. Mais ce n'est pas toi qui cours un danger, ils n'oseraient pas, ce sont les gens que tu rencontres qui peuvent être interrogés.

— Risquent-ils des ennuis ? s'inquiète-t-elle.

— Non, ce sont juste des interrogatoires de routine. »

Il estime inutile de préciser que ces interrogatoires de routine sont le plus souvent musclés. À quoi cela servirait-il ? Elle n'y peut rien, il faut bien qu'elle fasse son métier. L'important, c'est qu'elle continue à décrire le plus exactement possible la situation du Pakistan.

Arrivés à l'aéroport de Karachi, ils hèlent un taxi. La voiture file vers l'ouest de la ville. On a quitté les larges routes goudronnées des beaux quartiers pour s'engager sur des pistes poussiéreuses où camionnettes et rickshaws[1] slaloment savamment à travers les fondrières. Taher explique à Anne qu'il craint que son ami n'ait été enlevé par la police :

« C'est courant ici, les gens qui gênent disparaissent ; quelques jours plus tard on découvre leur cadavre mutilé dans un sac au coin d'une rue.

— Comment sait-on que c'est la police ?

— Parfois la police, parfois les services secrets, parfois les mafias souvent de mèche avec la police. Car ce ne sont pas toujours des règlements de comptes politiques, c'est souvent juste un moyen de faire de l'argent. Alors la famille du disparu reçoit une demande de rançon. Les pauvres gens se saignent aux quatre veines pour la payer car ils savent que, s'ils n'y arrivent pas, ils ne retrouveront qu'un cadavre. »

1. Petits véhicules à deux roues tirés par un cycliste, où peuvent prendre place deux à trois personnes. De plus en plus souvent la bicyclette est remplacée par un scooter.

*

Ils ont atteint Orangui. Ce quartier pauvre de Karachi, contigu de Site, la principale zone industrielle, est l'un des plus grands bidonvilles d'Asie. S'étendant sur quelque soixante kilomètres carrés, il abrite un million et demi de personnes, travailleurs du cuir, du textile ou du marbre, petits artisans, vendeurs de thé affairés devant leur bouilloire, marchands assis dans leur minuscule échoppe où l'on se procure cigarettes et bonbons à l'unité, enfin toute une population qui survit du triage et de la vente des ordures des quartiers riches.

Et bien sûr les mafias ! La mafia de la drogue, celle des armes, de la prostitution, la mafia de l'eau et la mafia de la terre, nouvelle venue dans un quartier qui, avec l'extension de Karachi, se retrouve englobé dans la ville et prend de la valeur.

Le taxi progresse avec difficulté, au loin on aperçoit une brume blanchâtre :

« Nous arrivons aux marbreries », signale Taher.

Le long de la route, sur des centaines de mètres, se succèdent des ateliers où d'étranges petits êtres blancs s'activent.

« Arrêtons-nous ici, j'ai un jour rendu service au contremaître, il ne pourra nous refuser l'entrée. En général, ils voient d'un très mauvais œil les visites d'étrangers, surtout de journalistes. Il vaut mieux que tu prétendes représenter une ONG. »

Penchés sur des établis, une dizaine d'enfants s'affairent à poncer de grandes plaques de marbre. Visage, chevelure, sourcils, mains et vêtements recouverts d'une fine poussière blanche qui s'incruste partout, on dirait des spectres, n'étaient-ce leurs yeux, voilés de cils neigeux, qui dévisagent avec curiosité les nouveaux arrivants. Quelques-uns portent un mauvais chiffon qui protège tant bien que mal leur bouche et leurs narines, la plupart ne portent rien.

Taher n'a pas exagéré, des petits enfants aux adolescents ils semblent avoir de sept à quinze ans.

Avec un grand sourire, auquel personne ne répond, Anne commence par se présenter : elle est membre d'une ONG qui s'occupe de la santé des enfants prétend-elle, et elle leur demande s'ils ont des problèmes.

Les enfants secouent la tête, ils vont bien, affirment-ils, même celui qui se dissimule derrière ses camarades en tentant de contenir ses quintes de toux.

La journaliste se rend immédiatement compte de son erreur : aucun enfant n'admettra avoir un problème, il risquerait de perdre son travail.

S'engageant sur un terrain plus neutre, elle les questionne sur leur famille, le métier de leur père, le nombre de leurs frères et sœurs. Les enfants commencent à se détendre. Ils sont tous de famille nombreuse, souvent les aînés. Ont-ils été à l'école ?

Non, ils doivent travailler pour aider leurs parents, et ils sont fiers de contribuer à la survie de la famille.

Combien gagnent-ils ? Ils hésitent : environ cent roupies par jour…

« Pour les débutants, précise le contremaître.

— Pour combien d'heures ? » questionne Anne.

Les huit heures légales, s'empresse de répondre l'homme sans qu'aucun enfant se risque à le contredire. Anne n'insiste pas, d'autant qu'elle en vient maintenant à la question la plus sensible.

« Depuis combien de temps travailles-tu ? demande-t-elle à un gosse malingre qui semble avoir tout au plus une dizaine d'années.

— Depuis un an.

— Et quel âge as-tu ? »

Le gosse jette un coup d'œil au contremaître.

« J'ai quinze ans. »

Le mensonge est patent, même si le contremaître tient à expliquer que ces enfants paraissent toujours beaucoup plus jeunes que leur âge, parce que dès la naissance ils ont été mal nourris.

Il commence d'ailleurs à s'impatienter et Anne sent qu'il est temps de s'en aller. Plus de questions mettraient les enfants en porte-à-faux. De toute façon, elle en a assez vu. Elle dit au revoir aux enfants qui la regardent partir, indifférents. Il en est tant passé, de ces Mem Sahib qui viennent les interroger et leur promettent de les aider. Mais rien jamais ne change.

De retour dans le taxi, Taher explique à Anne comment ils essaient d'intervenir auprès des parents pour qu'ils n'envoient pas leurs enfants faire un travail aussi nocif pour leur santé.

« Le plus pathétique, c'est qu'ils savent que c'est dangereux, que les petits respirent de plus en plus mal et qu'au bout de quelques années certains peuvent mourir les poumons transpercés par la poussière de pierre. Mais le choix, c'est entre sacrifier l'aîné ou que tous les autres meurent de faim. D'ailleurs, l'enfant lui-même veut continuer. Il s'enorgueillit d'être soutien de famille.

— Et le père, il ne travaille pas ?

— S'il a la chance d'avoir un emploi, il ne gagne jamais assez. De toute façon, pour ce genre de travaux qui demandent moins de force que d'habileté, les employeurs préfèrent les enfants. D'abord on les paie moins, mais surtout, ils sont dociles : habitués à obéir ils ne savent pas se défendre contre les adultes. L'employeur peut les faire trimer jusqu'à quatorze heures par jour, pour le même salaire évidemment !

— Et les travailleurs sociaux, à quoi servent-ils ?

— Il arrive que l'administration envoie un inspecteur du travail. Mais ces inspecteurs, comme tous nos petits fonctionnaires, sont si mal payés qu'il suffit que l'employeur leur file cinq à six mille roupies, ils feront un rapport positif. »

Le taxi a ralenti, Taher jette un coup d'œil à l'extérieur :

« Nous sommes arrivés. »

Au carrefour se dresse un ensemble de bâtiments blancs bordés de larges pelouses et de massifs fleuris et entourés de murs, une véritable oasis de calme au milieu de la cacophonie de bruits stridents, d'écœurants effluves et d'agressive laideur. C'est le centre de l'OPP, l'Orangui Pilot Project, le domaine de Parveen Rehman.

La jeune femme les accueille chaleureusement. Frêle, de grands yeux malicieux contrastant avec ses cheveux sagement croisés en nattes sur la nuque, elle dégage une joie de vivre communicative.

« Excusez-moi, je dois envoyer un projet, je suis à vous dans un instant. »

Autour d'elle, une dizaine de jeunes gens s'affairent. Les relations entre Parveen et son équipe sont souriantes et directes sans une once de cette servilité, habituelle dans le tiers-monde, dans les relations employé-employeur. Et la journaliste s'émerveille de cette autorité naturelle et infiniment douce qui dirige, sans avoir l'air d'y toucher, une ruche bruissant d'activités où se créent et sont menés à bien des dizaines de projets pour l'amélioration de la vie des habitants d'Orangui, et au-delà, de nombreux villages et villes à travers le Pakistan.

Parveen revenue vers eux, Taher lui explique l'objet de leur visite. Elle s'assombrit :

« Je connais Saïd, il fait un travail formidable ! Le mieux, Taher, c'est que tu ailles avec un gars d'ici rencontrer les anciens du quartier. Si quelqu'un a vu ou entendu quelque chose, ils seront au courant et te parleront, car ils savent que tu es mon ami et que tu ne les dénonceras pas. »

Anne est restée pour interviewer Parveen. Autour d'une tasse de thé au lait bien sucré, comme c'est ici l'usage, la jeune femme lui explique qu'actuellement l'OPP s'occupe d'aider les réfugiés chassés de chez eux par les inondations en leur fournissant une partie des matériaux mais surtout la technique pour reconstruire des maisons plus solides.

« Nous les aidons, mais ils reconstruisent eux-mêmes, car nous avons pour principe de ne rien donner. Nous responsabilisons les gens, nous leur montrons qu'avec un peu d'aide ils sont capables de faire face. Il faut casser la relation de hiérarchie et de dépendance entre celui, en haut de l'échelle, qui dispense savoir et aide matérielle, et celui qui reçoit, se sent redevable et continue à attendre la solution des autres. Nous instituons un dialogue, poussons les gens à exprimer leurs vrais besoins, encourageons les initiatives locales. Souvent, ils ont des idées bien plus pratiques et simples que nous qui ne vivons pas leurs problèmes au quotidien.

— Ça marche ? demande Anne, dubitative.

— Et comment ! En 1980, il n'y avait à Orangui que des égouts à ciel ouvert et aucun système sanitaire dans les maisons, si bien que les eaux étaient polluées et les épidémies nombreuses. En parlant avec les gens du quartier, nous avons réalisé que pour améliorer leurs conditions de vie ils étaient prêts à verser un peu d'argent, mais surtout à entretenir le système sanitaire de leur maison et de leur ruelle, la distribution d'eau, le ramassage des ordures et aussi les écoles primaires et les dispensaires. Aujourd'hui notre système a été adopté dans quarante-quatre villes et quatre-vingt-treize villages, il a transformé la vie de millions de gens. Alors qu'au début le gouvernement ne voulait même pas en entendre parler !

— Pourtant vous faisiez le travail pour lui et il n'avait presque rien à dépenser.

— N'oubliez pas que dans nos régions la corruption est endémique et que plus un gouvernement semble dépenser, plus il se remplit les poches. »

Et elle raconte comment son équipe d'architectes et elle ont dû se battre bec et ongles pour faire admettre leur système d'égouts. En effet, une grande compagnie norvégienne voulait, dans le cadre de l'aide, leur fournir un système dix fois plus onéreux et qui n'était pas adapté aux conditions locales. Elle menaçait même, si le gouvernement ne prenait pas son projet, de ne pas fournir certaines pièces industrielles dont le

Pakistan avait besoin. Il leur a fallu des mois de lobbying et de multiples articles dans la presse pour que le projet norvégien soit abandonné.

— Mais si c'était de l'aide ?

— Ce qu'on appelle "aide" est le plus souvent un crédit qu'il faudra bien finir par rembourser. »

Anne hoche la tête. Elle connaît bien le problème. C'est en acceptant cette « aide » que les pays du Sud se sont tellement endettés vis-à-vis du Nord. Les intérêts de la dette ont fini par devenir si énormes que depuis plusieurs années, c'est le Sud qui finance le Nord. Le Pakistan, notamment, est complètement étouffé.

Deux jeunes gens sont entrés dans le bureau, avec de grandes feuilles de papier quadrillé qui semblent être des plans.

« Excusez-moi ! »

Parveen se penche sur ce qui est effectivement un ensemble de plans du quartier, avec relevés des différentes maisonnettes et des terrains. Épinglés sur les murs, ils donnent une photographie très précise de la situation de l'habitat à Orangui. Documentés minutieusement par des équipes de volontaires, c'est la preuve que les parcelles de terre ont bien été achetées et qu'on n'en peut donc expulser les occupants. Contrairement à ce que prétend la mafia de la terre qui essaie de chasser ces pauvres gens de chez eux pour raser leurs maisons et construire des immeubles.

« Il y a vingt ans, la terre ici ne valait rien, explique la jeune femme, mais avec l'accroissement de la population, Orangui fait maintenant partie de Karachi et les terrains sont devenus très chers. Les gens ne peuvent se défendre seuls, aussi faisons-nous ces relevés pour établir leurs droits et permettre à nos avocats, volontaires eux aussi, de les défendre.

— Et comment réagissent les mafias ? »

Parveen esquisse un sourire espiègle :

« Depuis 2007, elles nous menacent, nous avons l'habitude. L'important, c'est de ne pas se laisser intimider. Elles convoitent notamment le terrain où nous sommes installés. L'an dernier, pendant un mois, leurs hommes ont essayé de nous terroriser : ils ont entouré les bâtiments et sont entrés avec leurs armes. Je leur ai dit : "Tuez-nous, nous ne partirons pas." Ils étaient très étonnés que nous refusions de céder. En fait, nous nous sommes bien amusés à les voir faire les bravaches et rouler des mécaniques en pensant nous effrayer.

— Et comment cela s'est-il terminé ? »

Elle éclate d'un rire cristallin :

« J'ai finalement appelé un plus grand bandit qu'eux pour les faire partir. Un de nos travailleurs sociaux, qui s'occupe d'éducation et de microcrédit, a un frère au PPP[1], qui est aussi un mafieux et a des hommes à sa disposition. Il est venu et a menacé les autres, qui eux sont affilés au parti ANP[2], et il les a chassés. Nous nous attendons qu'eux ou d'autres reviennent, mais nous ne céderons pas. »

---

1. Parti populaire du Pakistan, fondé par Zulficar Ali Bhutto en 1967.

2. Awami National Party, parti pakistanais de gauche et séculier, soutenu principalement par la minorité pachtoune (les Pathans).

Anne regarde cette jeune femme à l'apparence si lisse. D'où lui vient ce courage incroyable ? Les amis de Parveen lui ont simplement raconté qu'elle était originaire du Bengale oriental, aujourd'hui Bangladesh, mais qu'elle ne parlait jamais de son passé.

La journaliste tente quelques questions, Parveen secoue énergiquement la tête :

« Ce n'est pas intéressant. Vous feriez mieux d'écrire sur les disparitions, comme celle de ce pauvre Saïd.

— Pour ça il faudrait que je fasse une enquête. Pensez-vous que ses proches me parleraient ?

— Ils habitent tout près, je vais le leur demander. »

Entre-temps, Taher a reparu, l'air sombre. Personne n'a le moindre indice ou bien personne n'ose parler… Effondré, il va repartir pour Lahore. Anne le regarde s'éloigner, la tête dans les épaules, le dos courbé. Elle a l'impression qu'il a soudain vieilli de dix ans.

Chapitre 10

À la demande de Parveen, la famille de Saïd a accepté de recevoir la journaliste étrangère. Tout lui est espoir : si elle écrit sur leur fils, cela pourrait peut-être aider…

Assis sur des coussins, à même le sol de terre soigneusement balayé, ils ont parlé longuement. Hassan, dix-sept ans, le frère cadet de Saïd, connaît un peu d'anglais et sert d'interprète. Il raconte comment son aîné avait reçu des messages comminatoires lui enjoignant d'arrêter sa campagne. Il avait alors essayé de rencontrer des représentants de l'union des marbriers pour demander qu'au moins on fournisse des masques étanches aux enfants. Personne n'avait accepté de le recevoir. Devant ce refus, Saïd avait décidé de faire éclater le scandale et, voilà trois jours, il était sorti muni de son appareil photo.

On ne l'a pas revu depuis.

Lorsque après avoir promis de faire connaître toute l'histoire, Anne sort de la maison, il fait nuit noire ; elle remarque une voiture parquée tout près, présence incongrue dans ce quartier où les plus riches possèdent tout juste une bicyclette. Adossés à la portière, deux hommes la suivent du regard. Elle repense à ce que lui a dit Taher : elle est espionnée, c'est sûr, mais c'est normal, elle ne doit pas s'en inquiéter.

Rentrée à l'hôtel Mehran, un trois-étoiles où Parveen lui a fait réserver une chambre, la jeune femme a passé une partie de la nuit à rédiger son article. Il lui manque cependant quelques précisions, elle doit revenir à Orangui.

Au téléphone, Parveen lui annonce que ce n'est pas la peine, la famille ne veut plus la voir.

« Pour quelle raison ?

— Hier soir, après ton départ, des hommes ont débarqué et emmené Hassan.

— Quoi ? J'arrive ! »

Sans écouter les protestations, elle raccroche.

Aussitôt dans la rue, elle hèle un taxi, elle n'aura aucun mal à retrouver sa route, tout le monde connaît l'OPP.

Lorsqu'elle arrive, la famille de Hassan est auprès de Parveen. Ils lui ont apporté une lettre déposée devant leur porte :

« Votre fils vivant contre une rançon de trente mille roupies. »

« Trente mille roupies ! – la mère gémit en se griffant le visage – comment pourrions-nous rassembler une telle somme ? Avec toutes nos économies, nous arrivons à peine à cinq mille. Aucun prêteur n'acceptera de nous donner vingt-cinq mille roupies, ils savent que nous n'arriverons jamais à les rembourser ! »

Les petits pleurent, le père, la tête dans les mains, sanglote : il a perdu ses deux fils aînés en trois jours.

« Il ne faut pas payer, il ne faut pas céder au chantage », s'exclame Anne.

Et, saisie d'une soudaine inspiration :

« Demain je dois interviewer le gouverneur de Lahore, je vais lui raconter toute l'histoire. Devant une journaliste étrangère, il va se sentir obligé d'intervenir. Ne vous en faites pas, nous allons récupérer Hassan et peut-être aussi Saïd ! »

Elle ne comprend pas pourquoi les gémissements redoublent, pourquoi maintenant toute la famille à genoux la supplie de ne rien dire au gouverneur.

« Si vous parlez, le gouverneur va effectivement demander des comptes au chef de la police, explique Parveen. Sur le moment, cela va faire quelques vagues mais très vite, l'affaire sera classée car personne n'a intérêt à remuer les eaux stagnantes où tout le monde patauge. En revanche, les policiers inquiétés vont se venger. Même s'ils sont forcés de libérer Hassan, il ne se passera pas vingt-quatre heures avant qu'ils ne reviennent l'arrêter ainsi que toute sa famille. Et alors je ne veux même pas imaginer ce qu'ils feront subir à ces malheureux avant de les tuer. »

Anne a promis de se taire et, la mort dans l'âme, est rentrée à l'hôtel. Mais il lui est impossible de trouver le sommeil, les images de Hassan se succèdent, le mince adolescent au regard vif, Hassan torturé, Hassan retrouvé mort dans un sac de jute.

D'un coup elle s'est redressée : non, ce n'est pas possible ! Elle pourrait payer la rançon, elle a mis de côté justement trente mille roupies pour s'acheter l'une de ces splendides gararas brodées d'or, ces tenues traditionnelles dont elle rêve. Elle en avait essayé une, elle ne s'était pas reconnue, elle avait l'air d'une reine ! Avec nostalgie, elle se remémore cette splendide image d'elle-même… Mais aussitôt elle se secoue : *Serais tu aussi pourrie que cette société que tu dénonces ? Comment peux-tu hésiter ? C'est la vie d'un adolescent qui est en jeu, en plus c'est de ta faute s'il a été arrêté.* Dès demain matin, elle portera l'argent à Parveen.

Elle s'est recouchée, plus calme. Mais peu à peu la colère remonte, lui serre la gorge, l'étouffe… Qu'est-elle en train de faire ? Elle est sur le point de céder au chantage, de bafouer toute morale, de renier tous ses principes ! Donner raison à ces brutes, à ces policiers véreux ? Quelle humiliation ! Anne se tourne et se retourne dans son lit, brûlante, la rage lui donne la fièvre, la rage de se sentir prise au piège. N'y tenant plus, elle se lève, arpente sa chambre à pas saccadés, comme si elle voulait fracasser le plancher. Elle a des envies de meurtre, mais qui tuer ?

Elle, Anne, va entrer dans le jeu de la corruption, parce qu'on a enlevé un jeune garçon qu'elle connaît ! Si c'était un inconnu, elle ne céderait pas d'un pouce sur ses principes. Elle va céder… et craint de se mépriser. N'y a-t-il vraiment pas d'autre moyen ? Elle cherche mais sa tête tourne à vide, un autre moyen, un autre… Elle finit par s'endormir, épuisée.

Le lendemain, elle s'est réveillée tard mais avec les idées étonnamment claires. Elle réalise que c'est son orgueil qui, la veille, l'a tyrannisée. Son honnêteté ! Ses principes ! Que pèsent ses principes face à la vie d'un adolescent qu'elle a mis en danger ? Elle va immédiatement porter l'argent à Parveen.

Face au balcon, devant le ciel si bleu elle s'étire. La vie… Elle a choisi la vie ! Hassan va vivre !

Quelque temps plus tard, Anne recevra une petite lettre maladroite sur un papier à lignes, quelques mots de remerciement, qu'elle gardera précieusement.

Anne est revenue voir Parveen qui l'accueille comme une vieille amie. Le geste de la Française l'a touchée, elle n'a jamais vu un membre de la presse se comporter ainsi : en général, ils passent, font parler de pauvres gens sans méfiance et repartent. Tant pis pour les « dommages collatéraux », ce n'est pas leur responsabilité, ils n'ont fait que leur métier. Cette journaliste-là est différente, songe Parveen, chez elle le professionnalisme n'a pas anéanti l'humanité.

Longuement elles ont parlé de l'évolution de la société pakistanaise, des progrès de la jeune génération, notamment des femmes de plus en plus nombreuses à prendre une profession et à se faire entendre, de leur courage face aux multiples obstacles que leur oppose un système patriarcal.

« Quand tu as commencé à travailler, pour toi non plus cela n'a pas dû être facile. Raconte-moi ! » demande Anne qui, malgré le refus initial de Parveen, n'a pas renoncé à faire un portrait de la jeune femme.

Mais à nouveau Parveen se dérobe. Pourtant elle a confiance en la journaliste avec qui elle se sent une vraie affinité ; mais elle déteste ce système de vedettariat qui s'infiltre dans tous les domaines, politique, académique, humanitaire et qui arrive à corrompre les plus belles initiatives, les projets les plus altruistes.

Anne aura beaucoup de mal à la convaincre qu'elle peut être une formidable source d'inspiration, spécialement pour des jeunes qui veulent aider les plus démunis mais ne savent de quel côté se tourner. Elle n'hésitera pas à la bousculer : Parveen est-elle si égoïste qu'elle refuse de partager son expérience, ses doutes, ses enthousiasmes et les obstacles surmontés sur le chemin qui l'a menée à devenir le souriant recours de dizaines de milliers de déshérités ?

En réalité, Anne est complètement fascinée par son interlocutrice, elle voudrait comprendre d'où lui vient cette force qui fait qu'elle n'a peur de rien. Quelle a été sa vie ?

Elles ont convenu de se retrouver pour dîner Chez Flo, un petit restaurant français tenu par Florence, une Parisienne mariée depuis vingt ans à un Pakistanais. Situé à Zamzaman, le quartier fréquenté par la jeunesse dorée de Karachi, Chez Flo, un peu en retrait des autres restaurants et des boutiques de luxe ouvertes jusqu'à 3 heures du matin, est l'un des rares endroits où l'on puisse discuter tranquillement.

En attendant Parveen, Anne s'est assise sous la tonnelle devant une table recouverte d'une nappe à carreaux rouge et blanc. Dans le jardin éclairé de lumières tamisées elle se prend à rêver qu'elle est à Saint-Germain-des-Prés par un beau soir d'été, avec Julien… Julien ? À sa grande surprise elle sent une boule se former dans sa gorge, Julien lui manque-t-il à ce point ? Pourtant elle n'a pas beaucoup pensé à lui ces derniers temps… Ne serait-ce plutôt la nostalgie de la France, de sa douceur de vivre qu'elle apprécie d'autant plus qu'elle en est éloignée ? Ou est-elle surtout épuisée par tout ce qu'elle a vécu ces dernières semaines ?

L'arrivée de Parveen la tire de ses réflexions. Celle-ci arbore un kurtah rose fuchsia qui lui donne l'air d'une jeune fille.

« Quelle bonne idée d'avoir choisi cet endroit, je n'y suis pas venue depuis longtemps, s'exclame-t-elle, enthousiaste, en fait j'ai si peu le temps de sortir. »

Elles se sont plongées dans le menu, une liste impressionnante de spécialités françaises, et après un long examen elles se sont décidées pour un tournedos Rossini.

« Pas de vin, hélas, grimace Parveen.

— Détrompe-toi ! J'ai apporté un bordeaux venu tout droit du consulat de France. C'est un cadeau de l'attaché de presse que je suis passée voir ce matin. Je ne sais quelle bêtise j'ai proférée mais il a dû penser que j'étais en manque… »

Elles pouffent de rire.

« Ici, contrairement aux autres restaurants, si on apporte sa bouteille, ils vous la servent. »

Le tournedos Rossini arrosé de bordeaux, quelle fête ! Pour Anne qui, même si elle apprécie les plats pakistanais, commence à être fatiguée des kebabs et des currys, mais aussi pour Parveen à qui cela rappelle un lointain séjour à Paris.

« J'y suis allée avec mes parents, qui avaient toujours voulu connaître la France. J'avais treize ans, c'était en 1970, juste avant la guerre du Bangladesh…

— Raconte-moi, Parveen », plaide Anne affectueusement.

Après une dernière hésitation, de sa voix douce et posée, la jeune femme commence :

« Je suis née à Dacca en 1957, la plus jeune de quatre enfants. Mon père, qui était ingénieur, nous avait mis dans les meilleures écoles, l'expérience lui ayant appris que la chose la plus importante est l'éducation. En effet, il était originaire du Bihâr, mais une semaine après avoir épousé ma mère, c'était la partition des Indes et ils avaient dû s'enfuir vers le Pakistan oriental. Montant dans le train en hâte, ils ont de justesse échappé aux massacres, laissant tout derrière eux. Heureusement, mon père avait une solide instruction, il a pu travailler et reconstruire sa vie. »

Nostalgique, Parveen évoque le Bengale, si beau avec ses étangs et ses fleurs. Sa famille habitait une grande maison entourée d'une véranda, donnant sur la baie ; frères et sœurs passaient tous leurs loisirs à nager, attraper des poissons, cueillir les fruits sur les arbres : ce fut une enfance idyllique.

Parveen poursuivait ses études dans une école de tradition anglaise et avait beaucoup d'amis bengalis. Aussi ne comprit-elle pas pourquoi, en décembre1971, sa famille dut tout quitter précipitamment. Elle ne réalisait pas qu'étant de langue ourdou, la langue des Pakistanais de l'Ouest et des Biharis, ils étaient devenus les ennemis et qu'ils étaient en danger.

« Souviens-toi de la bizarre carte du Pakistan issue de la partition des Indes en 1947. Le pays était partagé en deux, le Pakistan occidental et le Pakistan oriental, séparés par mille cinq cents kilomètres de territoire indien. La capitale était Karachi, au Pakistan occidental. Lors des élections de 1970,

Mujibur Rahman, le leader charismatique du Pakistan oriental, remporta le plus grand nombre de voix. Normal car les habitants de l'aile orientale étaient plus nombreux. Mais, surtout, ils avaient voté comme un seul homme, exaspérés par l'attitude des Pakistanais de l'Ouest auxquels ils reprochaient de les traiter comme une colonie.

— Était-ce le cas ?

— Sans doute étaient-ils exploités, mais surtout ils se sentaient méprisés... c'était ça le fond du problème. »

Ayant gagné les élections, Mujibur Rahman devait devenir Premier ministre. Or les Pakistanais de l'Ouest, en majorité des Pendjâbis et des Pathans au teint clair, ne pouvaient envisager, outre le fait de perdre le contrôle, d'être gouvernés par des Bengalis, ces petits hommes noirs et querelleurs. Les manifestations à l'est se multipliant, ils firent donner l'armée. Une terrible répression s'ensuivit qui suscita la condamnation unanime de l'Occident. L'Inde n'allait pas rater une si belle occasion : elle envoya ses troupes libérer la province et lui permettre d'accéder à l'indépendance. C'est ainsi qu'en 1971 le Bangladesh était né.

« Et vous, que vous est-il arrivé alors ?

— J'avais treize ans, ma sœur vingt et un. Un matin, les Mukti Bahini – les forces paramilitaires bengalies – ont encerclé notre quartier, ils ont séparé les hommes des femmes et ont embarqué les hommes, dont mon père, dans un bus. La plupart ne sont jamais revenus. »

Chaque nuit, ces Mukti Bahini entraient dans les maisons, ils n'arrêtaient pas de toucher les femmes, pour voir si elles avaient caché de l'argent dans leur corsage mais aussi pour tripoter leurs seins. Lorsque finalement toute la famille fut chassée de la maison sous la menace des armes, un voisin qui tentait de protester fut abattu sous leurs yeux.

« Ils nous ont tout volé, ils m'ont même pris mes lunettes, disant que c'était du luxe. Nous sommes juste sortis avec les vêtements que nous portions. Je me souviens que les Mukti Bahini faisaient passer toutes les femmes en file indienne entre deux rangées d'hommes armés de bâtons et de poignards, ils essayaient de nous toucher et de prendre celles qui leur plaisaient. C'était affreux ! Pour nous protéger, les plus âgées nous entouraient et nous tenaient très fort. »

Femmes et enfants s'étaient d'abord réfugiés dans les champs ; une femme avait enfanté, les soldats se pressaient autour d'elle, ils regardaient et se moquaient.

Elles savaient que si elles restaient dans les champs la nuit, elles seraient violées et tuées. Aussi un groupe s'abrita dans une mosquée, qui n'avait pas de murs, juste des colonnes. Tandis que le groupe où se trouvait Parveen, une trentaine de familles réunies pour se protéger mutuellement, se cacha dans une maison abandonnée un peu éloignée ; quatre-vingts personnes entassées dans une petite pièce. Mais la nuit les Mukti Bahini les trouvèrent. Ils entraient et régulièrement s'emparaient d'une jeune femme.

« Je me souviens de l'une d'elles qui est revenue comme folle, elle se tapait la tête contre les murs. Alors les plus âgées ont formé un mur de défense avec les très jeunes enfants devant, et nous ont cachées derrière, ma sœur de vingt et un ans sous le lit. Et chaque fois que les Mukti Bahini entraient, elles criaient très fort "Allahou akbar !" Le lendemain matin, un soldat indien est arrivé : nous étions sauvées ! Oui, paradoxalement, l'ennemi était devenu le sauveur... Quand nous sommes passées devant la mosquée nous avons vu que toutes celles qui s'y étaient refugiées avaient été violées et tuées. »

Anne frissonne :

« Quelle cruauté !

— L'armée du Pakistan occidental s'est comportée de la même façon envers les femmes bengalies, rétorque calmement Parveen, mais sais-tu le plus étrange ? Nous n'avions pas peur, nous n'avions d'autre solution que d'affronter le danger et trouver le moyen de nous en sortir. »

On les avait fait monter dans un bus, elles devaient prétendre être des veuves bengalies afin de ne pas être attaquées. Ensuite, elles devaient prendre un bateau, mais elles savaient qu'il y avait bien des chances qu'une fois à bord les Bengalis les tuent et les jettent à l'eau.

« Aussi, lorsque le bus s'est arrêté dans un camp où se trouvaient des gens de la Croix-Rouge, ma sœur a crié : "Nous sommes des Biharis, aidez-nous !" Une femme de la Croix-Rouge nous a alors accompagnées, c'est ainsi que nous n'avons pas été noyées comme tant d'autres. »

Parveen s'est arrêtée de parler et a pris la main d'Anne.

« Tu vois, j'ai vécu tant d'horreurs que je n'ai plus peur de rien ni de personne ! »

Elles ont terminé de dîner en silence, Parveen perdue dans ses souvenirs, Anne n'osant la déranger.

Au moment de se séparer, elle lui a pourtant demandé :

« Et maintenant, que vas-tu faire ? Tu dis que d'autres mafiosi vont revenir tenter de s'emparer de votre terrain ?

— Sans doute, mais – la jeune femme sourit malicieusement – j'ai d'autres bandits dans ma poche que je peux appeler au secours. Et puis, après tout – elle regarde Anne droit dans les yeux – que peuvent-ils faire de plus que de me tuer[1] ? »

---

1. Le personnage de Parveen et son histoire sont authentiques.

Chapitre 11

« Sylvie ! Quel plaisir de vous voir ! Entrez ! »

Sur le seuil de la chambre se tient la doctoresse de MSF, inhabituellement élégante dans son tailleur de lin grège.

« Je n'ai pas le temps, je passais juste vous demander si vous vouliez venir à un défilé de mode organisé par les dames de la haute société au profit des réfugiés. Cela pourrait vous faire un sujet d'article ?

— Pourquoi pas ? Je vois déjà le titre : "La mode au pays des talibans". Ça va s'arracher ! »

Dans le centre de Lahore, Gulberg est un ancien quartier de belles demeures entourées de jardins ombragés. On est loin du modernisme affecté ou des villas à colonnes grecques et balustrades pseudo-Trianon des quartiers des nouveaux riches. Ici règnent la mesure et l'harmonie.

La voiture s'est arrêtée devant une maison à auvent de bois sculpté surmontant une superbe porte de style moghol récupérée, à l'évidence, des ruines d'un vieux palais.

« Elle aurait plus sa place dans un musée, commente Sylvie, mais au moins n'a-t-elle pas servi de bois de chauffage, comme tant d'autres ! »

Un serviteur les introduit dans un grand salon où des femmes vêtues à la pakistanaise ou en pantalons à l'européenne, toutes d'une élégance raffinée, papotent en buvant des jus de fruits glacés.

En passant, Sylvie désigne à Anne quelques épouses de ministres et de membres du parlement.

« Toute la bonne société de Lahore est là. C'est l'événement mondain par excellence mais, cette fois, pour la bonne cause. Chaque maison de couture – ici elles sont une bonne trentaine – a fait don d'une ou deux robes du soir qui seront mises aux enchères. Un geste généreux, mais aussi un moyen de se faire de la publicité car toute la presse est là. »

Le défilé commence. Sur une musique de Gershwin, de ravissantes créatures semblent glisser, vêtues de lourds satins brodés de perles et de strass ou de mousselines diaphanes de couleurs arc-en-ciel, qui révèlent leurs formes voluptueuses.

« Peut-on vraiment porter cela au Pakistan ? chuchote Anne à sa voisine.

— Vous seriez surprise de savoir tout ce qu'on peut faire dans ce pays, répond Sylvie, évidemment pas n'importe où ! »

Le défilé achevé, la vente aux enchères peut commencer.

L'un après l'autre, les mannequins vont revenir au salon et se laisser admirer à loisir tandis qu'au micro la maîtresse de cérémonie annonce un prix. Des mains se lèvent, les prix s'envolent : trois cent mille, quatre cent mille, cinq cent mille roupies. Anne n'en croit pas ses oreilles :

« Cinq cent mille roupies, c'est quatre ans de salaire d'un petit employé, souffle-t-elle à Sylvie qui commente, ravie :

— C'est aussi ce qui va me permettre de financer mon camp de réfugiés pendant trois mois. L'hôtesse m'a promis le prix d'une robe. »

Les enchères vont durer près de deux heures, les robes atteignent des prix de dix à vingt fois supérieurs à leur prix réel. Une robe du soir brodée de cristaux Swarowski est même adjugée pour deux millions ! Les femmes se piquent au jeu, c'est pour chacune un point d'honneur que de renchérir sur sa voisine, d'autant que tout le monde s'observe et que, demain, les journaux citeront les plus généreuses.

Mais il y a aussi un vrai mouvement de solidarité. C'est par les écrans de télévision que la misère a déferlé pour la première fois dans les salons. La vue des centaines de milliers de réfugiés, de ces femmes et enfants décharnés a été un vrai choc pour cette petite société confortablement refermée sur elle-même. Jusqu'alors elle ne connaissait de la pauvreté que les mendiants aux abords des feux rouges, dont on se préserve en fermant sa fenêtre, ou ceux postés au coin des magasins chics, auxquels on donne une pièce, malgré les remontrances du chauffeur : « Madame ne devrait pas, ce sont des bandes organisées. »

Une belle femme d'une quarantaine d'années s'avance vers elles. C'est Nishat, la maîtresse de maison, épouse d'un grand industriel du bâtiment, l'un des secteurs les plus florissants du pays. Ravie de la présence d'une journaliste occidentale, Nishat entreprend de lui exposer tout ce qui se fait depuis ces dernières années pour venir en aide aux sans-abri.

D'autres femmes se sont approchées, également désireuses de raconter comment elles tentent de pallier l'insuffisance criante de l'action gouvernementale par des initiatives privées. Les unes financent des écoles, des dispensaires, d'autres mettent sur pied des collectes de vêtements ou de denrées non périssables auprès des industries alimentaires, certaines organisent des concerts ou des dîners dansants, à dix mille roupies la place.

« Nous avons notamment sollicité des producteurs d'huile qui nous en ont donné des dizaines de tonnes, de même les producteurs de farine. Décembre a été le meilleur mois. Outre les dons en nature, devinez combien d'argent les initiatives privées ont récolté, rien qu'à Lahore ? Dix-huit millions de roupies ! Avec le début des chaleurs, l'organisation d'événements s'est bien sûr ralentie, mais pour les autres projets les gens continuent de beaucoup donner. »

Nickie et Nina, deux sœurs fondatrices d'une des maisons de couture les plus courues de Lahore, ont une nouvelle importante à partager :

« L'industrie de la mode a décidé d'adopter un village. En un mois nous avons récolté les fonds pour acheminer l'eau potable, construire une école primaire qui accueillera le matin les garçons, l'après-midi les filles, et installer un dispensaire avec une infirmière en permanence. Quand un village aura été réhabilité, nous en adopterons un autre et ainsi de suite. Toutes les maisons de couture apportent leur contribution. Notre but est d'obtenir deux millions de roupies par mois et de consentir des prêts sans intérêt pour que les gens puissent monter un petit commerce, repartir après avoir tout perdu.

— Magnifique ! applaudit l'assistance, il faut demander à d'autres secteurs industriels de faire la même chose. Créons un comité qui se charge de prospecter les diverses possibilités et mettons les journaux dans le coup, comme ça les récalcitrants n'oseront pas refuser.

— Mais il faudra contrôler de près comment l'argent est dépensé, remarque une femme. À ce propos, je vous donne en mille ce qu'a inventé l'ambassade de Turquie pour contourner la corruption : elle a annoncé qu'elle donnerait aux pauvres un sac de cinq kilos de riz. Bien sûr, seuls les vraiment pauvres ont pris la peine de se déplacer : eh bien figurez-vous que dans chaque sac il y avait cinquante mille roupies ! »

L'après-midi tire à sa fin, Sylvie doit se rendre à un rendez-vous de travail, l'hôtesse la rassure :

« Une de ces dames se fera un plaisir de raccompagner Anne à son hôtel. »

En effet, une jeune femme se porte aussitôt candidate.

« J'habite tout à côté et serais ravie de pouvoir continuer à bavarder avec vous. Si cela ne vous gêne pas que je conduise ? C'est le jour de congé de mon chauffeur. »

Et elles sont montées dans un splendide coupé Mercedes gris métallisé.

La nuit commence à tomber, les lumières de Lahore s'allument une à une, bientôt les dômes des mosquées, les façades des bâtiments officiels et des anciens palais brilleront de tous leurs feux, mais, à présent c'est le moment qu'Anne préfère, cette heure entre chien et loup où les formes s'estompent pour laisser place aux ombres, où tout semble hésiter avant de disparaître. Comme dans un songe, elle entend sa conductrice lui raconter son engagement en faveur des déshérités, quand soudain un brusque coup de frein la projette presque sur le pare-brise : devant la voiture un homme se dresse, mitraillette à la main. Dans la lueur des phares, Anne a juste le temps d'apercevoir un visage jeune, effrayé, lorsque à côté d'elle elle entend : « Accrochez-vous ! », et avant qu'elle ne comprenne ce qui arrive, la conductrice a donné un fort coup d'accélérateur et dans un rugissement suivi d'un choc violent, la voiture a passé.

« Vous... Vous êtes folle ! Vous l'avez écra... écrasé ! »

Anne en bégaie de stupeur, horrifiée, elle fixe sa voisine.

« Comment avez-vous pu ? C'est criminel ! »

La conductrice a ralenti, les mains crispées sur le volant, elle regarde devant elle sans répondre, très pâle.

C'en est trop pour Anne qui l'agrippe par l'épaule, hors d'elle :

« Vous m'entendez ! Pourquoi avez-vous fait cela ? Ce garçon voulait juste de l'argent !

— C'était lui ou nous, rétorque la femme d'une voix sourde.

— Comment pouvez-vous le savoir ?

— Parfois ils se contentent d'argent mais parfois ils violent et tuent. Je ne pouvais prendre ce risque. »

Ce calme, cette maîtrise de soi... Anne se sent mal, elle va... En un long jet jaune elle vomit sur le tableau de bord en bois de loupe et les coussins de cuir blanc.

Consternée, la conductrice s'empresse mais elle la repousse :

« Laissez-moi ! Vous et vos beaux discours charitables, vous me révulsez. »

Elle sort brusquement de la voiture mais, avant de claquer la portière, lance en dérisoire vengeance :

« Vous aviez envie qu'on écrive sur vous ? Ce sera fait, mais je ne suis pas sûre que cela vous plaise ! »

Malgré les somnifères, Anne n'a pu dormir de la nuit.

Elle revoit le visage terrifié du jeune homme qui tremble en tenant sa mitraillette… et s'y superposent les visages désespérés, affamés des jeunes réfugiés. Peut-être est-ce l'un d'eux ? Quel choix ont-ils ?

Au petit matin, elle s'est mise à sa table de travail mais elle n'arrive pas à écrire, son esprit est comme paralysé… Elle finit par s'assoupir sur son ordinateur.

Des coups à la porte, forts, de plus en plus forts. Réveillée en sursaut, elle se précipite. C'est Karim. Il est au courant de tout ; comme une traînée de poudre, l'histoire s'est répandue dans leur petite communauté.

« Ça va ? » s'inquiète-t-il.

Anne acquiesce en silence.

Les sourcils froncés, il arpente la chambre, son masque de cynisme est tombé, il est hors de lui :

« La bonne conscience de ces grandes bourgeoises, c'est ça leur force ! Une conscience exacerbée de ses droits, pas d'hésitation : on fonce, on écrase ! Et après, aucun remords du genre : peut-être ne voulait-il que mon sac, peut-être sa famille mourait-elle de faim ? Non, elles sont incapables de se mettre à la place de l'autre, elles n'ont aucune imagination. Elles aiment les pauvres s'ils sont humbles, reconnaissants et leur renvoient une belle image d'elles-mêmes. Mais s'ils se révoltent, ce sont des bandits qui doivent être châtiés. »

Il marche de long en large, blanc de colère :

« C'est pourtant de sa faute à cette soi-disant élite si les gens sont obligés de voler pour ne pas crever ! Dans ce pays, on paie la main-d'œuvre une misère, on l'exploite jusqu'à la corde, puis on jette ces malheureux lorsqu'ils sont usés. C'est ainsi qu'en deux à trois ans on devient milliardaire, d'autant qu'on ne paie pas d'impôts. L'attitude c'est : "Seuls les imbéciles ou les minables qui n'ont pas de relations paient leurs impôts." Et, pour se justifier, on ajoute : "Pourquoi financerais-je les voyages luxueux et les hôtels cinq étoiles de ces messieurs du gouvernement ? Je préfère donner directement aux œuvres caritatives." Dans ces conditions, ils peuvent en effet se permettre d'être charitables. Mais ce n'est pas la charité que les pauvres demandent, c'est la justice ! »

Il s'est arrêté et fixe la jeune femme :

« Vous pensez que je soutiens les voleurs ? Non, je me demande simplement ce que je ferais à leur place. Je crois que si l'on a un peu de cran, au lieu de mendier ou de se laisser mourir, on réagit. Il y a les faibles qui baissent les bras et ceux qui ont le courage de résister – par tous les moyens à leur disposition. Pour la bourgeoisie bien-pensante, ce sont des criminels alors que pour moi ils sont, d'une certaine façon, une élite. »

Anne ne l'écoute plus, les derniers événements l'ont bouleversée, elle éclate en sanglots :

« Que faut-il faire, Karim ? hoquète-t-elle, se durcir pour pouvoir continuer à vivre ? Comment rester ouvert, en empathie avec ceux qui souffrent, sans être démoli par tous ces drames ? »

Ému par son désarroi, Karim s'est rapproché. Doucement, il prend ses mains dans les siennes.

« C'est un équilibre difficile à tenir mais c'est le seul possible. »

Tandis qu'elle continue de sangloter, délicatement il lui relève le menton et, plongeant ses yeux dans les siens, il murmure :

« Vous y parviendrez, Anne, vous en êtes capable. »

Chapitre 12

Le concierge a remis à Anne un message de la bégum Nusrat : « Si vous êtes libre, je vous attends à l'hôtel Intercontinental, où se tient un cycle de conférences sur l'islam et les femmes. Je pense que cela devrait vous intéresser. Ensuite, nous prendrons le thé et pourrons parler à loisir du Lahore d'autrefois. »

La bégum et Anne pénètrent un peu en retard dans la salle bondée – des femmes uniquement. La plupart portent le voile, certaines ont même le visage couvert, avec juste une fente au niveau des yeux.

« Notez, chuchote la bégum, que pour venir à l'Intercontinental ce ne sont bien sûr pas des femmes du peuple mais de la bourgeoisie. Voilà quatre à cinq ans, aucune n'était voilée... Cette sectaire, qui donne une série de conférences chaque année, est sans doute financée par les monarchies du Golfe, sinon comment pourrait-elle se payer cet hôtel de luxe ? C'est la première fois que je viens, je veux comprendre comment elle a une telle influence sur nos femmes, pourquoi ces sottes se laissent berner. »

Les organisatrices sont trop heureuses de la présence de la bégum, une notoriété de Lahore ; par respect pour ses cheveux blancs, elles font déplacer des jeunes pour libérer deux places au premier rang.

À la tribune trône une silhouette massive enveloppée de noir, d'où émane une voix étonnamment harmonieuse.

« Mes sœurs, notre Prophète Muhammad – que son nom soit béni – nous transmettant la parole d'Allah, insiste sur le fait que le premier devoir des femmes, c'est la pudeur. Elles ne doivent pas être un objet de tentation pour les hommes, risquer ainsi de détruire les familles et, au-delà, toute la société. La pudeur des femmes est le pilier sur lequel repose la société musulmane. »

Dans l'assistance, un murmure d'approbation accueille ces propos.

« Regardez les pays d'Occident où les femmes se promènent à demi nues, voyez toutes ces familles brisées, les enfants sans plus de repères moraux qui sombrent dans la délinquance, la drogue, le suicide. Est-ce que nous voulons leur ressembler ? reprend la conférencière d'une voix vibrante. Non, mes sœurs, nous avons la chance d'avoir le saint Coran qui nous indique clairement où est le bien et où est le mal, qui nous dit que la femme doit dissimuler son corps et son visage afin d'être la gardienne de l'équilibre de la famille et de la société. Comment pourrions-nous échapper à l'insigne honneur que nous accorde le Très-Haut, en faisant porter sur nos frêles épaules la responsabilité de la paix du monde ? Car c'est bien de la paix du monde qu'il s'agit. En effet, de la paix dans les familles découle la paix dans les sociétés d'où découle la paix universelle ! »

Elle se tait un moment, comme pour laisser à chacune le temps d'assimiler l'énormité de la mission dont Dieu la charge.

« Je vois avec bonheur que depuis ma visite l'an passé, nombre d'entre vous ont réfléchi et ont compris, continue-t-elle, en revanche certaines se contentent de cacher leur chevelure, j'en vois même qui continuent de se peindre le visage ! – la voix enfle – ne comprenez-vous donc pas que c'est une faute abominable, tous ces artifices en vue d'attirer les hommes et de les faire sombrer dans le péché ?

— Elle, en tout cas, elle ne risque pas de les faire sombrer », glisse la bégum à Anne qui se mord les lèvres pour ne pas rire.

La forme noire s'est mise à trembler, elle éructe maintenant de violentes imprécations, comme un roulement de tonnerre s'abattant sur l'assistance médusée.

« Vous les impures, vous les tentatrices serez responsables de la perte de ces hommes crédules, Dieu vous en tiendra rigueur, vous irez brûler dans les flammes de l'enfer pour l'éternité ! »

Effrayées et honteuses, les coupables baissent la tête sous le regard sévère de leurs voisines.

Satisfaite de la peur qu'elle a réussi à instiller dans les esprits, la conférencière reprend d'une voix à nouveau douce et enveloppante :

« Allah sait que nous sommes des êtres faibles, mais si nous nous repentons sincèrement, il nous accueillera dans la chaleur de son amour. Ah ! Baigner dans la lumière de l'amour de Dieu parce qu'on est en plein accord avec lui, parce qu'on suit fidèlement ses commandements, je puis vous assurer, mes sœurs, qu'il n'y a rien de plus doux, qu'aucun amour sur terre ne peut nous combler comme l'amour infini que nous donne Allah, le très bon, le très généreux. »

Ces derniers mots sont reçus dans un silence recueilli. Les femmes soupirent d'aise. Même celles qui doutaient se sentent apaisées, leurs problèmes, leurs interrogations semblent si artificiels face à la voie simple et limpide qui s'ouvre devant elles : arrêter de se débattre, de se rendre malheureuse, se retirer du bouillonnement de ce monde pétri de contradictions et s'en remettre à la loi divine.

Soudain, rompant le silence, une voix s'élève :

« Veuillez, madame, excuser une femme âgée qui a du mal à suivre toutes les subtilités de votre discours, mais je ne comprends pas pourquoi ce sont nous, les femmes, qui devons nous cacher. Les hommes, réputés pourtant plus forts et plus raisonnables, seraient-ils en réalité si faibles qu'ils perdraient tout contrôle d'eux-mêmes à la seule vue d'une mèche de cheveux ? Si tel est le cas, ils n'ont qu'à ne pas nous regarder. »

Dans la salle, quelques rires fusent.

Piquée, la conférencière s'est redressée.

« Ce n'est pas à moi, madame, ni à vous de discuter de la parole de Dieu. Le saint Coran nous dit que la femme doit se voiler. En tant que musulmanes, nous devons suivre ce précepte ! Vous êtes musulmane, j'imagine ? »

La bégum sourit à l'insulte à peine cachée.

« Je suis une musulmane pratiquante comme ma mère qui était très pieuse, mais ni elle ni moi n'avons jamais porté le voile. Ma mère disait : ce n'est pas un bout de tissu sur la tête qui fait qu'on est une bonne musulmane, ce sont les actes. »

Sans tenir compte des murmures de désapprobation qui s'élèvent autour d'elle, elle continue :

« Nulle part dans le saint Coran il n'est écrit que la femme doive se voiler. Et je ne parle même pas de voiler son visage, ce qui est une coutume tribale nous venant d'Arabie. Le Cheikh d'al-Azhar[1], la plus haute autorité de l'islam, a récemment déclaré que le voile ne doit jamais cacher la figure, que c'est une coutume locale qui n'a rien à voir avec la religion. Et il a rappelé que pendant le Hajj, le grand pèlerinage à La Mecque, les millions de femmes présentes ont le visage découvert… devant des millions d'hommes ! Il a même précisé que… »

Alors que dans un grand état d'agitation la conférencière essaie de lui imposer silence, la bégum lance d'une voix ferme :

« Laissez-moi terminer, je vous prie, tout le monde ici a le droit de s'exprimer. Nous ne sommes pas sous une dictature, du moins pas encore ! Je disais donc que si nulle part le Coran ne demande à la femme de se voiler le visage, il ne lui demande pas non plus de se couvrir les cheveux. »

Hors d'elle, la forme noire en appelle à l'auditoire :

« Ne l'écoutez pas, elle cherche à vous tromper ! Cette femme est Satan ! »

Mais l'assistance ne lui prête plus attention : ne pas se couvrir les cheveux ? Comment la bégum va-t-elle justifier une allégation aussi folle ? Elles brûlent de le savoir.

---

1. Grand imam de la mosquée al-Azhar au Caire, et directeur de l'université al-Azhar, principal centre d'études de théologie sunnite.

« Je parle bien du Coran, la parole de Dieu, et non des hadiths[1] qui sont les souvenirs ou le rapport du rapport du souvenir de quelqu'un qui a entendu ou vu le Prophète. Il y a des centaines de milliers des hadiths, les trois quarts ont été reconnus faux et, parmi les "vrais", certains sont toujours sujets à caution car ils contredisent l'esprit du Coran – pour l'époque très progressiste. Ils contredisent également tout ce que l'on sait du Prophète. Sa première épouse, Khadidja, était en effet une importante femme d'affaires qui possédait des caravanes parcourant le désert. Le Prophète et elle avaient une relation de totale confiance, il lui demandait souvent conseil. Comment imaginer qu'il ait pensé confiner les femmes à la maison comme beaucoup de soi-disant spécialistes de l'islam veulent le faire aujourd'hui ? Quant à sa plus jeune épouse, Aïcha, elle participait aux dîners en présence des compagnons du Prophète et avait l'habitude de discuter politique avec les invités. Après la mort du Prophète, elle prit même la tête de l'armée pour combattre les ennemis de la communauté musulmane. C'est ce qu'on a appelé la "bataille du chameau".

— Quel rapport avec le voile ? proteste une voix, approuvée par plusieurs autres.

— Un rapport évident : le statut que notre Prophète accordait aux femmes ! D'ailleurs, si vous lisez attentivement le Coran, vous ne trouverez que trois versets concernant le voile. Ce qui, entre nous, montre son importance toute relative comparé aux montagnes qu'on en fait aujourd'hui.

---

1. Paroles et actes du prophète Muhammad, rapportés par des témoins. L'ensemble des hadiths constituent la sunna, deuxième source de référence après le Coran.

— Vous dites n'importe quoi ! On voit que vous n'avez jamais lu le saint Coran ! » jette la conférencière, méprisante.

Sans lui prêter attention, la bégum sort un Coran de son sac et l'ouvre :

« Permettez que je vous lise les versets 30 et 31 de la sourate XXIV : "Dis aux croyants et aux croyantes de baisser leurs regards, d'être chastes." Remarquez que l'admonestation s'adresse aux hommes autant qu'aux femmes. "Dis aux croyantes de ne montrer que l'extérieur de leurs atours, de rabattre leurs voiles sur leur poitrine." Nulle part il n'est fait mention de cacher ses cheveux, mais bien sa poitrine. En effet, à l'époque, les esclaves, en général des captives de guerre, allaient poitrine nue, signe qu'il était permis de les approcher. Un autre verset, le cinquante neuvième de la sourate XXXIII, explicite ce point : "Dis à tes épouses et à tes filles et aux femmes des croyants de se couvrir de leurs voiles. C'est pour elles le meilleur moyen de se faire reconnaître et de n'être pas offensées."

— Vous voyez bien que les femmes doivent porter le voile ! interrompt la conférencière, triomphante.

— Absolument pas ! Le Coran recommande aux femmes de cacher leurs "attraits[1]", notion éminemment changeante selon les époques. D'ailleurs, certaines traductions remplacent "voile" par mante ou cape, vêtements qui couvrent la poitrine et non forcément les cheveux. Mais, pour les rigoristes, comme les salafistes et les wahhabites, tout le corps de la femme est tentation, il faut donc le couvrir entièrement. Grâce à leurs pétrodollars, ils arrivent

1. « Attraits » ou « atours » est la traduction du mot *djouyoub*, utilisé dans le Coran.

à répandre cette fausse conception de l'islam dans des populations pauvres et ignorantes. Mais même eux ne peuvent prétendre que c'est une obligation. En effet, dans le Coran, toute obligation non respectée entraîne un châtiment. Or il n'y a aucun châtiment attaché au fait de ne pas porter de voile. Les rigoristes peuvent au grand maximum clamer que c'est une recommandation.

— Blasphème ! Blasphème ! Vous insultez le saint Coran, vous insultez notre Prophète ! » hurle la femme en noir.

Dans la salle, le brouhaha est à son comble. Certaines s'indignent de ces propos scandaleux qu'il faut sanctionner avant qu'ils n'empoisonnent les esprits crédules ; d'autres, plus charitables, plaident que la vieille dame n'a plus tous ses esprits. La majorité se tait, beaucoup sont impressionnées par les arguments de la bégum Nusrat mais n'osent le déclarer de peur d'être, elles aussi, traitées de blasphématrices.

« Elles n'ont pas pris parti ouvertement mais elles sont nombreuses à avoir compris, constate la bégum sur le chemin du retour. Je pense que désormais beaucoup ne suivront plus les séminaires de cette dangereuse fanatique. Elles feront de la résistance passive, c'est le maximum qu'on puisse attendre dans ce pauvre pays gangrené par l'extrémisme.

— Mais vous ? Vous avez pris un risque énorme ! Vous êtes désormais une cible pour n'importe lequel de ces illuminés ! »

Anne ne cache pas son inquiétude. La séance a été violente et elle a craint un moment qu'encouragées par les imprécations de la femme en noir certaines excitées ne s'en prennent physiquement à la vieille dame.

Mais la bégum est trop connue dans la société lahorite pour que quiconque ose l'attaquer de front. Un accident, un attentat, c'est une autre affaire…

« On verra bien ! Mais je me devais de répondre à cette faussaire. Depuis des années elle pourrit les esprits de nos femmes ; lorsque je l'ai entendue débiter ses mensonges avec une telle assurance, mon sang n'a fait qu'un tour. C'était mon devoir de lui répondre et d'essayer d'éclairer l'auditoire. Si je m'étais tue, je me serais méprisée. »

C'est avec soulagement qu'Anne retrouve la sérénité de la maison de la bégum Nusrat qui, elle, ne semble pas troublée le moins du monde :

« Je crois que nous méritons une bonne tasse de thé », plaisante-t-elle en entraînant Anne vers la véranda ouverte sur un jardin planté de roses et de narcisses qui, en ce début de soirée, embaument.

Confortablement installées dans de profonds fauteuils de rotin, elles savourent le liquide doré que Djelil leur a servi avec un assortiment de biscuits variés. Quel meilleur moment pour rappeler à la bégum sa promesse ?

« Je ne voudrais pas vous fatiguer, risque Anne, mais j'aimerais tant que vous me parliez du Lahore de votre jeunesse, avant la partition.

— C'est difficile à imaginer aujourd'hui, soupire la bégum, mais à l'époque Lahore était un centre de paix et de tolérance : toutes les communautés, hindous, sikhs, chrétiens, musulmans, y vivaient en harmonie. La plupart de nos amis étaient hindous, nous étions une famille musulmane très ouverte, mon père était sunnite et ma mère chiite. »

Devant l'air surpris de la journaliste, la bégum précise qu'à l'époque de tels mariages n'étaient pas rares. Il y en a encore actuellement, malgré le fanatisme ambiant, mais bien sûr, uniquement dans les milieux qu'on appelle « éduqués ».

« Il y a toujours eu chez les chiites une forte proportion d'intellectuels et d'artistes, souligne-t-elle. Comme les juifs, ils attachent une importance particulière à l'éducation. En fait, leur premier imam, Hazrat Ali, cousin et gendre du Prophète – par son mariage avec sa fille Fatima –, était un intellectuel et un mystique. Certains le considèrent comme le premier soufi, ces mystiques de l'islam qui ne s'en tiennent pas à une lecture littérale du Coran mais en recherchent le sens profond, la signification ésotérique – car il y aurait, dit-on, sept degrés de lecture du Livre Saint. C'est un mystique iranien, Data Ganj Bakhsh, qui introduisit le soufisme dans la région, poursuit la bégum. Depuis sa mort, en 1072, sa tombe est devenue un lieu de pèlerinage, et Lahore un centre spirituel pour les croyants venant d'Iran, d'Afghanistan et d'Asie centrale. À l'occasion de son anniversaire, sunnites, chiites et même hindous se réunissent autour de son mausolée et, pendant trois jours, prient, chantent et dansent.

— Aujourd'hui encore ? s'étonne Anne.

— Oui, et comme vous vous en doutez, cela ne plaît pas à tout le monde. Il y a trois ans, deux terroristes se sont fait exploser parmi les pèlerins, causant une quinzaine de morts et près de cent blessés. Eh bien, figurez-vous qu'une fois les victimes secourues la procession a continué, comme un défi !

On décrit le Pakistan comme un pays de fanatiques, mais l'immense majorité résiste à l'extrémisme avec un courage admirable. »

La bégum Nusrat s'interrompt, rêveuse…

« Mais vous, insiste Anne, en tant que jeune fille au début des années 1940, quelle vie meniez-vous ?

— Oh, une vie très libre, comparée à la vie des jeunes d'aujourd'hui ! »

Après l'école, à dix-huit ans, elle avait intégré l'université où elle était une des rares filles. Son père était favorable à la coéducation. Avec ses amies, elles se déplaçaient en bicyclette. L'après-midi, elles allaient voir les derniers films anglais et américains aux cinémas Regal et Plazza, ou bien elles se promenaient sur le Mall, la grande avenue bordée d'arbres centenaires où étaient situées les boutiques élégantes. Elles se rendaient aussi route de la Reine pour admirer les devantures de bijoutiers. Le dimanche, Nusrat accompagnait son père au champ de courses. En bon musulman, il ne pariait pas mais il adorait voir courir les chevaux.

Lors des fêtes religieuses, toutes les communautés se retrouvaient, les musulmans assistaient aux cérémonies hindoues et les hindous aux cérémonies musulmanes. Son grand-père, qui avait une grande maison, recevait souvent ses amis hindous, mais il faisait très attention qu'il n'y ait pas de nourriture offensante, comme du bœuf par exemple.

« Et les relations entre garçons et filles ? Y avait-il des flirts ou même des mariages entre jeunes de communautés différentes ?

— Des ébauches de flirts certainement, mais en secret, sourit la Lahorite. Les amoureux se retrouvaient le long du canal, dans un endroit désert au bout de la ville. En revanche, les mariages étaient très rares. Car si chez les chrétiens on faisait des mariages d'amour, chez les hindous et les musulmans les mariages étaient arrangés par les parents, comme en Europe d'ailleurs, il y a à peine quatre-vingts ans.

— Et quelles relations entreteniez-vous avec les Britanniques ? »

La bégum se rembrunit.

« Aucune. Ils habitaient un quartier réservé, avec d'imposantes villas entourées de jardins, ils avaient leurs clubs, comme le Pendjab Club, un énorme édifice à colonnades où nous, Indiens, n'étions pas admis. Nous les croisions seulement lors de la garden-party annuelle au palais du gouverneur. Nous ne les aimions pas mais nous appréciions leurs films et suivions certaines de leurs modes. Venez, je vais vous montrer quelques photos. »

Les deux femmes sont rentrées dans le salon. Sur un guéridon, la photo d'un homme très élégant en frac, accompagné d'une ravissante jeune femme en sari :

« Mes parents allant à une soirée. Vous pouvez voir que mon père est habillé à l'européenne, comme à l'époque tous les hommes de son milieu. »

À côté, une photo montre une jeune fille en jupe plissée à bicyclette.

« Moi à quatorze ans, et ici ma mère montant à cheval, continue-t-elle en désignant la photo d'une mince cavalière en jodhpur, c'était une sportive mais surtout un esprit libre !

— J'ai entendu dire que Lahore était alors non seulement un centre de la mode, mais le centre des mouvements progressistes ? l'interrompt Anne.

— Absolument ! Notamment d'organisations féministes. Ma mère me racontait qu'en 1931 elle avait participé à la conférence internationale des femmes asiatiques, qui se tint ici, dix-sept ans avant l'établissement des Nations unies. On y discuta des droits des femmes, entre autres de ceux des prostituées : on demandait déjà que ce soit l'homme et non la prostituée qui soit passible d'une condamnation en justice ! Mais Lahore était avant tout la capitale culturelle du nord des Indes. C'est là qu'on trouvait le plus grand nombre d'éditeurs, de journaux et de revues littéraires. Beaucoup d'hindous et de sikhs aidaient à éditer les journaux en ourdou. Tous ces intellectuels, hindous, musulmans, sikhs, collaboraient sans problème.

— Enfin si tout était si idyllique, comment donc expliquez-vous les tueries de 1947 ? proteste Anne, un peu agacée.

— Oh, au plan politique c'était loin d'être idyllique ! concède la vieille dame en rabattant son châle sur ses épaules. Depuis les élections de 1946, des incidents éclataient, hindous et sikhs refusant absolument le plan de partage des Indes. Plus on approchait de l'indépendance, plus les violences augmentaient. Pourtant Lahore demeurait relativement calme, tout le monde étant persuadé que la ville allait rester en Inde. C'était en effet une ville hindoue, même si la majorité de la population était musulmane. Les grosses fortunes, le commerce étaient aux mains des hindous, ils habitaient de splendides maisons, étaient avocats, docteurs… Les musulmans fortunés, eux, habitaient plutôt la campagne où ils possédaient de vastes domaines. »

Elle s'interrompt, leur ressert une tasse de thé, elle semble lasse, mais après un court moment, se reprend.

« L'indépendance fut proclamée le 15 août. Jusqu'au 17, les hindous et les sikhs étaient restés dans la ville avec encore un espoir, mais lorsque, le 17 au soir, la radio annonça que Lahore ferait partie du Pakistan, la nouvelle fut accueillie dans un silence de mort. »

À nouveau, la bégum s'interrompt, ses yeux semblent fixer de terribles images. Elle revoit le déferlement de violences, les maisons incendiées, les gens affolés s'enfuyant devant des bandes vociférantes, armées de sabres, de piques, de haches, de grands couteaux de cuisine. En quelques heures, Lahore était devenu un enfer. Les sikhs en particulier, ivres de rage de voir leur province du Pendjab partagée en deux et de perdre leur capitale au profit du Pakistan, s'en prenaient aux musulmans avec une cruauté inouïe. Mais les hindous et les musulmans n'étaient pas en reste ; des gens qui avaient toujours vécu ensemble paisiblement ne songeaient plus qu'à s'égorger.

« Les jours et les semaines suivant la déclaration d'indépendance furent une effroyable tragédie, les trains arrivaient de part et d'autre de la frontière, chargés de cadavres, et les massacres reprenaient pour venger les massacres. La ville se vida. Avant le 15 août, il y avait à Lahore trois cent mille hindous et sikhs, à la fin du mois ils avaient rejoint l'Inde, il n'en restait qu'un millier. Cependant qu'arrivaient au Pakistan des centaines de milliers de réfugiés musulmans, terrorisés.

— Oui, murmure Anne, mon grand-père m'a raconté combien c'était horrible…

— Votre grand-père ?

— Il était alors diplomate au consulat de France. C'était son premier poste, il aimait Lahore et m'en parlait souvent, et surtout… – elle hésite mais, après tout, peut-être la bégum sera-t-elle en mesure de l'aider ? – … surtout il était tombé amoureux d'une jeune musulmane dont il a perdu la trace au moment de la partition et, malgré tous ses efforts, il n'a pu la retrouver. Il pensait souvent à elle, se demandant si elle avait survécu aux massacres. En souvenir de lui, je voudrais essayer de retrouver la trace de cette jeune fille. »

La bégum Nusrat a pâli et, sans même s'en rendre compte, se met à tutoyer Anne.

« Comment s'appelait ton grand-père ?

« Yannick Le Guennec, et la jeune fille se nommait Rekha. »

La vieille dame tressaille.

« L'auriez-vous connue ? s'écrie Anne.

— Oui… elle m'était très proche… Je me souviens qu'elle aimait un Français, elle pleurait car il était parti. Elle a alors accepté d'être mariée, mais elle est morte le jour de son mariage…

— Morte ?

— Excuse-moi, ce sont de vieux souvenirs qu'il m'est pénible de remuer. Rekha est morte, c'est tout ce que je peux te dire. »

Karim apparaît sur le seuil de la porte :

« Chéri, peux-tu raccompagner notre amie, nous avons parlé du passé et évoqué tant de drames que je ne me sens pas très bien.

— Certainement. Reposez-vous, Nani. Venez, Anne, si ma vieille guimbarde ne vous repousse pas trop ! »

Où donc a-t-il déniché cette 2 CV brinquebalante ?

« Je l'ai rachetée à un coopérant français qui rentrait chez lui, répond Karim à la question muette. C'est la seule à Lahore ! Les gens me regardent comme une bête curieuse !

— Cela doit beaucoup vous amuser !

— Exact. Surtout lorsque, croyant m'insulter, certains snobs me demandent si je conduis une lessiveuse ! »

Ils ont descendu M.M. Allam Road, une des principales avenues de Lahore, la foule se presse devant les boutiques à la mode, Armani, Ralph Lauren, Clarks, Omega… La plupart des grandes marques internationales sont représentées. Mais Anne les remarque à peine, elle est songeuse : la conversation avec la bégum lui a laissé une impression bizarre, comme si la vieille dame cachait quelque chose.

Karim, auquel elle fait part de son trouble, s'empresse de la détromper :

« Elle était émue par tous ces souvenirs, c'est tout. Généralement, elle refuse d'évoquer cette période. Mais croyez-moi, elle ne dissimule rien ; ma grand-mère se ferait tuer plutôt que de mentir. »

Chapitre 13

Dans la voiture qui les emmène au centre de presse où se tient un meeting de Baloutches, Taher décrit à Anne la situation des habitants du Baloutchistan, la province la plus pauvre du Pakistan. Partie à pied de Quetta, une délégation, constituée d'hommes, de femmes et d'enfants, est passée par Karachi et se trouve maintenant à Lahore, avant de repartir pour la capitale, Islamabad. Un trajet de deux mille kilomètres. Cela fait trois mois qu'ils marchent.

« Ils représentent les familles des disparus, explique-t-il. D'après Amnesty International, il y aurait environ quatorze mille disparus – détenus ou le plus souvent tués par les forces de sécurité qui combattent le mouvement séparatiste du Baloutchistan. On retrouve régulièrement des cadavres mutilés. Le mois dernier, on a découvert une fosse commune contenant cent soixante-neuf hommes exécutés d'une balle dans la nuque.

— Comment est-ce que… »

Elle est interrompue par un brusque coup de frein du chauffeur. Devant eux, un barrage tenu par trois policiers qui leur ordonnent de faire demi-tour. Après quelques minutes de discussion durant lesquelles Taher déploie tous ses talents de persuasion, on leur permet de continuer leur route.

« Que se passe-t-il ?

— Il y a de grandes manifestations en face du centre de presse et dans les rues avoisinantes. Et, figurez-vous, ma chère, qu'ils manifestent contre vous !

— Qu'est-ce que tu racontes ?

— N'es-tu pas française ? Eh bien, ils manifestent contre *Charlie Hebdo* et la France qui autorise les caricatures du Prophète. »

Mètre par mètre, la voiture se fraie un chemin à travers une foule de plus en plus dense pour finalement s'immobiliser.

« Nous allons devoir continuer à pied. Viens, ce n'est qu'à dix minutes. »

Et les voilà partis au milieu de milliers d'hommes qui clament des slogans haineux. Parmi cette multitude surexcitée, Anne est la seule femme, et la seule Blanche… Elle ne se sent pas rassurée. *Taher est complètement inconscient… S'ils savaient que je suis française, ils me lyncheraient ! Et même peut-être en tant qu'Occidentale…*

« Attends-moi ! » crie-t-elle à son compagnon qui avance rapidement, elle a peur de le perdre et voudrait lui tenir la main, mais sans doute serait-ce pire : au Pakistan, on ne tient pas la main d'un homme en public.

Sur une estrade, un homme barbu hurle au micro : « France Mardabad ! » « Mort à la France ! », repris par la foule déchaînée. *Il est fou de m'avoir emmenée ici !* Chez Anne, la colère se mêle à la peur, elle crie plus fort :

« Taher ! »

Enfin il ralentit le pas et se tourne vers elle, souriant :

« Ne crains rien ! »

Facile à dire ! Elle a envie de l'insulter. *Que ferait-il s'il prenait l'envie à ces hommes de m'attaquer ? Personne ne peut rien contre les mouvements de foule.*

La voyant livide, Taher s'est rapproché :

« Reste juste derrière moi, je t'ouvre la route. »

Et, à son grand soulagement, Anne voit soudain s'effacer, pour laisser le passage à une femme blanche, ces hommes qui une seconde auparavant se déchaînaient contre l'Occident.

En quelques instants, tous deux ont atteint le centre de presse.

« Enfin ! souffle-t-elle en se laissant tomber dans un fauteuil.

— Tu n'étais pas en danger, l'assure Taher. Les hommes ici n'attaqueraient pas une femme, surtout si elle est accompagnée d'un homme pakistanais. »

Anne n'en est pas si certaine. S'ils avaient découvert sa nationalité… Elle ne veut pas imaginer ce qui aurait pu se passer…

Le centre de presse est une ancienne maison de pierre, comprenant des bureaux et une cantine où les journalistes peuvent déjeuner d'un riz au curry pour la modique somme de soixante roupies. Mais c'est surtout sur la vaste pelouse, parsemée de tables et de chaises en plastique, que l'on se retrouve pour des discussions passionnées, autour d'un thé ou d'un Coca. Les hommes politiques de l'opposition qui désirent rencontrer la presse viennent souvent là, et aussi tous ceux qui ont un grief et veulent le faire connaître. Plutôt que d'attendre que ces messieurs les journalistes se déplacent, ils ont compris qu'il valait mieux aller vers eux. Ici au moins, on a des chances de trouver une oreille attentive.

Ainsi, depuis des années, les centres de presse des différentes villes du pays sont devenus les lieux d'élection de toute manifestation.

Sur la pelouse, un groupe bariolé s'est installé, quelque deux cents hommes, femmes et enfants. Ce sont les manifestants baloutches, étonnamment frais après des semaines de marche. Taher explique à Anne qu'ils progressent par courtes étapes et que partout la population les accueille à bras ouverts. Qui en effet ne sympathiserait avec la douleur d'une mère dont le fils a disparu et qui demande qu'on le lui rende, vivant ou mort ?

Les photos de centaines d'hommes sont accrochées sur des panneaux dressés à cet effet. Il y a aussi des photos de corps torturés.

Une jeune fille aux cheveux flottant librement sur les épaules aborde la journaliste étrangère. Elle porte la tenue traditionnelle baloutche, tunique de couleur vive rebrodée de pièces d'argent et de perles multicolores ; son anglais parfait dénote son appartenance à la haute bourgeoisie.

« Nous n'avons aucune confiance dans le gouvernement pakistanais, déclare-t-elle. Malgré l'élection l'an dernier d'un gouvernement provincial civil au Baloutchistan, rien n'a changé : tout le pouvoir reste à l'armée. Les disparitions continuent impunément, on sait que c'est le fait des forces de sécurité. Le président de notre organisation d'étudiants, Zahid

Baloutch, a disparu récemment, arrêté par des paramilitaires en civil. Nous avons remué ciel et terre : à l'heure actuelle, il est sans doute mort...

— Mais pourquoi voulez-vous absolument l'indépendance ? risque Anne, une autonomie ne serait-elle pas la solution ? »

Les yeux noirs la foudroient :

« Nous essayons depuis soixante ans, mais le gouvernement central ne tient jamais ses promesses. Il nous traite comme une colonie ! »

Et de citer le gaz qu'Islamabad achète à bas prix et distribue dans tout le pays sauf aux Baloutches : 90 % des villages n'ont ni gaz, ni électricité, ni eau potable. Le centre exploite également les mines de charbon et de cuivre, et exporte toutes les richesses de la province qui, elle, végète dans la pauvreté.

Anne s'abstient d'objecter que, comme vient de le lui expliquer Taher, l'argent donné par le gouvernement central passe par les mains des chefs de tribu, qui en conservent la plus grande partie. Islamabad ferme les yeux car ces chefs tribaux, toujours très respectés, contrôlent leur population.

Une autre question éveille sa curiosité : elle a entendu parler d'une présence chinoise au sud de la province.

« Est-il vrai qu'Islamabad a passé un accord avec Pékin pour transformer le petit port de pêche de Gwadar, sur le golfe d'Oman, en un port international ? interroge-t-elle.

— Effectivement, les Chinois financent un projet gigantesque : un port et une route qui relierait Gwadar à l'ouest de la Chine en quatre jours, la distance n'étant que de trois mille kilomètres. Ce qui, pour les Chinois, est un progrès extraordinaire, car actuellement la route maritime du golfe arabo-persique jusqu'à Shanghai, à travers l'océan Indien et le détroit de Malacca, prend vingt et un jours. Mais les États-Unis et bien sûr l'Inde sont très hostiles à cette nouvelle présence chinoise à la croisée des voies du pétrole.

— Ce pourrait être une importante source de revenus pour le Baloutchistan, suggère la journaliste.

— Nous les Baloutches, nous y sommes complètement opposés !

— Pourquoi ?

— Parce que ce projet du "Grand Gwadar" va entraîner le déracinement de milliers de villageois et, comme d'habitude, il ne nous rapportera rien. »

Un groupe de jeunes gens s'est approché et se mêle à la conversation :

« Nous avons fait confiance trop longtemps, maintenant c'est fini ! déclare l'un d'entre eux.

— Ils n'arriveront pas à développer leur projet, intervient un autre, la résistance s'y oppose. Non seulement elle se bat contre la police et l'armée mais elle sabote les travaux. Déjà des Chinois ont été tués…

— Des Chinois tués au Baloutchistan ? s'étonne Anne.

— Oui, et ça va continuer ! »

Il est clair que cette affaire dépasse de loin une guérilla locale : au-delà du Baloutchistan et du Pakistan, des intérêts mondiaux sont en jeu. L'instinct de la journaliste est mis en alerte. Il faut qu'elle aille voir ce qui se passe à Gwadar.

« Impossible ! lui rétorquent ses interlocuteurs, depuis quelque temps le territoire est interdit aux étrangers sauf avec un laissez-passer spécial des autorités. Même les diplomates occidentaux qui venaient chaque week-end – soi-disant pour chasser ou pêcher – n'ont plus le droit d'y pénétrer. Les Américains sont furieux mais le gouvernement les soupçonne d'encourager l'opposition baloutche et leur oppose une fin de non-recevoir. Alors, vous pensez, vous les journalistes n'avez vraiment aucune chance !

— À moins, plaisante l'un d'eux, que vous ne vous déguisiez en femme baloutche.

— Pourquoi pas ? »

Ils s'esclaffent, puis comprenant qu'Anne parle sérieusement :

« Si vous voulez vraiment prendre ce risque, on peut sans doute vous arranger ça…

— Je propose de vous servir de guide, intervient un jeune homme qui parle bien anglais, j'étudie à l'université de Lahore mais suis originaire de Gwadar, je pourrais vous faire rencontrer tout le monde.

— Laissez-moi le temps de parler à mon journal et je vous rejoins aussitôt. »

Anne s'est rapprochée de Taher, en grande conversation avec un vieux monsieur qu'il lui présente comme un éminent défenseur des droits de l'homme. Puis devinant que la journaliste désire lui parler en privé :

« Excusez-moi un instant ! »

Et lorsqu'ils se retrouvent seuls :

« Taher, dis-moi, cette affaire de Gwadar semble énorme. Est-ce sérieux ? Pourquoi la presse n'en parle-t-elle pas ?

— C'est à ce point sérieux que cela inquiète les grandes et les moyennes puissances de la région qui tentent de faire barrage. C'est pourquoi Pakistanais et Chinois travaillent dans la plus grande discrétion et interdisent aux journalistes et aux diplomates de se rendre sur place.

— Mais en quoi est-ce si stratégique ?

— Tout simplement parce que cela remet sérieusement en question la suprématie des États-Unis par ici. »

Avec toutes leurs interventions catastrophiques, les Américains sont déjà très mal vus. D'autant qu'Islamabad les soupçonne depuis longtemps d'aider les séparatistes baloutches afin de s'implanter au cœur des routes du pétrole dans un Baloutchistan indépendant qui leur devrait tout. Des cartes américaines, longtemps gardées secrètes, font état de ce nouveau découpage de la région.

La présence de la Chine à Gwadar contrecarre ce projet. Et Pékin n'est pas près de lâcher. Car au-delà même des bénéfices économiques, cette route terrestre lui est vitale : en effet, en cas de conflit avec les États-Unis, la route maritime pourrait facilement être bloquée au niveau du détroit de Malacca par les États riverains, l'Indonésie et la Malaisie, alliés de Washington. La Chine serait alors étouffée.

En quelques minutes Taher a brossé le tableau de la situation.

Anne ne tient plus en place :

« Il faut que je téléphone immédiatement à mon journal pour leur proposer un grand papier. Mais – elle fait une grimace – mon portable est sans doute sur écoute. Peux-tu m'en trouver un autre, juste pour cinq minutes ?

— Comment veux-tu que je fasse ? Que je le vole ?

— Tu peux l'emprunter, dire que le tien a un problème. S'il te plaît, Taher ! » supplie-t-elle avec un sourire désarmant.

Il hausse les épaules.

« Toi alors, qu'est-ce que tu ne me ferais pas faire ! »

Un instant plus tard il est là, un téléphone à la main.

Anne l'embrasserait bien, mais ici ce serait mal vu. Elle va s'isoler dans un coin du jardin.

« Allô, Olivier, j'ai en vue un formidable scoop : c'est sur un nouveau port chinois au Baloutchistan, Gwadar ! »

À l'évidence, le nom de Gwadar n'évoque rien à son rédacteur en chef et il ne saisit pas quelle lubie prend sa journaliste de vouloir partir au fin fond de cette province désertique.

Anne va s'employer à le convaincre. Elle lui parle de ce petit port minuscule sur la côte pakistanaise, un petit port de pêcheurs entre mer et montagnes, un port en eaux profondes qui ouvre sur le golfe d'Oman tout près du détroit d'Ormuz, verrou de la principale voie maritime du trafic pétrolier de l'Iran et des États arabes du Golfe vers le reste du monde. Gwadar, un petit port paisible jusqu'à ce que la Chine s'en mêle…

« Pékin veut en faire un grand port commercial par où exporter ses marchandises et importer le pétrole et le gaz. Ils ont commencé à construire une autoroute, doublée d'un pipeline, qui reliera Gwadar à leur province occidentale du Xinjiang. Elle se connectera à la plus haute route du monde, la fameuse route du Karakorum, la chaîne de montagnes qui prolonge l'Himalaya. »

Appelée « la route de l'amitié sino-pakistanaise », cette voie stratégique a été bâtie voilà quarante ans par des ouvriers pakistanais et chinois au prix de centaines de vies humaines. Elle serpente jusqu'à 4 700 mètres d'altitude, à travers des paysages à couper le souffle, on la considère comme la huitième merveille du monde.

« C'est en effet intéressant au plan économique, mais tu peux en parler dans un article général sur le Pakistan, tu n'as pas besoin d'aller sur place.

— Tu ne comprends pas ! Gwadar n'est pas seulement un port commercial, les Chinois en ont fait un poste d'observation pour toute la région et ils ont bien l'intention de s'en servir comme escale pour leur flotte militaire. »

Ainsi la Chine prolongerait-elle ce qu'on appelle son « collier de perles » dans l'océan Indien, des bases d'appui, de la Birmanie jusqu'à Djibouti en passant par le Bangladesh, le Sri Lanka et les Maldives. L'Inde se sentant encerclée est furieuse. Les États-Unis, eux, s'inquiètent de cette nouvelle percée commerciale et militaire à un endroit stratégique, proche du golfe arabo-persique. Ils ont tout fait pour dissuader Islamabad. En vain : l'alliance avec Pékin est devenue le pilier de la politique étrangère pakistanaise, l'expérience leur ayant prouvé qu'il était un allié plus fiable que les États-Unis auxquels ils reprochent de les avoir trahis au profit de leur voisin indien.

« Aujourd'hui c'est le nouveau Grand Jeu pour la domination de la région : non plus entre l'Angleterre et la Russie, mais entre les États-Unis et la Chine ! » conclut Anne.

À l'autre bout du fil un long silence, le temps de digérer toute ces informations… Puis :

« OK, tu m'as convaincu. Mais comment vas-tu y aller si les étrangers sont interdits, sauf permission spéciale ?

— Je vais me déguiser en femme baloutche. Le plus difficile sera de rejoindre Gwadar sans me faire arrêter. Ensuite, sur place, je me débrouillerai.

— Tu prends un gros risque. Fais attention à toi quand même ! »

Anne réprime un petit rire, ce n'est pas si fréquent que le grand chef montre qu'il s'inquiète pour ses journalistes. Elle entretient avec lui des relations assez conflictuelles – ils n'ont pas la même conception du métier – mais elle l'aime bien car il est foncièrement honnête, et elle sait que, de son côté, il l'apprécie.

« Ne t'en fais pas ! Je suis une grande fille !

— Bon, alors je programme pour la semaine prochaine "Le nouveau Grand Jeu" ? »

Il ne s'est pas inquiété longtemps... Anne ne peut résister :

« Attends quand même que je sois revenue saine et sauve ! »

Chapitre 14

Dans le bus brinquebalant qui parcourt quotidiennement les sept cents kilomètres séparant Karachi de Gwadar, une femme enveloppée d'un châle de coton dont elle a ramené un pan pour dissimuler modestement son visage est assise à côté d'un homme jeune. Par cette chaleur, l'ample shalwar kameez est nettement plus confortable que les vêtements occidentaux, constate la passagère. Pour parachever son déguisement, elle s'est enduit le visage et les mains de brou de noix afin de se foncer la peau.

Il a été convenu qu'Ahmad qui l'accompagne, trop jeune pour être son mari et trop vieux pour être son fils, sera présenté comme son frère. Quant à elle, la pauvre est sourde-muette de naissance. S'il y a un contrôle, c'est son frère qui répondra pour elle.

« Et s'ils demandent mes papiers d'identité ? » s'est inquiétée Anne.

On l'a rassurée : la police n'insistera pas, dans les milieux populaires beaucoup de femmes n'ont pas de papiers.

À travers la vitre jaune de poussière, Anne observe le paysage qui défile dans toutes ses nuances d'ocre et de brun.

Elle aime la majesté de ces étendues désertiques où de jeunes garçons mènent leurs troupeaux de chèvres brouter de maigres buissons d'épines, l'austérité de ces villages aux maisons de pisé entourées de hauts murs, en retrait de la route et surplombés de collines rugueuses – des repaires de combattants, lui glisse son voisin.

Par endroits, la route se rapproche de la mer et le paysage désolé laisse alors place à d'interminables plages de sable fin presque blanc, bordant une mer étale, bleu turquoise. Pas un être humain à des kilomètres, à part quelques barques de pêcheurs. Un vrai paradis préservé des touristes, pense Anne, pour combien de temps encore ?

Le voyage s'est passé sans encombre, ils n'ont été contrôlés qu'une fois par un jeune militaire qui évitait soigneusement de regarder ou de parler aux passagères. Dans la société tribale baloutche, comme dans les tribus pathanes, un homme peut tuer celui qui regarde sa femme avec trop d'insistance.

Ils sont arrivés en fin d'après-midi, alors que le soleil commence à décliner. Avant même de lui trouver un hôtel, Ahmad a tenu à emmener la journaliste en haut d'une terrasse pour qu'elle puisse avoir une vue panoramique du site.

À ses pieds s'étend Gwadar, « la porte du vent », une petite ville bâtie sur une étroite bande de terre qui avance dans le golfe d'Oman. Une presqu'île en forme de T, ou de marteau comme disent les Baloutches, dont le corps relié à l'arrière-pays abrite une agglomération de pêcheurs, et dont la tête s'ouvre sur deux baies splendides. D'un côté, le nouveau port, que construisent les Chinois, dont seule la première partie est achevée : des bâtiments massifs pour l'administration et un quai où deux cargos sont en train d'être déchargés. Lentement, des grues orange transportent les conteneurs sur des camions autour desquels s'affairent de minuscules silhouettes. De l'autre côté, sur la baie orientale, un immense espace encore vide, prévu pour divers projets commerciaux et un complexe hyperluxueux pour touristes.

« Pourquoi Gwadar ? Qu'est-ce que cet endroit a de si particulier ? Il y a d'autres ports le long de la côte, questionne Anne, assez peu impressionnée.

— Effectivement, reconnaît Ahmad. D'ailleurs autrefois toute la côte était un repaire de pirates à cause de ses criques hospitalières. Mais aucune n'a cette géographie si particulière. »

Gwadar, souligne-t-il, a le rare avantage d'être un port en eaux profondes, proche du détroit d'Ormuz et protégé des vents par les massifs montagneux qui l'entourent. Ainsi les plus gros bateaux peuvent y décharger directement leur cargaison, ce qui représente une énorme économie de temps et d'argent. Aucun autre port de la région, ni Chabahar dans le Baloutchistan iranien à soixante-dix kilomètres, ni Dubai, ni aucun port dans le Golfe, ne bénéficie de conditions aussi favorables.

La nuit tombe, il faut trouver un hôtel. Ahmad lui propose de rester avec sa famille, mais Anne refuse, elle ne veut pas les mettre en danger. Elle n'est pas près d'oublier son expérience d'Orangui.

Le seul bon hôtel est l'Intercontinental, déclare son compagnon, vous n'avez pas réservé mais ce n'est pas grave, il y a toujours de la place.

Le cinq-étoiles est situé sur une colline surplombant la baie. Après s'être frayé un passage à travers le parking encombré de toutes sortes de véhicules, Anne et son guide arrivent dans un hall de marbre où des dizaines de gens font le siège du comptoir de réception. Les récriminations vont bon train, les uns qui ont réservé bien à l'avance n'ont pas de chambre, on leur en promet une pour le surlendemain, d'autres ont une chambre mais pas d'eau dans la salle de bains – il semble qu'il y ait un problème d'eau dans toute la ville, loin d'être équipée pour une telle affluence –, d'autres encore se sont vu refuser une place au restaurant car ils auraient dû, paraît-il, réserver la veille. Les réceptionnistes débordés se font vertement insulter par des clients furieux.

« Nulle part au monde je n'ai vu une telle pagaille », proteste un homme tout rouge à l'accent très britannique.

S'agitant ou écroulés, désespérés, dans leur fauteuil, il y a dans ce hall des gens de toutes origines, Pakistanais et Chinois bien sûr, mais on entend aussi parler russe, allemand et diverses langues européennes.

Ahmad fait signe à un employé qu'il connaît.

« Que se passe-t-il, un congrès ?

— Ne m'en parlez pas, c'est comme ça depuis que la Chine a confirmé officiellement, le mois dernier, qu'elle prêtait au Pakistan quarante-six milliards de dollars pour le développement de Gwadar et des routes attenantes. Outre les fonctionnaires du gouvernement, il y a ici des hommes d'affaires, des entrepreneurs en bâtiment, des architectes et surtout des agents immobiliers qui se font de l'or en achetant et en vendant des terrains. Les gens arrivent de partout, ils sont comme fous ! Quand je pense que pendant un an cet hôtel était quasi désert, certains jours, sur deux cents chambres, une ou deux seulement étaient occupées. Le directeur s'en arrachait les cheveux ! »

Abandonnant l'idée d'obtenir une chambre dans ce capharnaüm, ils sont repartis vers la ville. Avec beaucoup de difficultés, Ahmad a finalement trouvé un petit hôtel, propre mais au confort minimum – une seule douche pour quatre chambres. Le prix lui semble astronomique : quatre mille roupies alors qu'il y a un mois encore la chambre se louait pour mille. Mais le propriétaire refuse de discuter, les clients ne manquent pas.

Ahmad retrouvera Anne le lendemain en début d'après-midi pour lui faire rencontrer « des gens intéressants ». Le matin, elle compte voir les officiels. « Allez-y directement, lui a conseillé le jeune homme. Téléphoner ne vous servira à rien. Montrez-vous et surtout prenez l'air important, on vous recevra. »

Dans la petite pièce qui sert de salle à manger, Anne s'est attardée pour boire un thé. À côté d'elle, un homme d'une quarantaine d'années l'observe. Au bout d'un moment, n'y tenant plus :

« Excusez-moi de vous importuner, mais d'où venez-vous ?

— Je suis française, journaliste, précise-t-elle, pour éviter toute méprise, car ici la France a la réputation du pays de l'amour et les Françaises de grandes amoureuses. Et vous ?

— Je viens de Karachi, je travaille dans l'immobilier.

— J'imagine qu'ici vous faites de bonnes affaires ?

— Pour ça oui ! se rengorge-t-il. Je suis arrivé l'un des premiers, il y a deux ans, alors que tout le monde avait quitté l'endroit. À part le port, le développement de Gwadar semblait abandonné et les investisseurs potentiels s'étaient retirés. Mais moi j'ai du flair, je savais que cela repartirait un jour. Je suis resté et j'ai acheté de nombreux terrains, qu'aujourd'hui je revends.

— Avec un gros bénéfice sans doute ? »

Il s'esclaffe :

« Au moins dix fois leur prix d'achat ! Mais ce n'est rien à côté des quelques terrains que j'avais achetés au début des travaux, en 2007, et dont personne ne voulait plus. Ils appartenaient à des paysans et à des pêcheurs. Pour un terrain de trois cents mètres carrés par exemple, je leur donnais cent mille roupies. Ils pensaient faire l'affaire de leur vie car ces terres sont semi-désertiques, et sans eau ils ne pouvaient rien y faire pousser. Aujourd'hui je les revends entre deux et quatre millions de roupies, selon l'emplacement.

— Et qu'en disent les anciens propriétaires ?

— Ils sont furieux mais c'est le jeu : je ne leur ai pas volé leur terrain, je l'ai acheté, ils n'ont rien à dire.

— Et voilà comment on devient milliardaire ! Ne pensez-vous pas que c'est un peu cynique ?

— Peut-être, mais le monde des affaires est cynique. Ne me dites pas que chez vous les hommes d'affaires sont des enfants de chœur ! »

Le lendemain matin, vêtue d'un jean et d'un chemisier strict, tenue classique de la journaliste, Anne se présente au centre de planning du nouveau Gwadar. Elle donne sa carte professionnelle au secrétariat, explique qu'elle arrive de France pour faire un grand reportage sur le projet et qu'elle souhaite interviewer un responsable.

Quelques minutes plus tard, on l'introduit dans le bureau du directeur. Celui-ci, un haut fonctionnaire parlant parfaitement anglais, a tenu à la recevoir personnellement. Il y a longtemps qu'il n'a eu l'occasion de rencontrer la presse et il est ravi de pouvoir expliquer le projet à cette jolie journaliste. Cela le change des délégations d'hommes d'affaires et de bureaucrates pakistanais ou chinois.

« Gwadar sera le nouveau Dubai ! » claironne-t-il après l'avoir fait asseoir sur un large divan et ordonné que l'on serve rafraîchissements et douceurs.

Au grand soulagement d'Anne, il ne lui a pas demandé son accréditation, ce serait discourtois, et surtout inutile – il est évident qu'une journaliste étrangère ne peut être ici qu'avec le consentement des autorités civiles et militaires. Elle avait misé sur cela, elle ne s'est pas trompée. Elle doit voir très vite le plus de monde possible car le pot aux roses finira bien par être découvert. Ou c'est à désespérer des services secrets locaux…

Le directeur a étalé sur la table une carte détaillée de ce que sera Gwadar dans dix ans. Du doigt, il indique les réalisations à venir :

« En dehors du port loué à la Chine pour quarante-trois ans, un aéroport international doit être construit et une zone franche pour attirer les investissements étrangers, plus loin une grande zone industrielle ainsi qu'un gigantesque centre commercial. Sont également projetés un quartier d'affaires avec des gratte-ciel le long de larges avenues et une partie résidentielle avec des magasins qui offriront toutes les marques de luxe. Enfin, le long de la mer il y aura une somptueuse marina, avec palaces, villas luxueuses, parcs, terrains de sport, cinémas, restaurants, et même un zoo.

— Magnifique ! approuve la journaliste.

— Attendez, ce n'est pas tout ! De Gwadar partiront un réseau d'autoroutes, une voie ferrée, un pipeline et un gazoduc liant le sud du Pakistan à la Chine. Qui ainsi importera son pétrole et exportera ses produits manufacturés et ses richesses minières beaucoup plus rapidement. Cela permettra également aux républiques d'Asie centrale de se désenclaver grâce à un accès direct aux mers chaudes. »

Visiblement, le directeur entend impressionner la jeune femme, celle-ci tente de poser une question, mais emporté par son exaltation il ne se laisse pas interrompre :

« Et ce n'est pas seulement Gwadar et sa population, ni même le Baloutchistan qui profiteront de ce développement, c'est tout le Pakistan grâce au "couloir économique Chine-Pakistan" que certains appellent la "route des milliards" ! Car tout au long des deux voies qui connecteront le port de Gwadar à la Chine, nous établirons des entreprises et des industries. Gwadar sera le poumon économique du pays, conclut-il en ouvrant les bras dans un élan d'enthousiasme, il va faire décoller le Pakistan et lui permettre de devenir enfin une grande puissance régionale !

— C'est un projet extraordinaire, le complimente Anne, mais, à propos du port… Je m'étonne qu'il soit si peu animé, je n'y ai vu que deux cargos.

— Attendez que les routes soient terminées et qu'on puisse acheminer la marchandise. Pour différentes raisons, nous avons pris du retard mais maintenant que l'accord financier avec les Chinois a été confirmé, nos équipes travaillent vingt-quatre heures sur vingt-quatre pour rattraper le temps perdu. »

Il taira bien sûr qu'une des principales causes du retard sont les nombreux sabotages commis par les indépendantistes. Au point que les Chinois ont menacé de tout arrêter ou de faire venir leurs propres forces pour sécuriser les sites. Impensable pour Islamabad qui s'est empressé de déployer sur le terrain dix mille hommes armés.

« Et maintenant, si vous voulez bien me suivre, propose le directeur, je vais vous présenter le responsable technique du projet. »

À peine ont-ils pénétré dans l'enceinte du port qu'ils croisent un Chinois d'une cinquantaine d'années, costume sombre et cravate, malgré la chaleur torride. Le directeur le salue et presse le pas mais l'autre le rattrape.

« Qui est-ce ? interroge-t-il en pointant le doigt vers Anne, une journaliste ?

— Pas du tout ! se récrie le directeur, c'est… la fiancée de mon fils. Mademoiselle, je vous présente M. Huang, le responsable de l'aménagement du port, côté chinois.

— Enchantée, monsieur, sourit Anne, un peu déconcertée.

— Française ?

— Oui, mon fils a fait ses études à Paris, il y a rencontré cette ravissante personne. J'espère, cher monsieur Huang, que vous nous ferez l'honneur d'assister au mariage ? »

L'air méfiant, M. Huang examine Anne de la tête aux pieds, puis se tournant vers le directeur :

« N'oubliez pas notre accord : pas d'étrangers ici. Nous avons eu suffisamment d'ennuis avec ces diplomates occidentaux qui mettaient leur nez partout !

— Ce serait difficile de l'oublier, la situation est assez embarrassante. Depuis trois ans, nous recevons des coups de téléphone insistants des ambassades, dont l'ambassade des États-Unis, et nous sommes obligés d'inventer mille excuses. Dites-moi, cher monsieur Huang, combien de temps cet interdit va-t-il durer ?

— C'est à notre gouvernement d'en décider. »

Et d'un bref signe de la tête, M. Huang met fin à la conversation.

« Quels malotrus, ces Chinois ! Ils se croient en terrain conquis et nous considèrent comme des êtres inférieurs. Vous avez vu sur quel ton il me parle ?

— Oui... mais vous avez pris un risque en l'invitant à mon mariage avec votre fils ! »

Il part d'un grand rire.

« Aucun risque, ils n'acceptent jamais d'invitation de Pakistanais. Bon, nous sommes arrivés, le capitaine vous attend. Permettez-moi de prendre congé. Et si vous avez besoin de moi, n'hésitez pas à me faire signe, je serai ravi de pouvoir vous aider.

— Et de me présenter mon fiancé, j'espère ! »

Le capitaine Jawed est un ancien officier de la marine marchande. Ce matin il est d'humeur exécrable car il s'est fait réprimander par le ministre pour la lenteur des travaux, et ce, devant ses subordonnés.

L'arrivée de la journaliste française est une diversion bienvenue. Mais lorsque après les civilités d'usage celle-ci commence à le questionner sur l'avancement du projet, il laisse échapper l'amertume qu'il a dû contenir devant son supérieur. Depuis qu'ils ont donné la concession aux Chinois, ses hommes travaillent dur, mais l'infrastructure est quasi inexistante : pas assez d'eau, pas assez d'électricité, des communications téléphoniques et Internet qui fonctionnent une fois sur deux, et pour couronner le tout une bureaucratie envahissante.

« Si on veut commander un crayon, il faut l'accord d'Islamabad, peste-t-il, et pour la moindre décision ils mettent des mois ! En revanche, ils prennent des initiatives en ignorant tout des réalités du terrain. »

Il va emmener Anne visiter le port. Celui-ci, moins grand qu'elle ne l'imaginait, est pour l'heure presque vide. Seul le premier terminal, équipé pour recevoir trois cargos, est achevé. Deux autres sont prévus qui accommoderont une douzaine de porte-conteneurs. Mais tout est bloqué tant que la route partant de Gwadar n'est pas terminée.

« Pourquoi la construction de cette route prend-elle si longtemps ? » questionne la journaliste.

Comme il hésite à répondre, elle insiste.

« À cause des attentats ? »

Il hausse les épaules.

« En partie... le mouvement indépendantiste baloutche s'est beaucoup renforcé ces dernières années, les rebelles se cachent dans les montagnes d'où ils mènent des opérations éclair de sabotage. »

Et baissant légèrement la voix :

« Si l'on reconnaissait les droits de la population, elle ne les soutiendrait pas et se contenterait d'une simple autonomie. Mais le gouvernement ignore les gens d'ici, il les traite comme des citoyens de deuxième classe. »

Anne n'ose lui demander s'il est baloutche, il devine sa pensée :

« Ne croyez pas que je sois baloutche, je suis pendjabi, mais depuis deux ans que je vis leur quotidien, je comprends leur frustration. »

Ils sont arrivés dans un immense hangar garni de machines flambant neuves, l'atelier de révision et de réparation des moteurs, pompes et générateurs.

Dans un coin, un groupe de Chinois et de Pakistanais est engagé dans une discussion animée, ce sont les ingénieurs en charge des ateliers.

« Comment se passent les relations avec les Chinois ? » s'enquiert Anne.

Le capitaine Jawed esquisse une moue :

« C'est difficile car ils comptent la moindre roupie. Nous pouvons travailler avec les Américains et les Européens sans problème, mais les Chinois ne comprennent pas que chacun doit y trouver son compte, ils veulent tout pour eux. On est obligé de doubler le prix annoncé pour obtenir le véritable prix car ils discutent coriacement chaque détail. D'autre part, ils vont vite mais la qualité de leur travail s'en ressent. »

Les Chinois doivent penser le même genre de choses, se doute Anne ; elle sait qu'il ne sert à rien de les interviewer, qu'ils se contenteront de sourire, mais elle devine qu'entre eux ils se plaignent de la lenteur des Pakistanais et de la corruption du système.

Pourtant, même si cet attelage hétéroclite a du mal à avancer, on fait tout pour éviter qu'il rompe, il y a de trop gros intérêts en jeu, des deux côtés.

De retour à son hôtel Anne trouve Ahmad qui l'attend, elle n'a pas vu le temps passer, il est déjà 2 heures.

« Nous sommes en retard, pourriez-vous vous dispenser de déjeuner ? suggère-t-il. Je vous ai apporté un paquet de biscuits. Nous allons à l'autre bout de la ville, un ami m'a prêté sa voiture.

— Nous aurions pu prendre un taxi ! »

Il se met à rire

« Ici c'est un luxe inconnu. »

Gwadar, une ville de pêcheurs avec ses maisons basses et ses petits magasins, s'étend en longueur sur l'étroite bande de terre entre les deux baies. La vie y est calme et la mer poissonneuse offre un revenu modeste mais suffisant aux quelque cinquante mille habitants.

Cependant le nouveau projet est en train de bouleverser leur existence.

Dans un jardin clos, assis en tailleur sur des nattes de paille tressée, une dizaine d'hommes, des pêcheurs au teint noirci par le soleil et le sel marin, attendent la journaliste.

Après les salutations d'usage, ils approchent une caisse recouverte de jute pour la faire asseoir.

« Depuis des siècles, nos familles ont vécu de la mer, commence le plus âgé, c'est notre territoire, elle nous donne beaucoup et parfois elle nous prend… C'est une affaire entre elle et nous. Aujourd'hui, des étrangers veulent tout changer. On nous a déjà interdit la baie occidentale, là où le poisson est le plus abondant, les Chinois l'occupent et ne veulent pas nous y voir.

— Et la baie orientale où se trouve notre port avec ses chantiers et des centaines de bateaux va bientôt nous être interdite ! grommelle son voisin. Ils projettent d'y édifier le nouveau complexe touristique, avec une grande marina pour les yachts. »

Pour compenser, le gouvernement leur a construit un nouveau port de l'autre côté de la baie, à vingt-cinq kilomètres. Ce sera près de la nouvelle ville où il entend transférer la population.

« Ils veulent nous chasser de chez nous ! Sans doute trouvent-ils que nous faisons tache dans le nouveau paysage, commente un jeune, sarcastique. En place de notre ville, ils ont l'intention d'aménager un faux village de pêcheurs tout propre avec des maisons blanches fleuries, des restaurants et des boutiques.

— Moi je ne quitterai jamais la maison où je suis né et où ma famille vit depuis des générations. Ou alors il faudra qu'ils envoient l'armée pour me déloger ! » déclare un vieux pêcheur, approuvé en chœur par ses compagnons.

Ils font peine à voir car, malgré leur apparente assurance, ils savent bien que si les autorités emploient la force, ils ne pourront résister longtemps.

Chacun plongé dans ses pensées, on sirote silencieusement un thé sucré, lorsque soudain l'un des jeunes explose :

« Quoi que nous disions, le gouvernement n'en a rien à faire, notre seul espoir désormais c'est Allah Nazar !

— Allah qui ? s'étonne la journaliste.

— Le Dr. Allah Nazar. Il dirige le “Front de libération baloutche”, le mouvement indépendantiste le plus actif actuellement », l'informe Ahmad.

Le Front de libération ne croit plus aux négociations et depuis des années mène une guérilla contre les forces armées. Il attaque même les ouvriers qui construisent la route et sabote les travaux d'infrastructure du gazoduc et de la ligne de chemin de fer. Les militants se cachent dans les forêts toutes proches, sur les pentes des montagnes du Makran. C'est de là qu'ils lancent leurs expéditions. L'armée a instruction de tout faire pour les annihiler. Il y a beaucoup de morts des deux côtés.

« Malgré tous ces morts, le manque d'espoir pousse de plus en plus de jeunes à rejoindre la guérilla. Si vous voulez, je peux vous présenter quelqu'un qui vous parlera de cela en détail », propose Ahmad.

Ils prennent congé des pêcheurs, Anne promettant de décrire leur situation. Croient-ils vraiment qu'elle puisse les aider ? Elle a l'impression qu'ils lui sont surtout reconnaissants de leur avoir montré de l'intérêt. Cela leur arrive si rarement.

Ils ont repris la voiture. Au bout d'un kilomètre, Ahmad se gare le long du trottoir, examine les alentours, puis ne voyant rien de suspect :

« Venez, nous continuons à pied. »

S'engageant dans une petite rue transversale, ils tournent à droite puis à gauche, traversent un terrain vague, reprennent une rue à droite… Le soleil est haut dans le ciel, Anne étouffe, vont-ils enfin arriver ?

Au bout d'une demi-heure de marche, Ahmad s'arrête devant un portail de fer sur lequel se balance une plaque émaillée : « Dr. Ali Shah. Médecin généraliste. »

Après avoir jeté un coup d'œil rapide autour de lui, il pousse le battant qui s'ouvre en grinçant. Prévenu par le bruit, un petit homme mince, au visage avenant, sort sur le pas de la porte.

« Bienvenue ! Entrez, il fait meilleur à l'intérieur. Mais vous êtes complètement déshydratée ! s'exclame-t-il en constatant l'extrême fatigue de la jeune femme. Asseyez-vous, je vous apporte tout de suite un verre d'eau. »

Après s'être rafraîchie, Anne commence à se sentir mieux. Sur la table basse, à côté de journaux médicaux, elle remarque une pile de revues littéraires.

« Le docteur Shah est l'un de nos plus grands écrivains, lui explique fièrement Ahmad, certains de ses poèmes, interdits de publication, sont devenus le cri de ralliement pour les mouvements d'indépendance baloutche.

— J'étais pourtant un pacifiste convaincu, témoigne le docteur. Pendant des années, j'ai milité pour l'autonomie, comme la majorité des Baloutches qui ne réclamaient que leurs droits à l'intérieur du Pakistan. »

Mais aujourd'hui il n'a plus confiance : aucune promesse n'a été tenue, le gouvernement local n'a d'ailleurs qu'un pouvoir nominal, c'est l'armée et les services secrets qui ont la haute main sur tout. Ces dix dernières années, le docteur Shah a vu trop d'horreurs : encore récemment, quatre collégiens qui réclamaient l'indépendance ont été torturés, on a retrouvé leurs corps dans un fossé.

« Les militaires ne comprennent pas qu'ils ne peuvent gagner par la force, reprend le docteur, le peuple baloutche se soulèvera toujours. Pendant des siècles, nous avons mené des guérillas, contre les Moghols, puis contre les Britanniques et, depuis l'indépendance, contre le gouvernement pendjabi. »

Anne s'abstient de rectifier. Il y a beau temps qu'elle a compris que les trois provinces s'estiment lésées car gouvernées par la quatrième, et non par la capitale fédérale Islamabad. C'est Lahore, la capitale du Pendjab, qui prend la plupart des décisions. Les Pendjabis, constituant 65 % de la population, sont accusés d'accaparer la majorité des ressources et des positions, notamment dans l'armée.

« Mais le Pakistan n'est pas une dictature, il y a des élections démocratiques. Les Baloutches ne peuvent-ils arriver à une solution par les urnes ? » suggère-t-elle.

Le médecin esquisse un sourire désabusé : si le Baloutchistan représente 42 % du territoire national et possède l'essentiel des richesses minières, il ne compte que 4,5 % de la population[1]. Si bien qu'au parlement seuls quatorze sièges sur les trois cent quarante-deux lui reviennent.

« Dans ces conditions, il est quasiment impossible de faire entendre notre voix. Découragés, les gens boycottent les élections ; au dernier scrutin, seulement 5 % ont voté. Les

---

1. D'après les autorités pakistanaises, il est quasi impossible, car trop onéreux, de fournir en eau et électricité une population de douze millions d'habitants, éparpillés aux quatre coins de l'immense province.

Baloutches ne croient plus au processus électoral et beaucoup de jeunes rejoignent l'insurrection.

— Pourriez-vous m'en faire rencontrer ? » hasarde Anne.

Pendant un long moment le docteur Shah jauge la jeune femme ; dans son visage aux traits fins, les yeux brillent d'intelligence. Finalement il se décide :

« C'est possible. Évidemment, je compte sur vous pour ne jamais dévoiler vos sources.

— Vous pouvez me faire une totale confiance. »

Il la scrute à nouveau.

« Oui, je crois que je le peux. Venez ! »

Il s'est levé et, se dirigeant vers la bibliothèque au fond de la pièce, il déplace une encyclopédie et d'un geste fait glisser le panneau, découvrant une porte basse.

Suivis d'Ahmad ils la franchissent, tandis que derrière eux le panneau se referme.

« Cette maison a un sous-sol, explique le docteur, ce qui dans la région est habituel car cela permet de profiter d'un peu de fraîcheur. Mais ce qui est plus rare, c'est que ce sous-sol a une porte cachée par un rideau de feuillage, qui, en cas de nécessité, s'ouvre sur une rue en contrebas à l'arrière de la maison. C'est par là que j'accueille certains combattants qui ont besoin de mes services. »

Après avoir frappé à la porte selon un code convenu, ils empruntent un escalier en colimaçon. En bas, dans la pénombre, un tout jeune homme est étendu sur un matelas, la jambe maintenue par une attelle.

« Il a reçu une balle, ses compagnons me l'ont amené, dans quelques jours il pourra les rejoindre. »

Anne s'est assise au chevet du blessé et s'inquiète de sa santé, tout en se demandant comment aborder les sujets plus sensibles sans risquer de le braquer. Mais tout heureux d'avoir de la visite, le jeune homme ne se fait guère prier pour répondre aux questions. Il décrit la difficile et exaltante vie dans le maquis, les combats, la solidarité et la certitude absolue qu'ils finiront par gagner.

Prêchant le faux pour savoir le vrai, la journaliste risque :

« Il paraît que Daech vous a proposé de l'aide ?

— Oui, une délégation de trois émissaires est venue le mois dernier rencontrer le Dr. Allah Nazar. Ils ont offert de nous fournir des armes. Mais des armes, on en a bien assez avec… »

Il s'interrompt.

« Avec celles que vous donnent les Indiens ? suggère Anne.

— Quoi qu'il en soit, intervient le docteur Shah, Allah Nazar a refusé l'offre de Daech. Le Front de libération du Baloutchistan est un mouvement laïque qui n'a rien à faire avec ces fanatiques !

— Il y en a quand même parmi nous qui s'interrogent, rectifie le jeune homme. L'armée nous bombarde quotidiennement et ratisse les montagnes où nous nous cachons, nous perdons beaucoup d'hommes, peut-être aurons-nous un jour besoin d'aide. Les gens de Daech sont de bons combattants. Ce n'est pas parce que nous lutterions ensemble que nous adopterions leurs idées !

— Si tu crois qu'ils vous laisseraient le choix ! gronde le docteur. Ne vois-tu pas ce qui se passe en Afghanistan ? Même dans ce pays habitué depuis des décennies à la violence, les gens de Daech ont franchi toutes les limites en s'attaquant aux tabous de la société. Dans le district de Kot où ils viennent de s'installer, ils ont obligé les habitants à donner leurs filles pour les marier aux combattants, et surtout, ils ont massacré une dizaine de chefs tribaux, des barbes blanches, en les jetant au fond d'une tranchée tapissée d'explosifs ! »

Il se tourne vers Anne :

« Heureusement qu'Allah Nazar tient ses troupes ! Mais s'il lui arrivait malheur, je crains que les jeunes ne soient prêts à faire entrer le loup dans la bergerie. »

Anne est revenue tard dans sa chambre, fourbue mais ravie de sa moisson. La tête à peine posée sur l'oreiller, elle s'est endormie.

Des coups violents frappés à sa porte la réveillent. Que se passe-t-il ? Il fait tout juste jour. Rapidement, elle enfile son peignoir et ouvre. Devant elle, deux militaires, un peu embarrassés, lui font signe de s'habiller et de les suivre.

« Et pourquoi donc ? s'insurge-t-elle en prenant un air outragé.

— Espionnage ! »

C'est bien ce qu'elle craignait. Après tout, les services de renseignements pakistanais ne sont pas si mauvais, ils n'ont mis que vingt-quatre heures à la repérer…

Le major qui la reçoit, impeccable dans son uniforme kaki, doit avoir une quarantaine d'années. Arborant une mine sévère, il lui demande ses papiers. Anne lui tend passeport et carte de presse tout en sortant sa ligne de défense depuis longtemps préparée.

« C'est une totale méprise, major, je suis une amie du ministre de l'Intérieur, il devait prévenir les autorités de mon arrivée, mais sans doute son secrétariat a-t-il oublié ?

— Je suis désolé, madame, mais je ne peux vous laisser partir. Il faut attendre l'arrivée du général, c'est lui qui prendra la décision.

— Ce n'est pas grave, je suis très bien ici ! »

Sans attendre d'y être invitée, Anne s'est installée en face du major, et le gratifiant d'un sourire enjôleur :

« Pourrais-je avoir du thé et peut-être un toast ? Vos hommes sont arrivés si tôt que je n'ai pas eu le temps de prendre mon petit déjeuner. »

Décontenancé par son aplomb – elle est peut-être vraiment une amie du ministre –, le major sonne son ordonnance et bientôt arrive sur un plateau le thé accompagné de toasts, beurre et confiture.

« Merci, major, vous êtes très aimable. »

Et comme si elle entamait une conversation de salon, juste pour passer le temps, elle enchaîne :

« Ce Gwadar, quel projet magnifique, quelle extraordinaire opportunité pour le Pakistan ! Quand je pense que les Chinois risquent d'abandonner pour des questions de sécurité !

— Certainement pas ! sursaute le major, nous tenons tout en main. C'est l'avenir du pays qui se joue et nous ne permettrons pas que quelques rebelles le sabotent !

— Alors pourquoi ne pas négocier plutôt que de risquer de perdre vos valeureux soldats ? insiste-t-elle, ravie de voir qu'il a mordu à l'hameçon et ne comprend pas qu'il est en train de se faire interviewer par sa prisonnière.

— Négocier ne servirait à rien, c'est l'Inde qui est derrière les rebelles. Elle finance leurs camps et leur fournit des armes sophistiquées impossibles à acheter ici. Nous avons toutes les preuves, d'ailleurs récemment nous avons arrêté un de ses espions.

— Bravo ! Ce thé est excellent, commente Anne sans que le major sache si elle approuve le thé ou l'arrestation de l'espion. Et cette confiture ! »

Elle mord avec gourmandise dans sa tartine.

« Les gens disent n'importe quoi, imaginez qu'on m'a assuré que les Américains aussi aidaient les rebelles.

— Ils ont en tout cas exercé de fortes pressions pour que nous ne laissions pas le port de Gwadar aux Chinois. Maintenant que c'est fait, ils prétendent être neutres, mais même s'ils ne sont pas impliqués directement, nous savons très bien qu'ils encouragent l'Inde.

— Pauvre Pakistan, soupire Anne en se beurrant une seconde tartine, un si beau pays entouré de tant d'ennemis ! Outre l'Inde, Dubai qui craint de perdre une grosse partie de son trafic maritime, et l'Iran qui voit en Gwadar un concurrent dangereux pour son port de Chabahar. »

Le major commence à comprendre qu'on le fait parler mais, après tout, il ne fait qu'exposer la position de son pays et rectifier les informations inexactes de cette journaliste, somme toute plutôt sympathique.

« Chabahar ne peut accommoder de gros bateaux car ses eaux ne sont pas assez profondes mais, évidemment, sans Gwadar il pourrait attirer plus de trafic… »

Il hésite, mais poussé par l'expression attentive et même admirative de son interlocutrice :

« Tout à fait entre nous, au début, les Iraniens nous espionnaient, nos services secrets pensent même qu'ils seraient derrière la mort des ingénieurs chinois en 2004. Mais ce n'est bien sûr qu'une hypothèse. »

Voyant la jeune femme suspendue à ses lèvres il continue :

« Le projet du nouveau Gwadar a suscité une véritable levée de boucliers. Heureusement, nous sommes épaulés par la Chine qui y tient autant que nous, et pas seulement pour des raisons économiques. Pour elle, c'est vital au plan de sa sécurité : en cas de conflit, le détroit de Malacca peut être facilement fermé par les États riverains, alliés des Américains. La Chine serait alors étranglée, elle a absolument besoin de routes alternatives.

— Mais les... terroristes peuvent tout faire échouer, insiste Anne.

— Impossible ! L'armée pakistanaise est l'une des meilleures au monde[1] et le gouvernement nous a donné tout pouvoir. Personne ne peut s'opposer à Gwadar, c'est presque aussi important pour le Pakistan que sa force nucléaire ! »

N'osant croire à sa chance, Anne se précipite dans la brèche ouverte :

« Justement, à ce propos... »

1. L'armée pakistanaise est la quatrième armée du monde en nombre d'hommes : cinq cent mille d'active, quatre cent mille de réserve. Équipée d'un matériel très moderne, elle est extrêmement professionnelle.

Elle n'aura pas l'occasion d'interroger le major plus avant, le général vient d'entrer dans le bureau.

Au premier coup d'œil, la journaliste comprend qu'il n'est plus question de plaisanter. Le général a le sourcil broussailleux et la moustache belliqueuse. D'un geste il balaie ses explications :

« La sécurité relève exclusivement des forces armées. Vous n'aviez pas l'autorisation de venir à Gwadar, vous êtes ici en situation illégale. Je vais vous faire raccompagner à Lahore sous escorte et je fais suivre votre dossier au quartier général. Ils décideront si vous devez être expulsée vers la France.

— Mais, général…

— Taisez-vous ! – il tape du poing sur la table – vous avez violé les règles, nous sommes tout à fait habilités à vous renvoyer. Estimez-vous heureuse qu'on ne vous emprisonne pas pour espionnage. »

On l'a mise dans l'avion, encadrée par deux anges gardiens baraqués.

Mais on lui a quand même épargné les menottes.

Chapitre 15

De retour à Lahore, Anne a attendu toute la journée d'être convoquée au quartier général de l'armée, mais rien n'est venu et peu à peu elle se rassure : son dossier s'est sans doute égaré dans les méandres de la bureaucratie... Jusqu'à ce qu'un coup de téléphone de Samiya ne lui enlève ses illusions : le général en charge de Gwadar a bien demandé son renvoi en France. Heureusement, le père de son amie a encore des relations parmi les autorités militaires, il est intervenu et a plaidé qu'expulser la journaliste française serait une très mauvaise publicité pour le pays. Ils ont donc décidé de lui laisser une deuxième chance. Mais elle est désormais sous étroite surveillance.

En revanche, Anne a eu droit aux félicitations de son rédacteur en chef, cependant ils attendront son retour pour publier son reportage. « Il ne faudrait pas que tu te fasses expulser avant de nous avoir trouvé des infos sur la bombe et sur la façon dont elle est sécurisée, ou pas. N'oublie pas que c'est principalement pour cela qu'on t'a envoyée. Essaie de creuser ! Allez, chou, bon courage ! »

« Chou » ! Elle n'a jamais pu s'habituer à ce rédacteur en chef qui appelle toutes les femmes du journal « Chou ». Au début, elle croyait naïvement que dans un journal de gauche les femmes étaient traitées sur un pied d'égalité, mais elle a vite compris, après quelques déconvenues professionnelles et sentimentales, que le comportement privé n'a rien à voir avec les convictions intellectuelles affichées et que, malgré leurs beaux principes, les hommes de gauche peuvent être tout aussi misogynes que les hommes de droite.

À peine a-t-elle raccroché que la sonnerie retentit à nouveau.

Cette fois c'est Julien, fou d'inquiétude. Depuis plus d'une semaine elle ne lui a pas donné de nouvelles.

« Que se passe-t-il ? Je t'ai téléphoné dix fois, tu ne réponds pas ! Je me suis fait un sang d'encre. D'autant que les journaux rapportent presque tous les jours des attentats et que le Pakistan est classé comme l'endroit au monde le plus dangereux pour la presse : soixante-dix journalistes tués ces dix dernières années ! Laisse tomber ce foutu pays, tu vas finir par avoir des problèmes !

— Désolée, je n'ai pas eu le temps de t'appeler, se rebiffe Anne, mais d'abord, comment peux-tu appeler “foutu pays” un endroit dont tu n'as pas la moindre idée ? Figure-toi que c'est un pays magnifique avec un peuple formidable, courageux, hospitalier, mais qui se trouve dans une situation impossible !

— Bon, on ne va pas discuter de ça maintenant. Je voudrais simplement que tu sois prudente et que tu me donnes régulièrement de tes nouvelles. Ce n'est pas trop te demander, j'espère ? Tu sais combien je tiens à toi, ma chérie !

— Je sais, Julien, mais ne crains rien, je suis prudente. Maintenant excuse-moi, il faut que je te quitte, on m'attend. Je te rappelle. Bises ! »

Et elle a raccroché en poussant un soupir d'exaspération.

Jamais, jusqu'à présent, les idées convenues de Julien ne l'avaient à ce point agacée. Que connaît-il du monde, sinon son petit cercle d'amis et ses propres recherches sur les vieilles pierres ? Comment se permet-il de juger avec tant d'assurance ?

En même temps elle s'en veut d'être aussi irritable, l'inquiétude de son ami la touche, il est si bon, si prévenant, il a pour elle mille attentions délicates, il ne sait qu'inventer pour lui faire plaisir. Tout le contraire de ce Karim avec lequel, elle ne sait pourquoi, c'est presque toujours l'affrontement. Un garçon absolument impossible mais – elle sourit en elle-même – qui ne laisse pas indifférent…

Deux petits coups discrets frappés à la porte la rappellent à la réalité. C'est son thé du matin, servi au réveil avant le petit déjeuner, une bonne habitude britannique adoptée par leurs anciens colonisés. Buvant à petites gorgées le liquide brûlant, Anne est sortie sur le balcon, il fait un temps de rêve, elle irait bien se promener… Hélas, ce n'est pas le moment, il va bien falloir qu'elle le fasse ce reportage sur la bombe ! Où diable trouver l'information ? Elle a beau tourner et retourner le problème dans tous les sens, la seule source crédible, ce sont les militaires. Mais comment arriver à faire parler « la grande muette » ? Samiya pourrait-elle encore une fois l'aider ?

La chance la favorise. Son amie connaît personnellement le porte-parole du haut commandement militaire de Lahore, le général Hamid. « Un type bien, je pense qu'il acceptera de te voir. »

L'après-midi même, elle la rappelle :

« C'est arrangé : le général te recevra demain à 11 heures, à sa résidence, dans la garnison. Il le fait pour moi. Mais attention, tu sais que tu es en survie ! »

Ce matin, en s'habillant, Anne a ouvert comme chaque matin la radio sur la station pakistanaise de langue anglaise, généralement bien informée.

Le speaker semble très irrité, il parle d'un bombardement inacceptable, de limites dépassées. Elle ne saisit pas bien… Les drones de l'OTAN bombardent l'Afghanistan et les régions tribales du Pakistan presque quotidiennement, qu'y a-t-il de particulier aujourd'hui ?

Pendant la traversée de la ville, son taxi est arrêté plusieurs fois. Aux barrages, des policiers nerveux contrôlent minutieusement son passeport, aux feux rouges son teint pâle lui attire des regards hostiles et elle croit entendre proférer des insultes envers l'Amérique. La tension est palpable, Anne reconnaît l'atmosphère particulière des jours de drame. Enfin, elle arrive au quartier général des forces militaires, situé à l'autre bout de la ville, entre Gulberg et le nouvel aéroport. Sur les indications du planton, le taxi s'engage dans des rues ombragées, bordées de maisons aux toits de tuiles rouges entourées de petits jardins. Anne s'étonne de la simplicité des lieux, on lui avait décrit les demeures somptueuses de cette élite militaire qui non seulement s'attribue la plus grosse part du budget, mais a établi un énorme trust industriel et commercial comprenant banques, compagnies d'assurances, entrepôts et terrains constructibles – une élite qui vivrait dans le luxe.

Le taxi s'est arrêté devant une maison en pierres apparentes. Prévenu par le planton, un domestique l'attend devant la porte et l'introduit dans un salon tapissé de rayonnages garnis de livres jusqu'au plafond. Avec l'inévitable tasse de thé il lui transmet les excuses du Général Sahib[1] : il y a eu un imprévu, Sahib sera là dans un petit moment. Pendant une bonne demi-heure, Anne a tout loisir d'examiner la bibliothèque : quelques romans classiques, mais surtout des livres d'histoire, de stratégie militaire, de voyages et des ouvrages sur les différentes philosophies, religions et mystiques… Ce militaire est plutôt atypique. Pas bête de choisir un intellectuel pour parler à la presse étrangère et donner une image plus positive de l'armée.

Des pas rapides résonnent dans le couloir, la porte s'ouvre, le général apparaît. Impeccable dans son uniforme kaki, il arbore cette minceur élégante des militaires pakistanais qui les distingue des fonctionnaires ventrus. Il s'incline devant la journaliste, confus de l'avoir fait attendre, mais il a été convoqué à une réunion d'urgence :

1. Littéralement : « Monsieur le général ».

« Les avions de l'OTAN ont bombardé l'une de nos positions et tué trois soldats. Ils prétendent que c'est une erreur. Ils mentent ! Ils ont la carte de tous nos postes !

— Mais pourquoi auraient-ils fait cela ?

— Ils veulent nous donner une leçon parce qu'ils estiment que nous ne les aidons pas assez. Ils insistent pour que nous dégarnissions notre frontière avec l'Inde et mettions l'ensemble de nos forces sur le front afghan. Nous refusons car nous savons l'Inde prête à tout.

— Craignez-vous sérieusement une agression de l'Inde ? » questionne Anne, incrédule.

Le général la dévisage, l'air agacé :

« Pourquoi aurait-elle acheté récemment des centaines de chars ? Vous croyez peut-être que c'est pour escalader les sommets de l'Himalaya et envahir la Chine ?

— Il faut quand même reconnaître que vous ne sécurisez pas très efficacement les frontières entre vos zones tribales et l'Afghanistan ! objecte la journaliste.

— Et pourquoi, du côté afghan, les troupes de l'OTAN en font-elles si peu alors qu'elles disposent de forces bien plus importantes que les nôtres ? Nous devons contrôler plus de huit cents postes, eux simplement cent cinquante. En réalité, les Américains ne veulent prendre aucun risque, il ne faut surtout pas mettre en danger leurs petits soldats ! Alors ils se contentent d'envoyer des drones qui la moitié du temps frappent des civils. »

Anne a souvent entendu parler du scandale de ces rassemblements bombardés au prétexte que ce pourrait être des réunions de terroristes. Souvent ce sont simplement des noces durant lesquelles, selon la coutume, on tire des coups de feu en l'air pour exprimer sa joie. Et à quatorze mille kilomètres kms de là, dans le Montana, un type assis confortablement dans son bureau voit cela sur son écran et sans chercher plus avant, déclenche le tir. Et c'est ainsi que dans un petit village afghan une noce se transforme en un charnier d'hommes, de femmes et d'enfants brûlés dans leurs beaux habits de fête. Ces dernières années, le Pakistan a souffert de milliers d'« erreurs » de ce genre. Depuis 2004, le conflit a fait cinquante-huit mille victimes, dont un bon tiers de civils.

« Pour eux, c'est comme un jeu vidéo, il paraît même qu'ils appellent ce nouveau sport : "Bugsplat : écraser les punaises" ! »

Le général en suffoque d'indignation :

« Les Américains nient, et lorsque c'est trop évident, reconnaissent du bout des lèvres des dommages collatéraux. Mais ils ne présentent presque jamais d'excuses ni n'offrent une quelconque compensation. Et après, ils s'étonnent que la population les haïsse ! »

Un coup discret à la porte. Le serviteur entre avec, sur un plateau, de petits sandwiches au concombre et une grande assiette de frites bien dorées accompagnée de l'inévitable bouteille de ketchup. Anne qui, en gourmande adepte de la cuisine française, a un dédain certain pour ce condiment, a fini par s'y habituer.

« Et pour l'attaque de ce matin, reprend-elle, qu'avez-vous l'intention de faire ?

— S'ils ne s'excusent pas publiquement, nous fermerons la route qu'empruntent leurs camions de ravitaillement. De toute façon, si nous laissions faire sans réagir, nos soldats ne nous obéiraient plus. Déjà la population nous accuse d'être les valets des Américains.

— Pourtant, vous ne combattez pas très énergiquement les talibans afghans, en tout cas moins que les talibans pakistanais », risque la journaliste.

Le général sursaute, piqué au vif :

« Cela n'a rien à voir ! Les talibans pakistanais ont un projet planétaire : endoctrinés par al-Qaida, ils veulent établir un régime islamiste radical dans le monde musulman et briser la toute-puissance de l'Occident. Par vos bombardements indiscriminés, qui montent les populations contre vous, vous les aidez. Les talibans afghans, en revanche, sont des patriotes qui veulent libérer leur pays. Nous avons combattu ensemble contre les Soviétiques, pour nos soldats ce sont des héros, parfois même des compagnons d'armes qui se connaissent personnellement. »

Sans laisser à la journaliste la possibilité de l'interrompre, il continue :

« Lorsque les Afghans se battaient contre l'occupation soviétique, vous les appeliez "combattants de la liberté". Maintenant qu'ils se battent contre l'occupation occidentale, vous les appelez "terroristes" ! Pendant la Seconde Guerre mondiale, aux yeux des Allemands vos résistants aussi étaient des terroristes, tandis que pour les Français c'étaient des héros ! C'est pareil : les Américains, quoi qu'ils disent, ne nous feront pas avaler que les talibans afghans sont des criminels ! »

Et ce général, si séduisant soit-il, ne lui fera pas avaler qu'ils sont des anges…

Se calant dans son fauteuil, Anne prend une profonde inspiration, elle est consciente de s'aventurer sur un terrain glissant mais elle ne peut retenir une question qui lui brûle les lèvres.

« C'est sans doute parce qu'ils considèrent, comme vous, que les talibans afghans sont des nationalistes que certains officiers ont démissionné de l'armée pour les aider à combattre l'occupant américain ? »

Le général se raidit. Il n'a aucune information à ce sujet. De toute façon, il est évident pour lui que dès le départ des forces étrangères, les talibans s'empareront du pouvoir à Kaboul. En effet, ils appartiennent à l'ethnie la plus nombreuse, les Pachtounes, qui, depuis plus de trois siècles, gouvernent l'Afghanistan.

Se levant, il va chercher dans sa bibliothèque une carte de la région, et l'étalant sur une table basse il entreprend d'expliquer à la journaliste les raisons de l'attitude du Pakistan :

« S'il y a environ quinze millions de Pachtounes en Afghanistan, chez nous, au Pakistan ils sont trente millions. On les appelle Pathans mais ce sont les mêmes, divisés artificiellement par la ligne Durand établie par les Britanniques en 1893. Il y a même des villages dont une partie se trouve au Pakistan et l'autre en Afghanistan. Si le Pakistan combattait les talibans afghans, il se mettrait à dos leurs cousins, les Pathans, ce qui pourrait entraîner une guerre civile et la partition du pays ! »

Anne hoche la tête, s'étonnant que cet aspect essentiel du conflit ne soit jamais évoqué.

« La seconde raison de ne pas combattre les Afghans, poursuit le général, c'est l'attitude agressive de l'Inde. Le Pakistan ne peut se permettre d'être coincé entre deux ennemis.

— Mais contre l'Inde vous avez la bombe ! Vous possédez déjà un arsenal important, environ cent vingt têtes nucléaires, et on estime que d'ici à dix ans vous en aurez deux cent cinquante.

— Heureusement ! Sinon avec ses forces conventionnelles bien supérieures, l'Inde ne ferait de nous qu'une bouchée. Aujourd'hui elle ne peut répéter l'expérience du Bangladesh et démanteler ce qui reste de notre pays. D'autant que nous avons développé aussi des armes nucléaires tactiques.

— Mais, général, si j'ai bien compris, sous l'adjectif sympathique et rassurant de "tactique" se cachent de petits monstres, des bombes miniaturisées potentiellement aussi dangereuses que les bombes classiques ? Lâchées sur une ville, elles auraient la même puissance de destruction que la bombe d'Hiroshima, au bas mot cent mille victimes.

— Je vous répète que ce sont des armes de dissuasion, destinées non aux villes mais aux champs de bataille et à leurs bases arrières. Vectorisées sur nos missiles Nasr, d'une portée de soixante kilomètres seulement, elles sont exclusivement destinées à empêcher l'Inde de nous attaquer.

— Entendu. Néanmoins ces bombes qui pèseraient, dit-on, moins de cent kilos seraient facilement transportables. Des organisations terroristes pakistanaises, ou bien al-Qaida ou même Daech, pourraient s'en emparer ! »

Les doigts du militaire se crispent sur la règle avec laquelle il est en train de jouer :

« C'est en écrivant ce genre de sottises que des journalistes irresponsables donnent des arguments aux va-t-en-guerre qui, à Washington ou ailleurs, voudraient lancer des attaques préventives contre de nombreux pays ! En se souciant comme d'une guigne des millions de morts que cela pourrait entraîner ! »

Il respire profondément et, retrouvant son calme :

« Je peux vous assurer que toutes nos bombes, grandes ou petites, sont parfaitement sécurisées, avec l'aide de l'armée américaine d'ailleurs. »

Devant la moue de la journaliste, il se décide à entrer dans les détails : pour éviter un accident, ou un vol, le commandement pakistanais entrepose dans des lieux et sous une autorité différente les trois éléments qui composent ces bombes : la matière fissile, le corps de la bombe et le dispositif de mise à feu. En cas de besoin, il faudra environ une heure pour les assembler.

Anne est dubitative :

« Là, c'est vous qui prenez un risque car, si le danger est imminent, une heure, c'est long !

— C'est pourquoi nous préférons garder les éléments des bombes dans différents silos mais sur le même site, concède le général.

— En cas de crise, comment cela se passe-t-il concrètement ? insiste Anne.

— Le premier ministre, qui chez nous est la première autorité du pays, donne ses ordres au chef d'état-major des armées. Celui-ci appelle le commandement nucléaire stratégique qui redirige la demande vers les différents sites. Chaque ordre doit être validé par un code secret. C'est alors seulement que l'assemblage commence. Une fois les bombes assemblées, elles seront placées sous des avions ou sur des missiles, moins facilement repérables.

— Moins repérables mais aussi moins précis, d'où les nombreuses erreurs de frappe qui touchent les civils ! » objecte Anne.

Le général lui lance un regard noir.

« En tout cas, moins d'erreurs qu'avec vos drones qui depuis des années déciment nos populations sans que cela semble gêner vos gouvernements ! »

Anne veut bien lui concéder ce point. Elle a une autre question :

« Al-Qaida a appelé plusieurs fois ses militants à attaquer des sites nucléaires et à s'emparer de l'arsenal pour l'utiliser contre des objectifs américains. Ils ont même réussi, voilà deux ans, à contrôler l'importante base militaire de Minhas qu'ils ont tenue deux heures avant que l'armée pakistanaise ne parvienne à la reprendre. »

Le général hausse les épaules.

« Vous confondez tout ! Minhas n'est pas une base nucléaire. Nos bases nucléaires sont toutes gardées secrètes. En outre, nous avons dix mille soldats affectés à leur sécurité.

— Oui, mais des groupes djihadistes ont également tenté de kidnapper des officiers et des techniciens travaillant sur le nucléaire. Si ceux-ci étaient pris en otage, ne pourraient-ils, sous la menace, être forcés d'assembler la bombe ? »

Le général fronce les sourcils, après tout cette journaliste n'est pas si mal renseignée…

« C'est justement pour éviter ce danger qu'aucun des techniciens n'a une compétence globale, simplement une compétence spécifique pour un élément particulier, précise-t-il. En outre, ils travaillent dans des lieux différents et ne se côtoient jamais, ils sont très surveillés. »

Anne s'abstient de rétorquer qu'il est difficile de les surveiller tous, jusqu'à la fin de leur vie ; elle ne veut pas l'irriter car elle garde en réserve une dernière question.

« Et la "bombe sale" ? Les terroristes ne pourraient-ils facilement en fabriquer une ? Il leur suffirait de voler une petite quantité d'uranium, de fabriquer un dispositif de mise à feu, même fruste. On n'a pas besoin d'un missile, on met la bombe dans un sac plus petit qu'un Caddie et la mise à feu est déclenchée par une minuterie. Le danger alors n'est pas une destruction massive, vu la petite charge, mais l'effrayante contamination d'une zone géographique par les éléments radioactifs.

— Effectivement une bombe sale est le cauchemar de tous les gouvernements car c'est un terrible instrument de chantage. Mais ce danger n'est pas spécifique au Pakistan, cela peut arriver aussi bien chez vous, en France.

— Certainement pas ! se récrie la jeune femme. En France, tout cela est sévèrement contrôlé, il est impossible de se procurer des matières radioactives !

— Et celles qui font tourner vos cinquante-huit réacteurs nucléaires ? Appauvries après avoir servi, elles restent cependant assez radioactives. Un groupe terroriste pourrait, en achetant des complicités, en récupérer et fabriquer une bombe sale ! »

Il est évident que le général n'admettra pas la moindre faille dans le système de sécurité de son pays. Alors pour lui montrer qu'elle ne s'en tient pas aux déclarations officielles, Anne ne peut résister à l'envie de le provoquer un peu :

« Dites-moi, général, j'ai une faveur à vous demander : pourriez-vous m'aider à rencontrer "le père de la bombe pakistanaise", le Dr. Abdul Qadir Khan ? »

Le général part d'un énorme éclat de rire.

La journaliste s'attendait à cette réaction, elle a tout lu sur le Dr. Khan qui, au Pakistan, est un héros national mais vit désormais incognito. En 1998, il a permis au pays de tester sa première bombe nucléaire. Dans les années 1970, ingénieur dans l'usine d'enrichissement d'uranium Urenco aux Pays-Bas, il avait copié secrètement les plans des centrifugeuses, puis rejoint le Pakistan. Là, en coopération avec la Chine, il avait mis au point l'arme nucléaire. Mais il a également aidé à sa prolifération en fournissant tous les éléments nécessaires à la Corée du Nord, à la Libye et à l'Iran.

Pour calmer la colère des États-Unis, en 2004 le Pakistan avait placé son héros national en résidence surveillée. Mais depuis 2009 celui-ci a recouvré sa totale liberté, étant entendu qu'il doit respecter la plus grande discrétion.

Sans se démonter, Anne insiste :

« Si c'est impossible, je pourrais peut-être rencontrer Bashiruddin Mahmoud, qui fut pendant un certain temps son second ?

— À mon avis, celui-là est un fou dangereux ! Il clame partout la nécessité de faire du Pakistan un État islamique qui fournira la bombe à tous les pays musulmans. Nous l'avons écarté de la recherche nucléaire depuis plus de quinze ans et surveillons de près ses relations avec les islamistes.

— D'après ce que vous dites, il semble nettement plus dangereux que le Dr. Khan. Comment se fait-il qu'il soit toujours en liberté ?

— Si nous devions emprisonner tous ceux qui, dans ce pays, ont des sympathies pour les islamistes, il faudrait emprisonner la moitié de la population ! »

Il secoue la tête, exaspéré.

« Ce n'était pas comme ça avant ; jusque dans les années 1980 la majorité des Pakistanais étaient proaméricains. Mais le double jeu des États-Unis et ses bombardements aveugles ont radicalisé les gens.

— Qui serait sur les positions de Bashiruddin Mahmoud par exemple ?

— Voyez par vous-même. Mais si vous voulez avoir une chance de rencontrer ce personnage, je vous conseille de vous voiler ! »

Chapitre 16

Taher a beaucoup ri lorsque Anne lui a rapporté sa conversation avec le général Hamid.

« Tu aurais dû lui demander une visite guidée des sites nucléaires tant que tu y étais ! Cela dit, pour des renseignements sur la sécurisation de la bombe, il peut être effectivement plus facile de rencontrer Bashiruddin Mahmoud que le Dr. Khan qui, depuis le scandale, vit en reclus. Bashiruddin écrit maintenant sur l'islam et serait proche des talibans. Pourquoi ne pas essayer d'entrer en contact avec lui au travers des organisations islamistes ? »

Il fronce les sourcils et se gratte la tête.

« Il y a un camp de réfugiés pas loin de mon institut. Il allait fermer, le gouvernement ayant interrompu les subventions ; un groupe islamiste a pris le relais.

— D'où leur vient l'argent ? Du gouvernement saoudien ?

— Pas forcément. Riyad, depuis qu'on l'accuse de soutenir le terrorisme, est devenu prudent ; cela passe plutôt par certains princes et par les ulémas wahhabites. C'est moins direct mais cela revient au même : la main gauche ne peut ignorer ce que fait la main droite. »

Il examine Anne, l'air dubitatif.

« Si tu veux que les islamistes acceptent de te parler, il faut montrer patte blanche : connais-tu quelque chose à l'islam ?

— Un peu, ma meilleure amie est turque et elle est l'arrière-petite-fille du dernier calife. Comme je fais beaucoup de reportages dans les pays musulmans, elle m'a appris les rudiments et quelques prières, pensant que cela pourrait m'être utile.

— Parfait, mets des vêtements amples et un foulard. Ce soir je t'emmène là-bas. »

C'est un camp peu ordinaire situé au sud-ouest de la ville. Au lieu de l'habituel océan de tentes, on se croirait dans une cité HLM de l'Est parisien, sauf qu'en place des tours ce sont une trentaine d'immeubles de huit étages, la plupart inachevés mais déjà dans un état de délabrement avancé. Construits pour les ouvriers, ils sont restés longtemps vides car les différents partis de la coalition au pouvoir n'arrivaient pas à s'accorder sur leur distribution. Maintenant, près de douze mille réfugiés y sont logés. Ils disposent d'une école, d'une mosquée qui sert aussi de madrasa et d'un petit hôpital.

« Je connais le médecin, explique Taher, il travaille indépendamment de la nouvelle organisation. On va commencer par lui. »

En fait d'hôpital, c'est un dispensaire aménagé au rez-de-chaussée d'un immeuble, où sont donnés les soins courants et où l'on accueille les urgences avant de les diriger vers un véritable hôpital. Il fait déjà nuit mais la salle d'attente est encore pleine de femmes et d'enfants.

« Je ne termine jamais mon travail avant 11 heures du soir, sourit le jeune médecin qui les reçoit dans son bureau. Mais au moins ici je me sens utile, et les gens sont tellement reconnaissants ! La plupart n'avaient jamais vu de médecin de leur vie alors qu'ils traînent depuis des années des maladies parfois graves : j'ai notamment beaucoup de cas de tuberculose et de glaucomes que j'envoie vers des hôpitaux. »

Le reste, il essaie de s'en occuper ; dans la journée, une infirmière bénévole vient l'aider.

« Le docteur Iqbal oublie de dire que lui aussi est bénévole, intervient Taher ; auparavant, il travaillait dans une clinique chic de Gulberg, mais depuis un an il a tout laissé pour s'occuper des réfugiés.

— Arrêtez, je ne suis pas un héros ! En fait, je regrette de ne pas avoir pris cette décision plus tôt : au plan humain, ces paysans m'apportent bien plus que je n'aurais pu imaginer ; dans le malheur, ils montrent une solidarité que je n'ai rencontrée nulle part. »

Tous ces réfugiés viennent d'un village situé à cinquante kilomètres au nord de Lahore. La plupart avaient une maison le long de la rivière Ravi, à des endroits où il est dangereux de construire, mais ils n'avaient pas le choix, les autres terrains étant trop chers. Ce sont des agriculteurs, ils travaillaient une terre qui ne leur appartenait pas et gagnaient tout juste leur vie. Mais au moins avaient-ils leur dignité. Aujourd'hui ils sont réduits à l'état d'assistés.

« Je traite énormément de dépressions, déplore le docteur, surtout chez les hommes, des chefs de famille contraints à une quasi-mendicité. Allez voir la façon dont se passent les repas, vous comprendrez. »

Au centre du camp, éclairé de la lumière crue des lampes à gaz, une longue file d'enfants et de femmes de tous âges s'est formée. Ils attendent, pressés les uns contre les autres, une assiette de fer à la main. En apercevant une étrangère, les femmes détournent le regard.

« N'essaie pas de leur parler, glisse Taher à sa compagne, elles ont trop honte. »

Dans la foule, on remarque très peu d'hommes. Certains préfèrent se passer de manger que s'abaisser à faire la queue pendant des heures. Les hommes âgés surtout refusent cette perte de dignité. Ils se laisseraient mourir de faim si leurs épouses ou leurs filles ne partageaient avec eux leur maigre ration.

Sur une planche à tréteaux, des marmites fumantes sont posées, remplies de biriani. Derrière, officient cinq serveurs. C'est le seul point de distribution de nourriture pour les douze mille réfugiés.

« Ils pourraient quand même installer plusieurs postes, fulmine Taher. On dirait qu'ils veulent leur faire sentir plus encore leur dépendance, comme si ces pauvres gens n'étaient pas assez humiliés ! »

Pour les enfants, en revanche, cette nouvelle situation est une fête. En riant ils se poussent, font des grimaces, se pincent et échangent toutes sortes de plaisanteries en brandissant comme des trophées leurs assiettes vides. Jusqu'à ce qu'un homme barbu, de haute taille, arrive à rétablir l'ordre en les menaçant de son long bâton.

« Allahou akbar ! crie-t-il en leur faisant signe de reprendre derrière lui.

— Allahou akbar ! » s'époumonent en chœur les enfants, ravis comme si c'était un nouveau jeu. Les plus petits agitent leurs écuelles :

« Allahou akbar ! Allahou akbar ! » crient-ils en sautillant et en tâchant d'éviter les taloches de leurs grandes sœurs.

Le vacarme est assourdissant, les enfants sont déchaînés : ces moments où ils se retrouvent, garçons et filles mêlés, échappant à la lourde tristesse des adultes, sont une distraction très attendue dans la vie monotone du camp.

Rassemblés à l'écart, une demi-douzaine d'individus, coiffés de calottes et vêtus de kameez descendant jusqu'à mi-mollet – tenue classique des islamistes –, entourent un homme aux cheveux blancs qui, assis sur un fauteuil roulant, semble être le chef.

« Attends-moi ici, intime Taher à sa compagne, je vais les préparer à ta venue. »

De loin, Anne observe le petit groupe. Parmi eux, un homme de type arabe reste silencieux. À un moment donné pourtant, il sort de sa réserve et, désignant les enfants qui font la queue, il agite les mains, très en colère. Quelques minutes plus tard, revenu auprès d'Anne, Taher lui raconte que l'homme s'est indigné car les petites filles ne sont pas voilées ; ses interlocuteurs ont promis d'y remédier dès le lendemain.

Après avoir attendu quelques instants que l'étranger parte et que les membres du groupe soient plus disponibles, Taher s'avance, suivi d'Anne qui a pris grand soin de rajuster son foulard afin de dissimuler la moindre mèche de cheveux.

« Voilà, messieurs, déclare-t-il d'un ton solennel, je vous présente l'arrière-petite-fille du dernier calife. »

Anne sursaute et le regarde, effarée ; feignant de l'ignorer, il continue sur sa lancée :

« Comme vous le savez, après l'abolition du califat par les ennemis de l'islam, la famille ottomane a été exilée. C'est ainsi que la bégum Anne est née et a été élevée en France.

— Est-elle mariée ? demande le chef du groupe.

— À un musulman ? s'enquiert un autre.

— Évidemment, les rassure Taher, elle a épousé un musulman français dont elle a deux fils.

— Alors comment se fait-il qu'elle se promène ici avec un homme qui n'est pas son mari ? reprend, soupçonneux, le chef.

— Vous savez bien, Houzour[1], que les coutumes en Europe sont différentes et que les musulmans ont dû s'adapter. La bégum Anne est une professionnelle respectée. Elle est… travailleuse sociale. Son organisation l'a envoyée ici pour étudier les besoins des réfugiés. C'est ainsi qu'elle m'a contacté. »

Anne reste pétrifiée. Avec ses minces rudiments d'ourdou elle arrive à saisir le sens de la conversation ; jusqu'où son compagnon ira-t-il dans le mensonge ?

---

1. « Votre Excellence », « Votre Grâce ».

Le chef, dont Taher lui explique qu'il a le titre religieux de maulana[1] et enseigne dans une madrassa voisine, veut davantage de détails, non pas sur Anne, qui en tant que femme ne compte guère, mais sur sa relation avec la famille ottomane. De quel sultan descend-elle et, surtout, combien a-t-elle d'oncles et de cousins ?

C'est son secrétaire, un homme sombre à la longue barbe noire, visiblement teinte, qui traduit. Se pourrait-il que le maulana ne parle pas l'anglais dans ce pays où le moindre petit commerçant baragouine la langue de l'ex-colonisateur ? Anne soupçonne plutôt que, comme beaucoup d'intégristes, il répugne à s'adresser directement à une femme.

« Mon arrière-grand-père était le sultan Mourad V, le frère aîné du sultan Abd ul-Hamid, récite la journaliste en faisant un effort pour se souvenir de ce que lui avait un jour raconté son amie. Aujourd'hui, des anciens jusqu'aux nouveau-nés, nous sommes environ deux cent cinquante. »

Le maulana hoche la tête d'un air approbateur.

« Combien d'hommes majeurs ?

— Peut-être une cinquantaine.

— Parfait ! Et sur cette cinquantaine y en a-t-il qui seraient prêts à reprendre la noble fonction de Calife ?

— Ah ça, je ne crois pas ! » lance-t-elle spontanément.

Un discret coup de pied de Taher la fait se ressaisir.

« Enfin, peut-être que deux ou trois de mes oncles, particulièrement pieux, seraient intéressés…

1. Titre religieux plus respectueux que maulvi, car sous-entendant un religieux très instruit.

— Pouvez-vous nous donner leurs noms et leurs coordonnées ?

— Il faut d'abord que je les contacte pour leur demander leur accord.

— C'est entendu, mais faites vite, nous avons besoin de savoir si nous pouvons compter sur la famille ottomane. »

Le maulana s'est détendu et échange maintenant quelques mots avec les disciples qui l'entourent.

« Du temps des Ottomans, nous étions protégés par la puissance de l'Empire, raconte-t-il à l'adresse de ses admirateurs qui l'écoutent respectueusement. Les peuples musulmans n'étaient ni divisés ni soumis à l'Occident, nous avions la fierté de nos grandes civilisations, nous ne nous considérions comme inférieurs à personne – il s'interrompt pour cracher son bétel en un long jet rouge –, les Anglais savaient ce qu'ils faisaient lorsqu'ils ont poussé Mustafa Kemal à abolir le califat. Nous nous sommes retrouvés sans direction, en conflit les uns avec les autres, faisant ainsi le jeu des grandes puissances. Mais les musulmans ont enfin relevé la tête, conclut-il d'un ton triomphant, nous serons bientôt tous unis sous la direction d'un calife. L'an dernier, à La Mecque, j'ai rencontré des Turcs qui m'ont confié qu'il existe chez eux un mouvement souterrain pour la restauration du califat.

— Mais vous avez déjà un calife, s'étonne Anne, al-Baghdadi, qui a déclaré un État islamique en Syrie et en Iraq. »

Le maulana hausse les épaules, il se méfie du « nouveau », ce Baghdadi qui, sans en référer à aucune autorité musulmane reconnue, vient de s'autoproclamer « calife ».

« Il se prétend de la famille du Prophète, mais comment un descendant du Prophète pourrait-il commettre de tels crimes ? À mon avis, c'est un brigand qui cherche le pouvoir et l'argent. En outre, il est l'ennemi juré des Saoudiens, nos amis de toujours. Comment pourrions-nous faire alliance avec les ennemis de nos amis ?

— Je comprends, approuve Anne. De mon côté, j'ai lu les écrits d'un intellectuel pakistanais remarquable, qui me semble bien plus estimable. Il parle des bienfaits que l'islam pourrait apporter au monde, un islam éclairé et humaniste, à l'encontre des dérives morales de l'Occident. Je n'ai pas tout compris et j'aimerais bien pouvoir en discuter avec lui. Je crois qu'il s'appelle… Bashir… quelque chose comme Bashir Mahmoud. »

Le maulana l'interrompt :

« Vous voulez dire Bashiruddin Mahmoud ? J'ai entendu parler de lui. Il a été l'assistant du Dr. Khan, l'inventeur de la bombe pakistanaise. Mais ici nous ne voulons pas davantage traiter avec les promoteurs de la bombe qu'avec Daech. Comme je vous l'ai dit, les mouvements musulmans pakistanais sont contre la violence.

— Les talibans, contre la violence ?

Anne ne peut s'empêcher de réagir. Elle a joué la naïve pour endormir leur méfiance mais il ne s'agit pas non plus qu'ils la prennent pour une idiote !

— En tout cas, notre fondation, Falah-e-Insaniat, s'occupe juste du côté humanitaire, insiste le porte-parole, en particulier de la distribution de nourriture. Notre quartier général se trouve à Lahore, mais nous travaillons sur l'ensemble des régions inondées. Nous avons formé cent trente-huit comités, du nord au sud du pays. Chaque comité comprend une dizaine de volontaires mais peut en mobiliser trois mille cinq cents en une heure, si besoin est.

— Impressionnant ! s'exclame Anne. Et qui finance tout cela ?

— Les gens ordinaires. Ils nous donnent beaucoup car ils ont une totale confiance en nous.

— Ce que vous faites est exceptionnel, susurre la jeune femme, j'aimerais pouvoir travailler avec vous, continue-t-elle sans prêter attention au coup de coude de Taher la prévenant qu'elle en fait trop.

— La meilleure façon de nous aider est de nous mettre en contact avec un homme de votre famille capable de tenir le rôle de calife.

— Je vais m'en occuper, promet Anne, en vouant intérieurement Taher aux gémonies.

— Nous attendrons de vos nouvelles, lui déclare le maulana sur sa chaise roulante. Ne tardez pas. »

De son côté, le porte-parole lui donne sa carte et en retour lui demande ses coordonnées, qu'elle ne peut refuser.

Lorsqu' ils se retrouvent seuls, Anne laisse libre cours à sa colère :

« Qu'est-ce qui t'a pris de me présenter comme l'arrière-petite-fille du calife ? Tu es complètement inconscient ! S'ils découvrent que je leur ai menti, tu te rends compte de la situation dans laquelle tu me mets ?

— C'était le seul moyen pour qu'ils te parlent. Ce brave maulana sur son fauteuil roulant est un islamiste radical. Je le connais de vue, il officie dans la mosquée voisine de mon institut. Chaque vendredi il prononce des prêches enflammés contre le gouvernement qu'il accuse d'être vendu à l'Amérique. Parce que je t'ai présentée comme étant de la famille du calife, il a accepté de te parler. De toute façon, quelle importance ? Tu ne les reverras jamais !

— Je ne les reverrai jamais, c'est toi qui le dis ! Il y a des chances pour qu'ils me contactent, ils ont pris mon téléphone et le nom de mon hôtel. »

Elle fulmine mais le mal est fait, il ne lui servirait à rien de se fâcher avec Taher, elle fait un effort pour reprendre son calme :

« En tout cas, je les trouve intéressants. Parle-moi un peu plus d'eux : sont-ils vraiment contre la politique de Baghdadi ou est-ce juste une querelle de pouvoir ?

— Ils n'ont pas voulu nous le dire mais je suis sûr qu'ils sont en contact avec Daech. Lorsqu'ils parlaient en arabe avec le visiteur, j'ai un peu suivi…

— Tu comprends l'arabe ?

— J'ai quelques bases, mon itinéraire de militant m'a amené à voyager au Moyen-Orient. J'ai cru comprendre que l'homme était un Iraquien envoyé pour savoir s'ils allaient rejoindre Daech ou non. Et eux, sont en train de peser le pour et le contre : ils se demandent s'ils pourraient obtenir de Bagdhadi d'importantes quantités d'armes et un financement. Comme, j'imagine, s'interrogent actuellement la plupart des groupes militants au Pakistan.

— Mais ceux-là disent être contre la violence ! »

Taher la regarde avec un sourire gentiment moqueur :

« Ce qu'ils t'ont raconté relève de la plus haute fantaisie. La réalité, c'est que, derrière Falah-e-Insaniat, leur fondation charitable et pacifique, il y a un des groupes les plus dangereux du Pakistan : le Jamaat-ud-Dawa, une organisation établie par Hafiz Saeed, le fondateur de Lashkar-e-Taiba.

— Quoi ? »

Anne manque de s'étrangler.

« Lashkar-e-Taiba, le groupe terroriste qui en 2008 a perpétré l'attentat de Bombay qui a fait près de deux-cents morts ?

— Exactement ! Sur l'insistance de Washington, Lashkar-e-Taiba a été interdit, et leur chef a été arrêté, mais Jamaat-ud-Dawa a été créée pour le remplacer. Cela se passe couramment au Pakistan : le gouvernement dissout une organisation terroriste, elle renaît sous un autre nom et continue ses activités comme avant, jusqu'à ce qu'elle en fasse tant qu'on est à nouveau obligé de l'interdire et qu'elle renaîtra sous un troisième nom… et ainsi de suite… Les autorités ferment les yeux.

— C'est incroyable ! Pourquoi tant indulgence envers des organisations terroristes ? »

Anne a déjà posé cette question à Taher, mais elle ne comprend toujours pas le double jeu des responsables pakistanais.

« Il faut que tu saches que Lashkar-e-Taiba est un enfant des services secrets de l'armée, créé dans les années 1980 pour mener des sabotages au Cachemire indien. Il y a donc forcément des relations, voire des amitiés entre ses membres et les militaires. Ces derniers sauvegardent l'organisation pour pouvoir l'utiliser contre l'Inde. Ils sont en effet persuadés que celle-ci essaie de faire éclater le Pakistan en soutenant les mouvements séparatistes. Comme elle l'a fait pour le Bangladesh et comme elle le fait actuellement au Baloutchistan. »

Anne s'est pris la tête dans les mains.

« Les services secrets pakistanais soutiendraient les terroristes pour pouvoir les employer contre l'ennemi indien, mais ils ne les contrôlent pas ?

– Exactement ! »

Et remarquant la mine défaite de sa compagne :

« Bon, assez parlé ! Je crois que tu as besoin d'un remontant. Viens, je t'emmène chez Hotspot manger la meilleure glace au chocolat de tout Lahore. »

Il est 11 heures du soir mais le quartier de M.M. Alam Road bruisse d'activités. Installée avec Taher à la terrasse de ce café en vogue, Anne regarde les jeunes élégantes, cheveux au vent, qui passent, légères, d'une boutique à l'autre, essayant dans un joyeux brouhaha les derniers colifichets à la mode.

Le fossé avec le monde qu'elle vient de quitter est si profond qu'elle en ressent un malaise, elle a le pressentiment, presque la certitude, que tout cela ne peut se terminer qu'en une terrible tragédie…

Chapitre 17

Dans un parking poussiéreux où des chauffeurs accroupis sirotent leur thé, Anne et Karim ont laissé leur voiture et s'apprêtent à entrer dans la vieille ville par une monumentale porte de pierre, la « porte de Delhi ».

Cela fait des semaines que la jeune femme souhaite visiter le cœur de Lahore, et lorsque ce matin Karim lui a proposé de l'emmener, elle a sauté sur l'occasion. D'autant que ces dernières semaines ont été éprouvantes, elle a besoin d'un temps de pause. Et quel meilleur guide que ce garçon étrange dont elle a découvert que, derrière ses allures nonchalantes, il est un vrai puits de science.

Un guide qui prend son rôle très au sérieux :

« C'est Akbar, le plus grand empereur moghol qui, au XVIe siècle, fit bâtir les murailles entourant encore la ville, explique-t-il. Akbar aimait particulièrement Lahore où il fut couronné à l'âge de quatorze ans, il y passait même plus de temps que dans sa capitale Delhi. C'est lui qui a fait édifier le magnifique fort que vous voyez là-bas surplombant la ville. »

D'un œil approbateur, il examine Anne qui, pour l'occasion, a échangé son jeans pour un shalwar kameez dissimulant ses formes :

« Nous allons faire le grand tour, j'espère que vous aimez marcher ?

— Je suis prête à vous suivre jusqu'au bout du monde », réplique-t-elle, moqueuse.

Ils se sont engagés dans les étroites ruelles bordées d'échoppes, où passent des carrioles tirées par de petits ânes et le long desquelles des portefaix traînent des charrettes à bras débordant de marchandises. Car c'est dans cette vieille ville décrépite, fourmillant d'artisans et de petits commerçants, que réside la richesse de Lahore.

Les rues ont gardé le nom du corps de métier qui s'y tenait à l'origine. Après avoir longé la « rue des porteurs d'eau », Anne et Karim empruntent la « rue des cavaliers » pour enfin arriver dans la « rue des tailleurs », une longue voie irrégulièrement bitumée et traversée de contre-allées en terre battue. Là, dans de minuscules boutiques, des hommes, penchés sur des satins et des brocarts, pédalent sur leur machine à coudre d'un autre siècle pour confectionner de chatoyantes merveilles.

« Au Pakistan, les tailleurs sont traditionnellement des hommes, ce qui rend un peu compliquées les séances d'essayage, ironise Karim. Remarquez que toutes les boutiques sont tenues par des hommes : dans notre culture, en effet, les femmes ne sont pas censées avoir une activité publique. Ces femmes libres que vous voyez dans nos milieux sont pour le peuple des extraterrestres ou des dévergondées ! Mais comme, depuis des siècles, ils ont l'habitude de respecter et d'obéir aux puissants, ils en acceptent tout.

— Pas sûr que cela dure, la propagande islamiste contre le mode de vie occidental est efficace.

— Oui, nous risquons de nous retrouver un jour avec une guerre civile. Cela vous donnera l'occasion de revenir !

— Vous seriez étonné, je reviendrai peut-être même pour le plaisir. Ce pays si décrié, moi je le trouve attachant. »

Karim lui jette un regard rapide et clôt la conversation par une de ses habituelles pirouettes :

« Vraiment ? J'ai toujours pensé que vous étiez bizarre ! »

Ils ont atteint le quartier des tissus, l'un des plus fréquentés de tout le bazar. Il y a foule autour des étals couverts de draps blancs sur lesquels les marchands déroulent des mètres d'étoffes devant les clientes assises sur des banquettes. On discute de la qualité et des prix tout en dégustant un thé offert par la maison. Les vendeurs ne comptent ni leur temps ni leur énergie, ils sortent les pièces de tissu avant qu'on le leur demande ; même si l'on proteste que l'on n'est pas intéressé, ils tiennent à montrer leurs trésors. Anne s'étonne : pensent-ils par ce déploiement de bonne volonté convaincre les clientes d'acheter ? Peuvent-elles après tant de complaisance partir sans se sentir coupables de leur avoir fait perdre leur temps ?

Karim éclate de rire :

« Nous ne sommes pas en Occident, ma chère, ici les gens ont du temps à revendre. Marchands et clientes sont complices : les clientes se doivent d'être capricieuses sinon le marchand n'aurait pas l'occasion de déployer tout son art. Cela se passe ainsi depuis des temps immémoriaux et pour la plus grande satisfaction des deux parties. Croyez-moi, ils seraient frustrés qu'on les en prive et surtout blessés qu'on prétende réduire leur relation à un vulgaire échange de marchandises contre de l'argent. »

Dans les contre-allées, des marchands ambulants offrent toutes sortes d'articles pour femmes, depuis les trousses de maquillage, les contrefaçons de parfums français, jusqu'à divers éléments de lingerie. Dans ce pays musulman si pudique, Anne découvre avec stupéfaction, se balançant sur des fils de nylon, des ribambelles de soutiens-gorge et de culottes de toutes couleurs et de toutes tailles, et des couples, hommes accompagnés de leur épouse en burqa noire, qui tranquillement font leurs emplettes.

Un peu plus loin, des magasins exposent en vitrine diverses tenues légères, déshabillés coquins, culottes fendues et soutiens-gorge ouverts à la place du mamelon, comme ceux que l'on trouve à Pigalle. Ces magasins semblent fréquentés exclusivement par des hommes barbus.

« Ils choisissent pour leurs femmes, explique en riant Karim à Anne qui n'en croit pas ses yeux.

— Vous plaisantez ?

— Non, venez parler au marchand pendant que la boutique est vide.

— Les plus pieux sont nos meilleurs clients, reconnaît le propriétaire sans aucune réticence. Beaucoup de Pakistanais mais aussi des gens du Golfe qui nous achètent par douzaines ces pièces de lingerie un peu spéciales.

— Ils ne s'en cachent pas ?

— Chez les musulmans, du moment qu'on est mariés, entre mari et femme tout est permis ! »

Anne se sent rougir : est-ce le franc-parler de l'homme qui l'embarrasse ? Ou ne serait-ce pas plutôt la présence de Karim qu'elle devine aussi gêné qu'elle ?

Désireux de changer de sujet, le jeune homme lui propose de lui montrer le quartier de l'or. Après avoir traversé le quartier des métaux, retentissant de l'activité des artisans assis à même le sol à marteler le cuivre et l'étain, ils passent rapidement par le quartier de l'argent pour atteindre le fameux quartier de l'or dont les vitrines, collées les unes aux autres, scintillent de fabuleux bijoux. Tout autour, des femmes enveloppées dans leur burqa se pressent, les yeux brillants de convoitise.

« Est-ce qu'elles achètent ou est-ce qu'elles font du lèche-vitrine ? demande Anne, surprise par leur nombre.

— Oh, elles achètent ! Vous n'imaginez pas la quantité de bijoux qui est vendue sur ce marché ! Plus que des ornements, ce sont pour les femmes une assurance contre les mauvais jours. C'est pourquoi le poids en or compte bien plus que l'orfèvrerie, si raffinée soit-elle, et même plus que les petites pierres précieuses qui font le charme de ces joyaux mais sont difficiles à négocier. »

Poursuivant leur route, ils arrivent dans la rue des bracelets de verre. Éblouie, Anne a l'impression de marcher entre des murs de cristal multicolores, si hautes sont les pyramides de ces merveilles empilées les unes sur les autres. Récemment, des bracelets de plastique ont fait leur apparition, ils sont moins chers et se cassent moins facilement. Mais ils sont dédaignés par les élégantes, la beauté des bracelets de verre, c'est justement de se rompre, fragiles et passagers comme des moments de vie… Toute jeune mariée est censée, parmi ses bijoux d'or, porter au moins une douzaine de ces fins anneaux qui lors de la nuit de noces se casseront, preuve de la passion de l'homme à qui désormais elle appartient, et si sur son bras délicat apparaissent quelques gouttes de sang cela témoignera d'autant mieux de l'ardeur qu'elle a suscitée.

Mais les bracelets de verre sont aussi – comme en Europe les éventails – de vrais instruments de séduction. Leur tintement cristallin a inspiré de nombreux poèmes, il est pour l'amant le souvenir de l'aimée, le signe discret et enchanteur de son approche ; mais il peut être aussi le témoignage de sa colère et d'un amour qui s'achève tragiquement dans un bruit de verre brisé.

Il est déjà 1 heure, le bazar grouille de monde, on a du mal à avancer.

« Il est temps de partir, décide Karim, venez, je vous ouvre la route. »

Protecteur, il fend la foule devant elle. Avec difficulté, ils progressent vers la porte de Taxila, à travers un quartier d'anciennes maisons de style moghol aux arches festonnées et aux balcons soutenus par d'élégantes colonnes, mais dans un tel état de délabrement qu'elles semblent sur le point de s'écrouler. Le jeune homme s'est arrêté :

« Ah ça, vous ne pouvez pas le rater ! C'est le célèbre quartier de Heera Mandi, “le marché des diamants”. Les diamants, c'étaient les belles courtisanes du temps des Moghols, des danseuses respectées qui recevaient dans leur salon la meilleure société de Lahore ; elles y enseignaient même le "tawaif", c'est-à-dire la culture et les bonnes manières, aux jeunes gens de l'aristocratie. Un peu l'équivalent des geishas.

— Elles devaient dépendre d'un riche protecteur ?

— Bien sûr ! Mais c'est elles qui le choisissaient et elles pouvaient le congédier à leur gré car elles ne manquaient pas de prétendants. Cette tradition, qui a duré plus de deux siècles, s'est perdue avec l'arrivée des Britanniques qui, ne comprenant rien aux subtilités de l'Orient, les traitaient comme des putes. Les habitués ont déserté les lieux, les salons se sont peu à peu fermés et les "diamants" ont cédé la place aux prostituées. Aujourd'hui, c'est toujours "le quartier interdit" mais il est très surveillé : les femmes n'ont le droit de travailler que la nuit et beaucoup continuent à danser pour se donner un air de respectabilité. En revanche, le jour c'est un bazar connu pour sa bonne cuisine, ses instruments de musique traditionnels qui depuis toujours accompagnent les danseuses, et ses échoppes de sandales de cuir fin à bouts retournés afin, dit la tradition moghole, "de ne pas blesser la terre". Bref, comme vous pouvez le constater, dans la journée c'est un quartier comme un autre. »

À peine a-t-il terminé sa phrase qu'ils se trouvent entourés par des personnages étranges – hommes ? femmes ? Anne n'arrive pas à le déterminer – jusqu'à ce qu'elle réalise que ce sont des transsexuels. Dansant et chantant, ils brandissent avec enthousiasme des bouts de papier qu'ils veulent absolument leur faire lire.

« Ne craignez rien, ils célèbrent l'anniversaire de leur naissance officielle, ils veulent simplement vous montrer leur carte d'identité ! » la rassure Karim.

Il saisit l'une des cartes tendues et montre à sa compagne qu'à la place de la mention homme ou femme est inscrit un troisième genre : « Hijra ».

Satisfait, le groupe s'éloigne pour aborder d'autres passants.

« Sous les empereurs moghols, ces hermaphrodites étaient des danseurs appréciés ou des gardiens de harem, explique Karim, ils pouvaient même atteindre aux plus hauts grades. Aujourd'hui ils sont méprisés, bien que souvent appelés à chanter lors des mariages. En 2011 le gouvernement leur a donné un statut légal. »

Anne n'en revient pas :

« C'est incroyable ! Le Pakistan, considéré comme si rétrograde, est sur ce point bien en avance sur la France ! Chez nous, les transsexuels sont sommés de décider s'ils sont homme ou femme, avec tous les déchirements que cela entraîne, car le plus souvent ils ne se sentent ni l'un ni l'autre. »

Depuis qu'ils ont quitté le quartier de l'or, cela fait une bonne demi-heure qu'ils marchent sous le soleil et ils ont fini par atteindre le nord-ouest de la vieille ville. Devant eux s'élèvent la splendide mosquée Badshahi, construite en 1671 par Aurangzeb, le dernier grand empereur moghol, et, séparé de la mosquée par un jardin, l'imposant fort de grès rouge.

« Le fort rassemble une vingtaine de palais, de petites mosquées et de pavillons tous plus raffinés les uns que les autres, détaille Karim. Ils ont été édifiés au cours d'un siècle, pendant la période la plus glorieuse de l'empire, sous les règnes d'Akbar, de son fils Jahangir et de son petit-fils Shah Jahan, l'empereur qui fit construire le Taj Mahal pour qu'y repose Mumtaz Mahal, son épouse bien-aimée. Et maintenant – il se retourne vers Anne –, c'est à vous de décider, car nous n'avons pas le temps de tout voir : soit nous visitons la mosquée Badshahi et sa cour intérieure – où cent mille personnes peuvent prier – et ensuite le fort et ses merveilles, comme le pavillon des Miroirs dont l'intérieur semble taillé dans des diamants ; soit nous allons à quelques kilomètres de la ville voir les légendaires jardins de Shalimar. Et en route nous pourrons nous arrêter au mausolée de la tragique Anarkali, la danseuse trop aimée de l'empereur Akbar et de son fils Jahangir. »

Anne n'a pas une seconde d'hésitation. Les palais, la mosquée, elle les visitera plus tard… Mais les jardins de Shalimar que son grand-père lui décrivait avec des étoiles plein les yeux, ces jardins où certainement il se promenait avec Rekha, loin des regards indiscrets…

« Je choisis les jardins de Shalimar. »

Un peu étonné, Karim veut prévenir une déception :

« Vous savez, ils ne sont plus ce qu'ils étaient.

— Ce n'est pas grave, j'ai très envie de les voir.

— Parfait, allons-y ! »

Après des heures passées dans la chaleur torride de ce début de mois de mai, l'air conditionné dans la voiture de la bégum entretient un microclimat délicieux. Heureusement que Karim n'a pas eu la mauvaise idée de prendre sa 2 CV, pense Anne tout en se moquant intérieurement d'elle-même : décidément, on s'habitue vite au luxe…

Elle est ravie mais en même temps surprise que le jeune homme prenne à ce point au sérieux son rôle de guide. Karim est un vrai passionné de Lahore, il en connaît tous les recoins, il l'aime pour sa majesté, sa beauté raffinée et le passé glorieux qu'elle fait revivre à ceux qui se donnent la peine de la regarder ; mais il l'aime aussi, d'un amour attendri, pour l'infinie tristesse de sa décadence. Il voudrait faire partager ses sentiments à la jeune femme, il ne se l'explique pas mais il serait blessé si elle n'était pas séduite par « sa ville ».

Une question d'Anne interrompt le cours de ses pensées.

« D'où vient le nom de Lahore ? Est-ce du sanscrit ?

— Vraisemblablement. On dit que le nom vient de Loh, un des fils jumeaux du dieu Rama et de Sita, héros du *Ramayana*, le grand poème mythologique hindou. »

Rama et Sita forment un couple parfait, jusqu'au jour où Sita est enlevée par Ravana, le roi des démons. Après bien des péripéties, Rama finit par la retrouver mais il est torturé par le doute : a-t-elle gardé sa pureté ? Pour regagner sa confiance, Sita exige de passer l'épreuve du feu et en sort indemne. Rama, enfin convaincu, s'écrie : « Je te reconnais comme ma femme », et ils tombent dans les bras l'un de l'autre.

« Mais il y a une version féministe de l'histoire, reprend Karim, qui j'imagine vous plaira davantage : quand Rama ouvre ses bras en disant “Je te reconnais comme ma femme” Sita répond : “Moi, je ne te reconnais plus comme mon époux” et elle s'en va avec ses deux fils, dont Loh qui fondera Lahore, une déformation de Loh. »

Anne s'est mise à rire :

« Et vous, quelle version préférez-vous ?

— Devinez ! »

Elle n'en aura pas l'occasion, la voiture s'est arrêtée devant un bâtiment blanc octogonal, surmonté de coupoles, de pur style moghol.

« Voici le mausolée d'Anarkali, la plus romanesque héroïne de Lahore. Cette beauté, venue d'Iran, était la danseuse préférée et l'une des concubines de l'empereur Akbar. Mais le fils d'Akbar, le prince Jahangir, tomba amoureux d'elle. Un jour l'empereur surprit un échange de regards entre sa favorite et son fils. Pour ce crime de lèse-majesté, dont la Cour faisait des gorges chaudes, Akbar condamna Anarkali à être emmurée vivante.

— Quelle horreur !

— Attendez la suite ! La légende raconte que, toujours amoureux, il avait fait pratiquer dans le mur une ouverture pour qu'elle puisse s'échapper et rejoindre l'Iran. Toujours est-il qu'une fois devenu empereur, son fils Jahangir fit ériger ce mausolée en souvenir de celle qu'il avait aimée.

— Est-il vrai qu'Akbar, renommé pour sa grande tolérance religieuse, était illettré ?

— Oui, bien qu'il soit d'une dynastie très cultivée il n'a jamais pu apprendre à lire. Je pense qu'aujourd'hui on le dirait dyslexique. Mais il avait une mémoire et une intelligence remarquables associées à une exceptionnelle ouverture d'esprit. Il a encouragé dans les arts, spécialement en architecture, une fusion des styles musulman et hindou. Mais surtout il a essayé d'établir une croyance unique qui mettrait fin aux conflits religieux. Il conviait les représentants des différentes religions de l'Inde – musulmans, hindous, jésuites de Goa, jains, bouddhistes – à débattre devant lui. De ces discussions, il avait fini par discerner les points communs et établir les bases d'une religion unique, la Din-i-Ilâhî, la religion de la lumière, espérant ainsi mettre fin aux affrontements entre communautés. Hélas, après sa mort les gens sont vite revenus à leurs anciennes croyances. »

Ils sont arrivés aux jardins de Shalimar, ces jardins chantés par les poètes comme un avant-goût du paradis, avec leurs pelouses toujours vertes, leurs cours d'eau limpides délimitant les parterres de fleurs qui se succèdent tout au long de l'année : les pensées et les roses puis les jasmins, les chrysanthèmes et les narcisses, et pendant les mois les plus chauds les gardénias dont le parfum entêtant sature l'air.

Bien que prévenue par Karim, Anne éprouve un choc : est-ce là la merveille dont les guides touristiques font tant de cas ? Elle ne voit devant elle que pelouses brûlées par le soleil, arbres poussiéreux, bancs de pierre cassés et jets d'eau muets. Même les canaux censés représenter les rivières du Ciel, où autrefois l'on déversait des pétales de roses pour qu'ils embaument, ne charrient plus que des filets d'eau jaunâtre où traînent des plastiques. Elle a un sentiment d'abandon, de terrible gâchis, les jardins de Shalimar ne sont plus que l'ombre d'eux-mêmes.

Et pourtant… Accroupis, des jardiniers s'affairent : ils cueillent avec précaution et amour les fleurs fanées, ils en plantent délicatement de nouvelles, conscients et fiers d'être les gardiens d'une ancestrale beauté.

Anne les regarde, songeuse… Et si c'est eux qui avaient raison, si passée la première impression, Shalimar laissait peu à peu découvrir ses charmes ?

Entourés de hauts murs crénelés en grès rouge, le long desquels s'élèvent des arbres centenaires, les jardins se déploient sur un vaste espace survolé par les aigles et s'étagent sur trois terrasses.

« Connaissez-vous la symbolique des jardins moghols ? Ils sont dessinés sur le modèle de ceux du paradis décrits dans le Coran. Leur parfaite symétrie exprime l'ordre et la paix. Ils comprennent toujours quatre grandes plates-bandes séparées par des canaux où coule une eau vive, qui représentent les quatre jardins du paradis où coulent des rivières. Le Coran décrit également des fontaines d'où jaillissent du lait, du miel, de l'eau fraîche et un vin qui jamais n'enivre. Ces quatre fontaines représentent les quatre savoirs : le savoir spirituel, le savoir de l'esprit, le savoir des sens et le savoir du cœur. »

Au paradis, les jardins sont plantés de longues allées de palmiers toujours verts symbolisant l'éternité – intercalés de grenadiers, arbres fruitiers symbolisant le cycle de la vie et de la mort. Ici les palmiers sont remplacés par des cyprès.

« Et regardez ! »

Karim s'est arrêté devant deux jeunes cyprès plantés au milieu d'un parterre de fleurs :

« Ils représentent deux amoureux au paradis ! On retrouve ces mêmes jardins, avec la même symbolique, en Iran et en Asie centrale, reprend-il, mais aussi dans les anciens royaumes musulmans d'Espagne, comme à Grenade les jardins du Generalife. Les avez-vous visités ?

— Oui, mais je dois dire que je les ai vus juste comme des beautés de la nature, sans avoir la moindre idée de leur signification. »

Actuellement, ils se tiennent sur la troisième terrasse, celle du bas où était cantonné le peuple, sur la seconde terrasse se retrouvaient les gens de qualité, la première terrasse étant réservée exclusivement à l'empereur et à sa cour. À nouveau cela correspond aux écrits du Coran qui précise qu'au paradis les gens seront répartis en trois catégories : les croyants, les âmes d'élite qui se consacrent à la recherche spirituelle et les saints, les plus proches d'Allah.

« Venez, montons pour voir le grand bassin où se déroulaient les jeux d'eaux et les concerts. »

Le bassin est immense. Assise sur le rebord, Anne se prend à rêver… En son milieu, sur une plateforme de marbre, elle croit apercevoir les musiciens et les danseuses dont les gracieuses silhouettes se reflètent dans l'eau. Des deux côtés, dans d'élégants pavillons aux arches festonnées, les dignitaires, vêtus de brocart, festoient. Elle imagine la splendeur de ces spectacles au clair de lune ou bien dans la nuit noire éclairée par des centaines de porteurs de torches. Seul, sur un sofa de velours orné de pierres précieuses, l'empereur trône, tandis que derrière lui, l'eau ruisselle le long d'un mur de marbre savamment incliné de façon qu'elle chante.

Karim la rappelle à la réalité :

« Toute l'eau vient de la fontaine située dans le palais de l'empereur à l'est de la première terrasse, là où le soleil se lève ; elle se déverse dans les multiples bassins et fontaines de la deuxième, puis de la troisième terrasse. Car l'empereur, l'empereur seul est le maître de l'eau, l'eau qui donne la vie. À présent, voulez-vous monter sur la première terrasse ? Vous ne pourrez plus voir les palais, disparus depuis longtemps, mais au moins subsistent les jolis pavillons de stuc blanc où la famille impériale se réunissait, hors de la vue du public et libre de tout protocole. »

Ils se dirigent vers les escaliers de pierre mais l'accès en est barré par une clôture de bois.

« Ah, il semble qu'il y ait des travaux ; venez, on va les contourner et prendre par le sentier… Attention, il y a de l'eau ! »

Il n'a pas terminé sa phrase qu'Anne, chaussée de fines sandales de cuir, a dérapé ; il a juste le temps de la rattraper avant qu'elle n'amorce un dangereux vol plané. Pendant quelques instants elle se retrouve accrochée à lui qui la maintient d'un bras ferme tout en luttant pour garder son équilibre. Quand, enfin, ils reprennent pied, ils se regardent… embarrassés.

« Je suis trop bête, j'aurais dû mettre d'autres chaussures ! s'exclame Anne pour atténuer le malaise. Je n'avais pas pensé que nous marcherions autant. En fait, je suis épuisée, pouvons-nous nous arrêter un moment ?

— Bien sûr ! Excusez-moi, depuis ce matin je vous impose un rythme d'enfer… J'ai tellement envie de vous montrer tout ce que j'aime dans cette ville. »

Karim semble sincèrement désolé.

« Et puis, vous avez l'air si forte, l'idée ne m'est pas venue de vous demander…

— Ne savez-vous donc pas que sous les apparences de femmes fortes se cachent souvent de délicates créatures ? »

Karim la dévisage, elle n'a pas l'air de plaisanter, cette fois c'est à son tour de ne plus savoir que penser.

À quelque cent mètres, à côté du marchand de glaces, il a repéré un café en plein air, avec trois tables en fer et quelques chaises. Est-ce que cela lui irait ?

« C'est parfait, approuve Anne, à l'ombre des cyprès avec un jus de fruits bien glacé, je pourrai presque me croire au paradis décrit par le Coran. »

En fait de jus de fruits glacé, le garçon leur apporte des bouteilles de Fanta tiédasses, dont ils sont bien obligés de se contenter : il n'y a pas d'autre établissement à l'horizon.

Un silence s'est établi entre eux. Karim étire ses longues jambes, il hésite, puis, d'un ton détaché :

« Nous nous connaissons depuis deux mois et je ne sais rien de vous sinon que, comme vous l'avez dit l'autre jour, votre grand-père était diplomate et qu'il vous parlait souvent de Lahore.

— En fait, j'ai été élevée par mes grands-parents, mes parents ayant divorcé lorsque j'avais huit ans. »

C'était son grand-père qui l'avait formée, intellectuellement et moralement. Elle lui vouait une admiration sans bornes, c'était un homme passionné de voyages, qui lui avait légué son goût de l'aventure. Mais c'était aussi un idéaliste persuadé que l'homme est bon, que seules des circonstances néfastes le font dérailler mais qu'en général l'humanité progresse vers un monde meilleur.

Anne a un sourire triste :

« J'en suis moins persuadée que lui.

— Votre grand-père semble de la même race que ma grand-mère », commente Karim.

Le jeune homme n'a jamais connu son grand-père, mort bien avant sa naissance. C'était paraît-il un vrai gentleman, mais il avait le double de l'âge de son épouse. Karim s'est toujours demandé pourquoi on avait marié cette ravissante jeune fille de dix-huit ans à un homme qui aurait pu être son père. Pour des questions d'argent ? Non, car il n'était pas riche. Dépouillé de son héritage par son frère aîné – ce qui est courant par ici –, il n'avait que son salaire d'ingénieur qui leur permettait une existence confortable mais certainement pas luxueuse.

« Votre grand-mère vous parlait-elle de lui ?

— Oui, et toujours avec beaucoup d'admiration.

— L'admiration n'est pas de l'amour...

— Sans doute... D'ailleurs ce mariage mal assorti a eu des conséquences sur toute la famille. »

Il se tait, les yeux dans le vague. Anne ne veut pas être indiscrète mais elle a l'impression que pour la première fois Karim est sincère et qu'il a envie de se confier. Aussi d'une voix douce elle le relance :

« Quelles conséquences ?

— Cela a déterminé les choix de vie de ma mère, sans doute ceux de ma sœur, et, qui sait, peut-être aussi les miens », lance-t-il en se moquant de lui-même.

Anne se garde de l'interrompre, elle se contente de le regarder avec sympathie pour l'encourager à poursuivre.

« Je ne vous ai pas présenté ma mère car vous n'auriez rien eu à vous dire. C'est une mondaine et, en plus, une mondaine malheureuse qui passe sa vie à s'étourdir.

— Que cherche-t-elle à oublier ?

— Son mari, mon père.

— Vraiment ? se récrie Anne, interloquée par tant de franchise.

— Vous ne connaissez pas non plus mon père, mais alors là vous n'auriez rien mais vraiment rien du tout à vous dire. Même moi, son fils, je ne pense pas avoir réellement parlé avec lui depuis mon adolescence. C'est un de ces hommes d'affaires qui ne s'intéresse qu'à une chose : faire de l'argent, toujours plus d'argent. En ce domaine, il est doué : c'est pour cela que ma mère, prenant le contre-pied de toute la famille, a décidé de l'épouser. Et maintenant elle ne peut pas s'avouer qu'elle a fait le mauvais choix. Il est trop tard pour changer de vie, elle est trop habituée aux réceptions, aux grands couturiers, aux voyages en première classe et aux hôtels cinq étoiles, elle ne saurait plus s'en passer.

— Mais, intervient Anne, je ne vois pas en quoi le mariage de votre mère est une conséquence du mariage de votre grand-mère ? »

Le garçon de café passe, Karim le hèle.

« Ces jus de fruits sont imbuvables, de la chimie pure. Voulez-vous un Coca ? propose-t-il à Anne.

— Pour du non-chimique, on peut faire mieux ! s'esclaffe-t-elle, je préférerais un thé si c'est possible. »

Le garçon n'a visiblement pas l'habitude de clients aussi exigeants, il balbutie qu'il va demander et s'éclipse prestement.

« Lorsque mon grand-père est mort, la situation financière est devenue difficile, poursuit Karim. Il n'y avait plus que le traitement de ma grand-mère qui, à l'époque, travaillait au ministère des Affaires sociales, en charge de la promotion des femmes. Un poste important mais comme tout poste de fonctionnaire, mal rétribué. Elle recevait de multiples offres du secteur privé qu'elle refusait : sa vocation était le service public. Elle n'avait pas conscience que sa fille, en revanche, avait envie de tout autre chose : porter de beaux saris et sortir dans les endroits chics, pouvoir inviter sans avoir honte de l'unique domestique et de la maison un peu vétuste, voyager, aller en Europe chaque été ; dans nos milieux, c'était la norme. Parmi ses amies, elle se sentait déclassée et elle n'a eu de cesse qu'elle ne retrouve la position à laquelle sa naissance, pensait-elle, lui donnait droit.

— Et votre sœur ?

— Oh, elle, vous l'aimeriez, c'est une originale ! Trente-cinq ans, pas mariée, habillée comme l'as de pique de vieux jeans et d'amples tuniques pour que personne ne puisse soupçonner qu'elle est bien roulée. Depuis quinze ans, elle s'occupe des enfants des rues, non seulement pour leur apprendre à lire et à écrire, mais de tous leurs problèmes, logement, santé… Bref, elle leur sert de mère, ils sont sa passion, en dehors d'eux elle n'a de temps pour rien ni pour personne. »

Le garçon n'a pas reparu. « Vous l'avez terrorisé », plaisante Anne. Karim hausse les épaules, consulte la carte plastifiée et laisse sur la table un billet de cent roupies.

Ils se sont levés et ont recommencé à marcher. Elle n'a pas le cœur à lui demander en quoi le mariage de sa grand-mère a pu changer sa vie. C'est assez évident qu'entre ses deux parents, cygnes hautains glissant sur des eaux calmes, il était le canard ébouriffé, en révolte. Et, pour la première fois, elle ressent pour lui une bouffée de tendresse.

Ils se sont promenés en silence, savourant la fraîcheur du soir. Sur les arbres, des milliers d'oiseaux rivalisent de trilles tandis que dans le ciel les aigles tournoient. Sur les bancs, dans des coins obscurs, des amoureux se tiennent par la main. Anne remarque que la plupart des jeunes filles portent un voile, seul leur visage est visible. Comment osent-elles ? Si elles sont découvertes, leur famille pourrait laver le déshonneur dans le sang.

Une ritournelle lui vient à l'esprit, insistante : « Mais l'amour est plus fort que tout, l'amour est plus fort que la mort, l'Amour ! »

Secouant la tête pour chasser ces parasites d'un autre monde, elle respire profondément afin de s'imprégner de l'instant et se relier au fil qui l'a conduite jusqu'ici.

Elle a voulu venir dans ces jardins de Shalimar pour y rechercher le souvenir de Rekha et de Yannick, et peut-être même, pour tenter de ressentir leur présence… Elle a la certitude qu'ils se sont retrouvés et qu'à nouveau ils se promènent dans ces lieux où ils se sont aimés, ces lieux où ils ont passé les moments les plus heureux de leur existence. Elle comprend maintenant les silences de son grand-père et ses périodes de mélancolie dont rien ni personne ne pouvait le sortir. Il se remémorait les jardins paradisiaques où, avec son aimée, ils marchaient enlacés.

Elle rêve qu'elle est Rekha et qu'elle chemine à côté de Yannick dans la splendeur d'un soir d'été, silencieux, éblouis par leur amour. Ils sont beaux, ils ont vingt ans et toute la vie devant eux…« Yannick », murmure-t-elle.

« Pardon ? »

La voix de Karim la sort de son rêve, elle le regarde, comme étonnée.

« Vous allez bien ? s'inquiète-t-il.

— Oui, oui. »

Elle se secoue, elle a du mal à revenir sur terre.

« Vous semblez fatiguée, voulez-vous que nous rentrions ?

— Oui, je crois... »

Sur le chemin du retour, le jeune homme, inhabituellement attentif, lui tient la main dans les passages difficiles, et elle la sportive, elle la correspondante de guerre qui a couvert plusieurs conflits, se laisse faire, comme si elle avait besoin de lui. Elle se sent sur un petit nuage.

Arrivée à la voiture, Anne a repris ses esprits, la magie des jardins n'opère plus, les ombres du passé ont disparu.

Il leur faut une bonne heure pour rejoindre le centre de Lahore. Renouant avec sa seconde nature, la journaliste entreprend son voisin sur les derniers attentats mais il secoue la tête :

« Vous savez bien que je ne connais rien à la politique, je suis un homme de théâtre, un bateleur... Mais vous, faites attention, vous voyez des gens dangereux.

— Comment savez-vous qui je vois ?

— Tout se sait ici, vous ne passez pas inaperçue.

— Suis-je donc si laide ? l'interroge-t-elle en ouvrant de grands yeux.

— Non, ça va, vous êtes dans la moyenne. »

Ça alors ! Piquée, elle le dévisage pour s'assurer qu'il plaisante.

Il a l'air le plus sérieux du monde, mais devant son expression indignée il ne peut retenir longtemps son rire.

« Ça vous apprendra à faire la coquette ! Ce n'est pas votre registre, Anne, vous êtes différente. »

Ils ont continué le trajet en silence, elle regarde défiler les faubourgs de Lahore où des hommes discutent en fumant des bidis, faiblement éclairés par la lumière jaune des lampes à pétrole.

Arrivés à son hôtel, au moment de se dire au revoir, Karim se lance :

« Si vous n'avez rien de mieux à faire, nous pourrions dîner demain soir ? hasarde-t-il maladroitement.

— Avec plaisir », sourit-elle.

Et, le cœur léger, elle a regagné sa chambre.

Chapitre 18

Sur le plateau du petit déjeuner garni d'une rose, le garçon a placé en évidence une enveloppe brune.

« C'est un gamin qui l'a apportée. Il dit qu'un homme dans la rue la lui a donnée en insistant pour qu'on vous la remette au plus vite. »

Bien calée dans ses oreillers, Anne boit son thé à petites gorgées, la lettre attendra, elle ne va pas lui gâcher l'un des moments les plus agréables de la journée. Mais cette belle indifférence ne va pas résister longtemps à sa curiosité… Une lettre remise anonymement, d'où cela peut-il bien venir ? Elle l'examine, méfiante – si elle était piégée ? Avec précaution elle la saisit, la soupèse, à travers l'enveloppe elle ne sent que l'épaisseur d'une feuille de papier. *Je joue à me faire peur, je suis vraiment ridicule !*

D'un coup sec, elle déchire l'enveloppe.

À l'intérieur, un message du porte-parole du maulana rencontré au camp de réfugiés :

« Madame, je propose de venir vous chercher en début d'après-midi pour vous faire rencontrer quelqu'un qui vous

intéressera. Téléphonez-moi si vous n'êtes pas libre.
Allah Hafiz[1]. »

Anne revoit en pensée l'homme sombre à la longue barbe noire qui lui avait demandé ses coordonnées. Il ne lui inspire aucune confiance. Elle va demander à Taher ce qu'il en pense.

Au téléphone, l'assistant de Taher l'informe qu'il est parti en mission dans des camps de réfugiés du Sind, à mille kilomètres d'ici et qu'il ne rentrera que dans quelques jours. On ne peut même pas le joindre par téléphone car il n'y a pas de réseau dans la région.

À qui demander conseil ? Samiya ? Non, Anne n'a pas envie de lui raconter le mensonge de son ex-mari, elle a l'impression que cela ferait un drame. Alors Karim ? Pas la peine, elle sait qu'il s'y opposera formellement, hier encore il lui recommandait la prudence.

La prudence, mais si on est prudent, on ne fait jamais rien, c'est mon métier après tout d'aller chercher l'information !

Si elle a choisi d'être reporter dans des endroits dangereux, et non de rester à Paris pour suivre les ministres un micro à la main, à l'affût d'une « petite phrase », c'est qu'elle a une autre idée du métier. Mais aussi… parce qu'elle aime l'aventure. Comme beaucoup de correspondants de guerre qui – elle l'a vite compris – ne sont pas des héros mais de grands adolescents qui s'ennuient dans le quotidien, elle étouffe dans la vie sécurisée et limitée qu'offre la société européenne actuelle, une

1. Traditionnellement, « Khoda Hafiz », « Que Dieu vous garde », était utilisé par les musulmans et les non-musulmans en Iran, en Inde et au Pakistan. Au Pakistan, il est de plus en plus souvent remplacé par « Allah Hafiz », spécifiquement musulman.

société morte et qui ne le sait pas. Il suffit de voir les yeux vides des passants… si différents des yeux des gens en Inde ou au Pakistan, des yeux vivants, des yeux qui vous regardent.

Si tant de gens en Occident sont déprimés, c'est peut-être pense-t-elle qu'ils sentent inconsciemment qu'ils meurent leur vie à petit feu, n'ayant la plupart du temps d'autre horizon que davantage de confort et de distractions. D'où aussi la révolte de nombreux jeunes qui se lanceraient dans n'importe quoi – même le djihad – pour échapper à une société qui ne leur offre plus aucun idéal, sauf faire de l'argent – pour les privilégiés – sinon le chômage ou un travail fastidieux pour les autres. Perdre sa vie à la gagner…

Rares sont ceux qui ont la chance de pouvoir exercer un métier qui les passionne. Elle est de ceux-là, et le danger fait partie du métier.

C'est décidé, elle ira au rendez-vous.

Soulagée d'avoir pris sa décision, Anne commence à s'habiller lorsqu'elle se souvient tout à coup que ce soir elle devait dîner avec Karim. Il faut qu'elle le décommande, quelle excuse va-t-elle lui donner ?

Elle n'en aura pas le temps, à peine a-t-elle commencé à parler qu'il l'interrompt :

« Épargnez-moi vos explications, vous n'avez aucune obligation envers moi. »

Elle le sent déçu, peut-être même blessé ; pense-t-il qu'il ne l'intéresse pas, qu'elle se sert juste de lui pour son travail ?

Elle voudrait tant lui expliquer… mais c'est impossible.

À 2 heures tapantes, une voiture s'arrête devant la porte de l'hôtel. À l'avant, deux hommes barbus lui font signe de monter. À l'arrière, des rideaux opaques couvrent les vitres. Anne éprouve une pénible sensation de claustrophobie, elle essaie de les tirer mais l'un des hommes s'interpose :

« Non ! Les femmes doivent être cachées des regards étrangers, c'est la coutume chez nous. »

Est-ce vraiment pour la cacher ? La journaliste a plutôt l'impression que ces rideaux sont là pour l'empêcher de repérer la route. Elle en serait de toute façon bien incapable : la voiture tourne à droite, à gauche, semble revenir en arrière, le trajet dure près d'une heure ; Anne est presque sûre qu'ils ne sont pas très loin du centre-ville mais qu'on a tout fait pour la désorienter.

La voiture finalement s'arrête devant une haute bâtisse gardée par une demi-douzaine de jeunes gens armés de kalachnikovs. On est dans un quartier populaire, des enfants jouent dans la rue, il n y a pas une seule femme en vue.

Bien dissimulée par le foulard qu'on lui a fait signe de ramener sur le bas du visage, Anne est introduite dans une salle au sol carrelé, meublée d'une table et de quelques chaises, les murs garnis d'étagères où s'entassent des livres en ourdou.

Au bout de quelques minutes apparaît non pas l'homme sombre qu'Anne attendait mais un vieux monsieur souriant, parlant bien anglais et qui se présente comme le maulvi Salim ud-Din, chargé des relations extérieures de Jamaat-ud-Dawa, le mouvement dont dépend la fondation Falah-e-Insaniat.

« Notre organisation humanitaire est l'une des plus importantes du Pakistan, expose-t-il, nous sommes présents dans tout le pays avec douze hôpitaux et deux cent cinquante centres médicaux. Lors des inondations, nos jeunes vont secourir des villages isolés où personne n'ose se risquer. Contrairement aux jeunes des villes, les nôtres sont de la même origine que ceux qu'ils aident, des familles paysannes pauvres, ils ont l'habitude de la vie dure, ils connaissent les problèmes, le contexte, et réagissent donc plus rapidement et plus efficacement. Actuellement nous avons dix-huit mille volontaires travaillant jour et nuit dans les régions inondées, des femmes également.

— Vous avez aussi tout un réseau de madrasas ?

— Oui, nous insistons sur l'éducation, nous voulons que les gens deviennent de vrais musulmans.

— Comme les talibans ? » lance Anne qui veut le faire sortir de son discours lénifiant.

Le vieux maulvi se redresse, piqué au vif.

« Les musulmans sont frères, et nous devons aider nos frères afghans contre l'envahisseur américain ! »

Il a abandonné son ton suave, ses yeux lancent des éclairs :

« Ou qu'aille l'Amérique, elle tue. Elle appelle les talibans terroristes parce qu'ils tuent quelques infidèles. Mais elle, combien de centaines de milliers d'innocents n'a-t-elle pas tués ? À Hiroshima, au Vietnam, en Iraq, en Afghanistan ? Nous en avons assez de l'attitude moraliste de l'Occident. Au plan des massacres, nous ne lui arrivons pas à la cheville ! »

Anne hoche la tête pour marquer son approbation et l'encourager à parler.

« Je comprends mais comment faire ? Ils sont si puissants…

— Pas si puissants que cela. Dans le monde entier, la révolution islamique est en marche. Nous ne voulons plus de ces démocraties pourries, de ces dirigeants occidentalisés qui méprisent le peuple et l'exploitent, nous voulons un État juste, régi par les règles de l'islam.

— Comme celui de Daech ? risque Anne.

— Nous adhérons au programme de Daech mais, dans la pratique, ils commettent des crimes impardonnables. Nous voulons un État islamique avec un vrai calife, pas un Baghdadi ! »

Il regarde Anne avec un intérêt renouvelé :

« C'est d'ailleurs de cela que nous devions parler. Vous avez dit que dans la famille ottomane il y aurait peut-être un prince qui pourrait tenir la fonction de calife ?

— Oui, je crois.

— Vous deviez le contacter.

— Je l'ai fait, ment Anne, maudissant une fois de plus Taher, mais pour l'instant je n'ai pas de réponse. C'est une décision grave, il a demandé à réfléchir. Mais je puis déjà vous dire qu'il pense que ce ne sont pas quelques dizaines d'attentats-suicides qui feront plier les puissances occidentales. »

Le maulvi la regarde, sarcastique :

« A-t-il dit combien il lui faut de morts pour prendre sa décision ?

— Ce n'est pas cela que… bafouille Anne.

— Dites au prince que lorsque nous frapperons un grand coup et qu'il y aura des dizaines de milliers de victimes, l'Occident acceptera toutes nos conditions. »

L'énormité de la menace fait réagir la journaliste.

« Des dizaines de milliers, vous plaisantez, pourquoi pas cent mille tant que vous y êtes ! »

Elle ne cite pas le chiffre au hasard, cent mille, c'est le nombre de victimes que pourrait faire, lancée sur une ville, une seule des petites bombes tactiques dont les services secrets occidentaux redoutent que les terroristes ne s'emparent.

Sans se donner la peine de répondre, le vieil homme poursuit :

« Transmettez de notre part au prince qu'il n'a pas à s'inquiéter, nous aurons très bientôt les moyens de faire plier cet Occident décadent qui ne mérite plus de gouverner le monde. Mais nous avons besoin d'un chef incontestable qui unisse les diverses organisations islamistes, un calife issu de cette lignée glorieuse qui, pendant six siècles, garda le monde musulman fort et indépendant. »

La conversation est interrompue par l'arrivée d'un homme qui, dévisageant Anne d'un air soupçonneux, désigne son sac en prononçant quelques mots dans un incompréhensible mélange d'anglais et d'ourdou.

« Il veut voir votre passeport, explique le maulvi, il va le photocopier.

— Pourquoi donc ?

— C'est une procédure habituelle avec tous nos visiteurs étrangers. Ne vous inquiétez pas, il vous le rapporte tout de suite. Maintenant, à propos du calife…

— Pour qu'il y ait un calife, il faut d'abord un État islamique. Pensez-vous que cela serait possible au Pakistan ? interrompt Anne, soucieuse de changer de sujet.

— Nous ne pourrons établir un État islamique que par la lutte. »

La journaliste s'engouffre dans la brèche ouverte.

« Vous n'y arriverez jamais, le provoque-t-elle. Comment pourriez-vous affronter une armée si puissante et qui, en outre, possède la bombe nucléaire ? Qu'avez-vous à leur opposer ? »

Le vieux maulvi semble se rendre compte qu'il en a trop dit :

« Ce sont des questions complexes auxquelles seul notre leader pourra vous répondre. Je vais lui parler de vous. »

L'homme est revenu et lui rend son passeport. Son hôte se lève, affable :

« On va vous raccompagner. Allah Hafiz, qu'Allah soit avec vous. »

En sortant de l'entrevue, Anne constate qu'il est juste 5 heures, elle a peut-être le temps de rattraper la soirée avec Karim, s'il n'est pas fâché…

Le portable du jeune homme sonne constamment occupé, la ligne est-elle dérangée ? Elle pourrait aller faire un tour à La Maison du café, c'est l'un de ses repaires. Elle voudrait effacer la mauvaise impression de ce matin, peut-être aussi a-t-elle simplement envie de le voir.

De toute façon, qu'il soit là ou pas, elle aime ce café et elle risque d'y retrouver Samiya qui en a fait son quartier général.

Il ne l'a pas vue. Assis au fond de la salle, il discute avec un homme plus âgé. Ce dernier est habillé en civil mais Anne parierait que c'est un militaire : on les reconnaît à mille lieues.

À son approche, Karim a sursauté, elle a la nette impression de l'importuner, mais la bonne éducation prenant le dessus, il se lève et présente : Safed, un ami d'université.

« Enchantée », dit-elle, sans tendre la main – elle a fini par se défaire de cette habitude bien française, qui dans cette société musulmane – et anglicisée – n'est pas de mise. Mais elle reste perplexe : un ami d'université ? Il semble avoir au moins vingt ans de plus !

Sentant son étonnement, l'homme sourit :

« Je suis armateur mais j'ai repris des études très tard et effectivement nous sommes devenus amis à l'université.

— Quelles études suiviez-vous ? demande Anne par courtoisie.

— Attention, Safed, intervient Karim, Anne est journaliste, tu lui dis trois mots, elle invente toute une histoire. »

C'est dit sur le ton de la plaisanterie mais Anne a le sentiment que Karim est en train de mettre son ami en garde.

Safed se met à rire :

« J'aimerais bien être assez intéressant pour qu'on écrive sur moi ! »

Ils restent debout, on n'invite pas la jeune femme à s'asseoir, il est clair qu'elle dérange.

« Je vous laisse, je ne faisais que passer, je cherchais Samiya. »

Karim joue nerveusement avec son verre, à l'évidence il est embarrassé mais ne fait rien pour la retenir.

Anne s'éloigne avec le sentiment que Safed a menti. Il se dit armateur mais il a vraiment l'allure d'un militaire. Bizarre, ce n'est pas le genre d'amis qu'elle imaginait à Karim, lui qui n'arrête pas de se moquer de l'armée et de la critiquer. Après tout, c'est peut-être vraiment un ami d'université… En tout cas, un ami qu'il ne veut pas partager puisque, contrevenant à la sacro-sainte tradition d'hospitalité, il ne l'a pas invitée à s'asseoir avec eux. Peut-être est-il encore fâché ?

Elle hausse les épaules, que va-t-elle chercher ? Son voyage à Gwadar lui fait voir des complots partout. Karim ne peut-il avoir simplement envie de discuter seul avec un ami ? D'ailleurs, elle le sait bien qu'il a des amis armateurs, il va souvent à Karachi pour des parties de pêche. En bonne Bretonne avec un lien quasi ombilical à la mer, Anne lui a dit un jour qu'elle adorerait y aller avec lui. Un de ces jours, a marmonné Karim…

Les femmes ne sont jamais conviées, lui avait déclaré Samiya auprès de laquelle elle s'étonnait, quand ils partent en virée ces messieurs préfèrent rester entre hommes.

Sans doute… Les virées entre hommes avec tous les débordements que cela suppose… Non, cela ne correspond pas à ce qu'elle connaît de Karim. Mais au fond, que connaît-elle de lui ? Pour la première fois hier il s'est départi de ce cynisme qu'il affecte comme pour se protéger, il s'est ouvert à elle. Et elle n'a rien trouvé de mieux que de refermer la porte entrouverte en décommandant ce dîner qu'il avait eu tant de mal à lui proposer.

Elle l'a blessé, elle s'en veut. C'était pourtant facile de dire au maulvi qu'elle était prise, de demander un autre rendez-vous, elle l'aurait obtenu. Au lieu de cela, elle n'a écouté que sa stupide conscience professionnelle qui fait passer son travail avant tout, avant même les relations humaines. Oh, comme elle s'en veut ! Un ex-amant lui a un jour lancé qu'elle était un monstre, elle avait ri, attribuant cela au dépit amoureux. Mais peut-être n'avait-il pas complètement tort…

Elle a soudain envie de pleurer.

Chapitre 19

Les soldats frappent à coups de crosse contre sa porte, de plus en plus fort, ils sont en train de l'enfoncer, ils viennent l'arrêter, ils vont la tuer.

Anne s'est réveillée baignée de sueur. À la porte de sa chambre on continue de taper et une voix insistante répète :

« Ouvrez ! Ouvrez ! »

Elle se secoue pour se persuader qu'elle n'est pas encore en train de rêver, par la fenêtre elle aperçoit les premières lueurs de l'aube. Qui peut venir la réveiller à une heure pareille ?

« Ouvrez, Anne, c'est Karim. »

Le temps de passer une robe de chambre, sur le seuil se tient Karim, le visage défait, qui bredouille.

« Parveen… »

Anne sent un frisson lui glacer l'échine

« Quoi, Parveen ? crie-t-elle.

— Ils l'ont assassinée… »

Il s'est écroulé dans le fauteuil, la tête entre les mains, secoué de sanglots :

« Les ordures ! Ils le paieront !

— Mais qui ? – Anne secoue Karim – qui l'a tuée ? Les islamistes ?

— Non – d'un revers de main il s'essuie les yeux –, c'est la mafia de la terre. Depuis deux ans Parveen lui tenait tête et l'empêchait de s'emparer des maisons des pauvres gens d'Orangui. »

Bouleversée, Anne revoit en pensée la frêle jeune femme qui lui montrait fièrement les plans du quartier où, maison par maison, son équipe avait documenté chaque propriété. De sorte que la mafia ne pouvait, sous prétexte de terrains en déshérence, expulser les propriétaires pour construire de nouveaux immeubles. Elle se souvient de son rire espiègle lorsqu'elle lui racontait comment ces bandits faisaient les matamores autour de ses bureaux pour tenter de les effrayer, elle et son équipe. Elle se souvient surtout de sa dernière remarque : « Après tout, que peuvent-ils faire de plus que de me tuer ? »

Les yeux gonflés, Karim continue :

« Elle était seule contre ces criminels, le gouvernement ne la soutenait pas. En réalité, les autorités ont des liens avec les chefs des mafias, sinon il y a beau temps qu'ils seraient arrêtés. Mais les affaires sont trop juteuses… »

Il se lève :

« Il faut que j'aille prévenir les autres. L'enterrement a lieu demain. Les prières commenceront à 11 heures chez elle à Karachi. Viendrez-vous ?

— Évidemment.

— Il y a un avion à 7 heures. Je passerai vous chercher. »

*

Sur le terre-plein, devant l'appartement de Parveen, une foule se presse, immense. Ils sont venus de tous les coins du pays, les amis, les collaborateurs, les admirateurs, tous les fervents de cette jeune femme extraordinaire qui, sans bruit mais avec une ténacité toujours souriante, a amélioré le sort de millions de pauvres de son pays.

Il y a là des personnalités du monde politique et académique, de la société civile, des organisations des droits de l'homme, et des délégués d'associations partenaires représentant une trentaine de districts du Sind et du Pendjab. Mais il y a surtout les pauvres gens d'Orangui qui la considéraient comme leur « petite mère », des hommes et des femmes qui sanglotent désespérément. En une file ininterrompue, ils viennent lui dire un dernier adieu.

Le corps de Parveen est exposé, enveloppé d'un drap blanc et la figure découverte, comme le veut la tradition. Elle a été tuée de plusieurs balles dans la poitrine et dans le cou mais son beau visage est serein, comme si elle voulait encore et toujours réconforter ceux qui l'entourent.

Le soleil est à son zénith, des femmes assises par terre égrènent leur tesbih[1] tandis que les gens continuent d'affluer.

Soudain Anne sent qu'on lui prend la main. C'est Samiya, livide, accompagnée de Sylvie, le visage baigné de larmes.

« Samiya – Karim la regarde avec une affection inquiète –, fais attention à toi, je t'en prie.

1. Chapelet à quatre-vingt-dix-neuf grains, dont chacun correspond à un attribut de Dieu, par exemple le très miséricordieux, le généreux.

— Comment faire, Karim ?

— Je sais… mais que va devenir ce pays si nous perdons les meilleurs ?

— Je dois continuer, Karim, et plus encore maintenant, sinon j'aurais l'impression de trahir Parveen. »

Elle désigne dans la foule une femme d'une soixantaine d'années, au visage énergique :

« Regarde Asma, on a essayé plusieurs fois de la tuer, elle continue ! »

Asma, c'est Asma Jahangir[1], avocate et présidente de la commission des droits de l'homme du Pakistan, précise Karim. Depuis quarante ans elle défend les droits des femmes et des minorités religieuses, elle se bat sans relâche contre la loi du blasphème, les crimes d'honneur et le travail des enfants. Elle a échappé plusieurs fois à la mort, mais elle est toujours à la merci d'un illuminé qui peut l'abattre pour défendre l'honneur du Prophète, au nom d'Allah.

Il est 3 heures de l'après-midi. Six hommes se sont approchés, avec précaution et un infini respect ils soulèvent la couche où repose Parveen pour la mettre sur un brancard. Et au milieu de la foule qui psalmodie « La illaha illalah Mohamad rassoul Allah[2] », la procession s'ébranle pour rejoindre le cimetière.

Anne s'apprête à la suivre lorsque Samiya l'arrête :

« Les femmes n'ont pas le droit d'accompagner le corps.

1. Personnage authentique.

2. « Il n'y a de Dieu que Dieu et Muhammad est son prophète. »

— Pourquoi ?

— C'est la tradition. Autrefois, c'était sans doute pour éviter d'excessives démonstrations d'émotions.

— Et aujourd'hui ? » proteste Anne, exaspérée et qui, cependant, obtempère.

Seul un vieil homme d'aspect fragile, à la longue barbe blanche, est resté avec les femmes. Habillé d'un simple shalwar kameez de toile grise et coiffé d'une toque noire usagée, il semble décomposé. On s'empresse de le faire asseoir tandis que de nombreuses personnes viennent le saluer.

« C'est Edhi[1], chuchote Samiya.

— Qui ?

— Comment, tu ne sais pas ? C'est notre abbé Pierre à nous ! Depuis plus de soixante ans il s'occupe des pauvres du Pakistan. Il a créé des maternités, des orphelinats, des maisons de retraite, des abris pour femmes battues, pour drogués… et surtout une flotte de dix-huit cents ambulances qui sillonnent tout le pays. Et cela simplement avec les dons des particuliers ! Les gens lui donnent sans hésiter car ils ont une totale confiance, ils savent que chez lui chaque roupie sera scrupuleusement dépensée pour le bien des pauvres. Il est considéré comme un saint, la population le vénère. »

Les amies de Parveen ont apporté de quoi se restaurer. C'est la coutume, pendant trois jours les proches s'occupent de tout afin de décharger la famille des soucis matériels. Les yeux

1. Personnage authentique, décédé en juillet 2016.

humides, on évoque le souvenir de la lumineuse jeune femme, mais on contient ses larmes : en islam, on n'est pas censé pleurer ceux qui ont rejoint le paradis d'Allah.

Les hommes sont revenus, Karim s'approche d'Edhi pour lui offrir de le raccompagner et – à la requête d'Anne – lui demander s'il accepterait de parler à une journaliste française, amie de Parveen.

Ils sont arrivés à Mithidar, l'un des plus vieux quartiers de Karachi, contigu au quartier ouvrier de Lyari. Devant la fondation Edhi, une grande baraque sans grâce, des ambulances vont et viennent, sirènes hurlantes, avec à leur bord de jeunes brancardiers vêtus d'un survêtement vert marqué du nom Edhi en lettres blanches.

Par un escalier étroit ils parviennent à la demeure du maître des lieux. Anne s'attendait à de la simplicité, mais pas à ce point ! Elle en reste sans voix. Le vieil homme vit dans une petite pièce meublée d'un lit de fer, d'un lavabo et d'un réchaud en guise de cuisine. À côté, une autre pièce avec une table et trois chaises : son bureau.

Devant l'étonnement de la journaliste : « Je vis comme les pauvres dont je m'occupe, souligne-t-il. Comme eux je n'ai que deux tenues, une que je lave le soir et une nouvelle tous les trois mois. C'est parce que je vis ainsi que les gens ont confiance en moi, mais aussi que je ne risque pas d'oublier ce qu'endurent les trois quarts des gens de ce pays. C'est tellement facile d'oublier la misère quand on jouit du confort. »

Une femme au visage avenant vient de pénétrer dans la pièce :

« Je vous présente mon bras droit, ma chère épouse Bilquis, elle a longtemps essayé de me faire changer mes habitudes spartiates mais elle a dû y renoncer. »

Ils se mettent tous deux à rire tandis que Bilquis commente :

« Il est têtu comme une mule, c'est sans doute comme ça qu'il a pu surmonter tous les obstacles ! »

Devant cette ascèse impressionnante, Anne insiste et Edhi finit par accepter de se raconter :

« Je viens d'une famille de commerçants aisés du côté de Bombay. Lors de la partition, en 1947, nous avons dû tout abandonner et nous enfuir. J'imaginais le Pakistan comme un pays d'accueil pour les musulmans, une sorte d'État providence pour les réfugiés. Quelle ne fut pas ma déception de constater que c'était tout le contraire : d'un côté les riches cantonnés dans leur égoïsme, de l'autre des millions de miséreux. Je me souviens de mon angoisse lorsque je me suis retrouvé avec ma mère malade et pas un seul médecin prêt à la soigner car nous ne pouvions pas payer. Je n'étais qu'un adolescent mais c'est alors qu'est née ma vocation : je serais travailleur social, j'aiderais les pauvres. »

Il avait commencé à œuvrer dans un dispensaire puis, avec ses quelques économies et deux volontaires, avait établi sa propre infirmerie où il dormait la nuit. Mais il avait vite compris que le principal problème était le transport des malades graves : ceux-ci n'avaient aucun moyen de venir se faire soigner. Il y avait aussi le problème des morts : leur toilette funéraire doit être faite selon certains rites religieux avant de pouvoir les enterrer dignement, mais les familles pauvres ne peuvent pas payer. Aussi les cadavres étaient-ils souvent abandonnés, pourrissant dans la rue ; dans le meilleur des cas, la voirie les ramassait avec une pelleteuse qui les jetait dans une fosse commune.

Tout avait changé le jour où un homme d'affaires, reconnaissant leur travail, leur avait fait don d'une camionnette. Ils avaient peint de chaque côté « La Camionnette du pauvre » et avaient commencé à aller chercher les malades, les accidentés et les morts qu'Edhi lavait lui-même, personne ne voulant y toucher. À l'époque il n'y avait que cinq ambulances pour les millions d'habitants du Sind. Leur camionnette était vite devenue célèbre et leur avait attiré des dons avec lesquels Edhi avait acheté du matériel médical, puis peu à peu d'autres camionnettes qu'il convertissait en ambulances.

« Et c'est ainsi que vous avez aujourd'hui la plus grande flotte d'ambulances au monde ? s'émerveille Anne.

— Oui, reconnaît modestement le vieil homme. Nous avons non seulement dix-huit cents ambulances mais aussi trois hélicoptères qui vont secourir les gens dans les zones inaccessibles, notamment lors des tremblements de terre et des inondations.

— Tout cela seulement avec des dons de particuliers ?

— Absolument. Nous refusons les dons de gouvernements ou d'organisations humanitaires car nous tenons à garder notre indépendance. Nous recevons suffisamment d'argent de personnes privées. Ce sont les classes moyennes et les pauvres qui contribuent le plus. Vous seriez étonnée de voir le nombre de pauvres gens qui insistent pour nous donner dix, vingt roupies afin d'aider plus démunis qu'eux.

— Je vais faire un article sur votre organisation, promet Anne, enthousiasmée. Avez-vous un compte bancaire où l'on puisse vous envoyer des dons ? »

Edhi secoue la tête.

« Nous n'avons pas besoin d'argent.

— Comment ?

— Nous avons assez de donations de l'intérieur du Pakistan, nous n'avons vraiment pas besoin d'argent de l'étranger. C'est au contraire nous qui les aidons.

— Qui donc aidez-vous ? questionne Anne, incrédule.

— Lors du tsunami, nous avons envoyé beaucoup d'argent, mais aussi lors de l'ouragan Katrina en Louisiane : nous avons alors fait don de deux cent mille dollars à la Croix-Rouge américaine. Et récemment, nous avons envoyé des ambulances en cadeau à des hôpitaux anglais, ainsi qu'une aide en argent liquide. »

Devant l'air suffoqué de la journaliste, le vieil homme sourit malicieusement :

« Eh oui, il arrive que les pauvres Pakistanais viennent en aide aux fils de l'orgueilleuse Albion ! »

Anne est rentrée à Lahore dans la soirée. À peine a-t-elle regagné sa chambre que le téléphone sonne. C'est son rédacteur en chef, furieux :

« Ou étais-tu ? Toute la journée on a essayé de te joindre. Tu sais pourtant que tu dois toujours garder ton portable sur toi ! »

Il pouvait difficilement tomber plus mal. Soudain, la tension accumulée tout au long de la journée éclate avec violence :

« Toujours ? Non mais tu rêves ! Je commence à en avoir assez ! »

Depuis la mort de Parveen, elle a l'impression de vivre un cauchemar, et maintenant elle se fait engueuler par ce chefaillon bien au chaud dans son bureau parisien.

« Figure-toi que j'étais aux funérailles d'une amie, une femme extraordinaire, travailleuse sociale, qui a été assassinée par la mafia.

— Ah… »

Un silence gêné à l'autre bout fil.

« Bon, désolé… Raconte-nous ça en encadré dans ton article. Au fait, tu nous parles de quoi cette semaine ? As-tu avancé sur les terroristes et la bombe ?

— Oui, oui, ne t'en fais pas, j'avance. »

Et elle s'empresse de raccrocher pour ne pas avoir à donner de plus amples explications.

Quelques minutes plus tard la sonnerie du téléphone retentit à nouveau : c'est le quartier général de Jamaat-ud-Dawa.

« Notre leader vous accorde une entrevue. Tenez-vous prête, on viendra vous chercher demain soir à 7 heures. Mais n'en parlez à personne sinon nous serons obligés d'annuler. »

Ils ne lui ont même pas demandé si elle acceptait, pour eux il est évident que personne ne peut refuser une telle faveur. D'ailleurs pas un instant Anne n'a songé à refuser. Elle n'a pas beaucoup avancé sur la bombe, mais là le journal ne pourra se plaindre : elle tient un scoop !

Une petite voix lui chuchote bien que cela peut être dangereux mais elle la repousse. Elle ne préviendra personne car, surtout après la mort de Parveen, on ferait tout pour la dissuader.

Pourtant depuis quelques jours elle est mal à l'aise, à nouveau elle a l'impression d'être suivie. Elle s'en est ouverte à Karim qui a haussé les épaules :

« Ça vous étonne ? Avec toutes vos enquêtes et vos questions vous gênez ! Vous n'êtes pas la journaliste qui se contente d'aller interviewer les huiles et rapporter leur discours sans chercher ce qu'il y a derrière, vous êtes une fouineuse et ici cela dérange ! Je parie que vous avez derrière vous non seulement les services pakistanais, mais les Américains, sans doute les Chinois, et peut-être même les Saoudiens et les talibans depuis que vous êtes allée les voir dans ce camp qu'ils contrôlent. »

Il l'a regardée droit dans les yeux.

« Êtes-vous sûre que vous n'en savez pas assez sur le Pakistan, que vous ne voulez pas rentrer en France ?

— Avez-vous tellement envie que je parte ? » a-t-elle rétorqué.

Elle sourit en se remémorant qu'il a rougi. Au fond, ce grand garçon à l'air désinvolte est un timide. Elle repense à leur promenade dans les jardins de Shalimar, à son embarras lorsque, pour l'empêcher de tomber, il l'avait tenue dans ses bras…

Allons, ce n'est pas le moment de rêver, elle doit préparer son entretien du lendemain.

Assise à son bureau, Anne commence à lister ses questions sur une grande feuille blanche, mais elle n'arrive pas à se concentrer, une petite voix intérieure continue à lui chuchoter qu'elle prend un gros risque. Elle ne peut réprimer un mouvement d'irritation, elle se lève, ouvre grande la fenêtre, respire profondément. La nuit est tombée sur la ville, l'air est doux comme une caresse. Peu à peu, Anne se calme, elle ne va quand même pas céder à la peur, elle en a vu d'autres comme correspondante de guerre au Liban et en Iraq ! La première visite s'est bien passée, pourquoi la seconde poserait-elle problème ?

C'est décidé, elle ira.

Et fermant la porte à « la folle du logis », Anne, épuisée par toutes les émotions de la journée, finit par s'endormir.

Chapitre 20

À 7 heures pile, la voiture se gare devant la porte de l'hôtel. À bord, les deux mêmes hommes venus chercher Anne lors de sa première visite lui font signe de monter. Instruite par l'expérience, la jeune femme n'essaie pas de tirer les rideaux qui obstruent les vitres, elle se contente, discrètement, de les écarter d'un centimètre. La voiture file sur la grand-route ; très vite Anne se rend compte qu'on l'emmène vers une destination différente et bien plus éloignée que la fois précédente. Au bout d'environ une heure, la voiture ralentit, par l'interstice la journaliste peut distinguer les maisons basses d'un village mal éclairé. Enfin le véhicule s'immobilise devant un bâtiment massif de trois étages, entouré d'un jardin qu'arpentent des hommes armés.

L'entrée de la maison est déserte, ce qui lui paraît curieux, les abords des demeures de gens importants étant généralement encombrés de fidèles et de solliciteurs que le maître des lieux reçoit le soir, après la grosse chaleur.

Ses guides introduisent la jeune femme dans un salon meublé à l'orientale de banquettes de velours et de tables basses, et sans un mot s'éclipsent.

Pour tromper son anxiété, Anne tente de déchiffrer les calligraphies qui ornent les murs. Il y a des années, lors d'un reportage en Iraq, elle avait appris l'alphabet arabe mais elle l'a presque complètement oublié.

Au bout de quelques minutes qui lui semblent une éternité, elle voit entrer un homme d'âge moyen, vêtu de noir, à la barbe teinte au henné. Il est accompagné du maulana en chaise roulante qu'elle a rencontré lors de sa visite avec Taher au camp de réfugiés. Sans montrer le moindre signe de reconnaissance, le maulana se contente de la regarder en plissant les yeux.

Surmontant son malaise, Anne s'est levée et salue l'homme en noir d'un respectueux « Salam aleykoum ». En silence, l'homme s'assied, lui fait signe de prendre place sur la banquette la plus éloignée, puis égrenant son tesbih se plonge dans ses pensées.

De plus en plus mal à l'aise, Anne toussote :

« Je vous remercie, Maulana Sahib, de prendre le temps de me recevoir. »

L'homme en noir a relevé la tête et la dévisage froidement.

« Qu'est-ce que vous voulez ? »

L'hostilité de son interlocuteur est palpable ; Anne s'efforce de maîtriser l'appréhension qui la gagne et, avec un grand sourire :

« J'ai constaté le travail extraordinaire que vous faites auprès des réfugiés, déclare-t-elle, j'aimerais en savoir plus sur votre organisation et vos différentes activités.

— Pourquoi voulez-vous savoir tout cela ?

— Pour mieux cibler les besoins des réfugiés et aussi tenter de modifier les fausses idées que les Français se font du Pakistan. »

L'homme émet un rire sarcastique :

« Ils ne se font pas que de fausses idées. Je crois au contraire qu'ils commencent à mesurer la force du mouvement des vrais croyants. Mais ce qu'ils ne réalisent pas encore, c'est que la domination des Occidentaux sur le monde est terminée ! "Le Djihad de la fin des temps" a commencé. D'après le hadith, le combat va s'étendre sur toutes les terres musulmanes qu'il délivrera de la domination des infidèles. Ils peuvent bien nous bombarder, pour chacun de nos martyrs, cent nouveaux combattants rejoignent la cause. Et parce que, contrairement à eux, nous sommes prêts à mourir, nous vaincrons. La dernière bataille, décisive, libérera la Palestine et Jérusalem, notre troisième ville sainte après La Mecque et Médine.

— Je ne comprends pas, objecte doucement Anne, excepté la Palestine, les terres musulmanes sont depuis longtemps indépendantes.

— Quelle indépendance ? »

Les yeux de l'homme en noir lancent des éclairs.

« Ces pays sont soumis à des régimes sacrilèges ! Pour les vrais musulmans, l'unique autorité c'est Dieu. L'autorité de Dieu ne saurait être remplacée par des inventions humaines comme la démocratie, le socialisme ou une quelconque autocratie. La lutte doit se dérouler sur deux fronts, tonne-t-il. D'abord contre tous ces musulmans hérétiques qui s'accommodent de régimes importés de l'étranger. À moins qu'ils ne reconnaissent leurs erreurs et ne rejoignent le véritable islam, ils méritent la mort. Le second combat est contre l'Occident qui n'a de cesse qu'il ne soumette les pays musulmans, économiquement et si nécessaire politiquement. Et lorsque ceux-ci tentent de se rebeller, il les écrase sous les bombes. Voyez la destruction de l'Iraq, voyez la Libye ! – le maulana s'en étrangle d'indignation – si c'était vraiment pour instaurer la démocratie, ne devaient-ils pas s'en prendre d'abord aux pays du Golfe ? »

Emporté par son discours, il s'est levé :

« Longtemps l'Occident nous a trompés avec ses belles paroles, mais nous avons enfin ouvert les yeux ; le temps de la vengeance est venu. L'Europe est en pleine décadence, ses gouvernements pusillanimes seront balayés. Car désormais, nous ne nous battons plus pour une place dans le monde – une place qu'humblement nous leur demandions et qu'ils nous refusaient – désormais nous nous battons pour la domination du monde ! »

Il fixe Anne de ses yeux perçants :

« Que pensez-vous de tout cela, vous l'arrière-petite-fille du calife ? Allez, parlez, dites-nous ce que vous en pensez ! », insiste-t-il en la foudroyant du regard, tandis que dans sa chaise roulante le maulana ricane.

Anne tressaille… Plus de doute, ils savent… Depuis le début elle en a le pressentiment.

L'homme en noir pointe sur elle un doigt menaçant :

« Et maintenant arrêtez votre comédie ! Vous nous avez menti, vous n'êtes pas une descendante du calife, vous êtes une espionne ! »

Comme elle secoue la tête, affolée et tente d'expliquer qu'elle est journaliste, il se met à hurler :

« Une espionne ! Mais on saura vous faire parler, on saura qui vous envoie et pourquoi ! »

Sur un signe, deux hommes saisissent la jeune femme et rudement l'entraînent. Hurlant de terreur, Anne se débat, elle griffe, mord, donne des coups de pied. En vain. Ils la maîtrisent et lui plaquant les bras dans le dos, inexorablement la poussent dans un escalier en colimaçon ; déséquilibrée, elle trébuche ; sans même lui permettre de se relever, insensibles à ses cris, ils la traînent le long d'un étroit couloir jusqu'à un cachot sombre où ils la jettent sans ménagement.

La lourde porte de fer s'est refermée. Le cœur battant, Anne s'efforce de retrouver son souffle et de se calmer en examinant le réduit éclairé par un soupirail et meublé d'un sommier et d'un seau de plastique souillé. Comment a-t-elle été assez bête pour tomber dans ce guet-apens ?

Elle n'a pas réfléchi, encore bouleversée par les obsèques de Parveen, pourtant elle aurait dû se douter, lorsque la dernière fois ils lui avaient demandé son passeport, qu'ils allaient se renseigner. Mais aussi, comment Taher a-t-il pu être irresponsable à ce point ? Un doute la prend : l'aurait-il fait exprès ? Veut-il provoquer un scandale qui pousserait le gouvernement pakistanais, trop complaisant envers les islamistes, à prendre enfin des mesures drastiques ? Taher pourrait-il se livrer à ces calculs cyniques sachant qu'il risque la vie de son amie ?

Son amie ? *Suis-je son amie ? Nous avons de la sympathie l'un pour l'autre mais nous nous connaissons à peine, que sais-je de lui à part son dévouement à la cause de son peuple ? Ce qui justifierait… ?* Anne revoit le doux visage de Taher, son sourire… *Non, c'est impossible, Taher peut être imprudent mais il est incapable d'un tel machiavélisme.*

Du moins veut-elle le croire…

En fait d'imprudence, c'est elle qui s'est comportée comme une bleue. Elle aurait dû au moins laisser un mot dans sa chambre, indiquant avec qui elle avait rendez-vous. On aurait su dans quelle direction la rechercher. Elle n'y a même pas pensé, uniquement préoccupée du scoop qu'elle allait rapporter : l'interview d'un chef islamiste ! Son sacré orgueil professionnel – dans le milieu, elle est connue pour n'avoir peur de rien – risque cette fois de lui coûter cher.

Assise au bord du sommier, la tête dans les mains, Anne essaie de rassembler ses pensées qui la fuient… Pourraient-ils la tuer ? Pour quelle raison ? Ont-ils besoin d'une raison ? Ils n'hésitent pas à tuer les journalistes, selon eux tous des espions.

En frémissant, la jeune femme se remémore les explications de Taher : cette ONG Falah-e-Insaniat, modèle de dévouement et d'efficacité dans l'aide aux réfugiés, dépend de Jamaat-ud-Dawa, une association récompensée par le gouvernement pakistanais pour services insignes rendus lors des inondations. Mais aussi… une association fondée par Lashkar-e-Taiba… ceux qui ont perpétré le massacre de Bombay.

Un tremblement la prend qu'elle tente de contrôler, elle ne doit pas céder à la panique, après tout ce n'est pas la première fois qu'elle se trouve dans une situation difficile. Plusieurs fois elle a cru y passer, et chaque fois elle s'en est sortie. Fermant les yeux, elle respire profondément, s'efforce de réfléchir calmement, méthodiquement. Ce n'est pas parce que, à l'origine, ils auraient été fondés par Lashkar-e-Taiba qu'ils en ont adopté les pratiques. Bien sûr ils ont le même but : établir un État islamique, ils le proclament clairement, mais ils affirment aussi réprouver la violence. Et après tout le gouvernement pakistanais ne les soutiendrait pas publiquement s'il les soupçonnait d'être des assassins.

Taher exagère. Dans sa haine des islamistes, il a tendance à les mettre tous dans le même sac.

La nuit est tombée depuis longtemps. À travers le soupirail, Anne aperçoit un bout de ciel éclairé par la lune, il fait une chaleur lourde, pas un souffle de vent, elle a la sensation d'étouffer, elle a soif.

Elle s'est levée et tape sur la porte de fer, quelques coups, fort, plus fort, de plus en plus fort : aucune réponse. Elle en a mal aux poings. Alors, exaspérée, elle se déchausse et frappe avec sa chaussure, jusqu'à ce que finalement la porte s'ouvre sur un grand garçon aux épaules larges qui la considère, l'air furieux.

« Qu'est-ce qui vous prend, vous allez réveiller tout le monde, lui lance-t-il dans un anglais parfait.

— J'ai soif, je veux de l'eau.

— Non.

— Pourquoi non ?

— Le chef a interdit de vous donner à boire ou à manger avant que vous n'acceptiez d'avouer pour le compte de qui vous espionnez.

— Mais je n'espionne pour personne, je suis journaliste !

— Alors pourquoi avez-vous menti en vous faisant passer pour l'arrière-petite-fille du calife ?

— C'est un malentendu », bafouille-t-elle.

Son gardien émet un rire méprisant.

« C'est ce qu'ils disent tous ! »

Puis avec une moue de commisération :

« Vous ne vous rendez même pas compte de vos crimes ! Vous me faites penser à mes anciens potes en Angleterre qui prétendaient – lorsque sous un prétexte mensonger leurs avions bombardaient l'Iraq et tuaient des milliers d'innocents – qu'ils défendaient la civilisation contre les barbares, que c'était "la lutte du Bien contre le Mal" ! »

Anne ne l'écoute plus... *L'Angleterre, il a été élevé en Angleterre, presque un compatriote*... Elle se raccroche à l'espoir qu'il pourra la comprendre.

Surmontant sa peur, elle lui décoche son sourire le plus charmeur :

« De quel coin d'Angleterre venez-vous ?

— Ça ne vous regarde pas ! »

Il sort en claquant la porte.

Les heures passent, de plus en plus la soif tenaille Anne. Elle a la gorge comme du carton, sa salive est rare et a un goût âcre, la tête lui tourne, elle a l'impression qu'elle va s'évanouir. Il lui faut absolument de l'eau !

À nouveau, elle tape sur la porte avec sa chaussure, fort, puis de plus en plus faiblement, elle constate avec inquiétude qu'elle se fatigue très vite. Elle a presque perdu espoir lorsque enfin la porte s'ouvre : c'est le même gardien que la première fois.

S'appuyant au mur, Anne avance vers lui, titubante.

« De l'eau, je vous en prie », balbutie-t-elle.

Le jeune homme semble choqué de la voir dans cet état ; il hésite puis, une lueur de pitié dans les yeux, va lui chercher un gobelet d'eau.

S'en saisissant des deux mains, elle l'avale d'un trait.

« Encore ! »

Elle tente de se relever, chancelle, il la rattrape, l'aide à se rasseoir sur sa paillasse et lui apporte un autre gobelet.

« Lentement », conseille-t-il alors qu'elle s'en empare avidement.

Elle s'est arrêtée et le regarde, les yeux brillants de larmes.

« Merci. »

Soudain elle se sent mieux, autant que l'eau c'est ce geste d'humanité qui lui fait du bien. Elle respire profondément :

« Restez un moment, je vous en prie, murmure-t-elle. Je vais vous raconter pourquoi je suis ici... Mais je voudrais aussi comprendre... En France, un de mes meilleurs amis est musulman : il jeûne, fait ses cinq prières, mais il critique la violence des djihadistes. »

Le gardien sursaute, le rouge lui monte au front. La réflexion de la jeune femme l'a piqué au vif :

« Et votre violence à vous, les Occidentaux ? explose-t-il. Même si nous le voulions, jamais nous n'arriverions à tuer autant que vous ! Rien qu'au siècle dernier : six millions de Juifs sans défense envoyés dans les camps de la mort, des millions disparus dans les goulags, des hécatombes de civils innocents lors des bombardements de la Seconde Guerre mondiale. Sans compter les innombrables victimes de vos colonisations !

Et vous vous indignez qu'à la fin nous nous révoltions ! Et vous continuez à nous parler de morale, à vous enorgueillir de vos valeurs humanistes ! Et vous nous traitez de monstres lorsque nous tuons quelques centaines des vôtres, vous qui avez exterminé des millions des nôtres ! »

Anne lui répondrait bien que les Arabes ont aussi pratiqué la traite des Noirs et la colonisation. Mais outre qu'au plan général il n'a pas tort, elle n'a aucune envie de l'irriter, au contraire, elle caresse le fol espoir de l'amadouer.

« J'ai souvent parlé de ces questions avec mes amis. Ne croyez pas que nous soyons aveugles, beaucoup d'entre nous sont d'accord avec vous. Mais pour rétablir la justice, il y a d'autres moyens...Vous, par exemple, n'auriez-vous pu agir politiquement chez vous, en Angleterre ? »

Le gardien hésite, il se rappelle un peu tard qu'il est interdit de parler aux prisonniers... Mais, après tout, où est le danger ? Elle est tellement faible, aucun risque qu'elle tente de s'échapper. Et puis il y a si longtemps qu'il n'a eu l'occasion de discuter avec une Européenne, en plus bougrement jolie ! Si longtemps qu'il n'a évoqué sa vie d'avant. Le quotidien est dur ici ; même s'il sait être dans la voie droite, même s'il est prêt à donner sa vie pour la cause, il se sent souvent seul, avec ses compagnons d'armes certes, mais sans ami avec qui partager le passé, avec lequel échanger dans un langage commun.

Devant l'expression attentive de la jeune femme, il éprouve soudain l'envie de se raconter. De toute façon, cela ne prête pas à conséquence, ce n'est pas demain qu'elle sortira d'ici.

Les yeux fixant le sol, comme s'il se parlait à lui-même, il murmure :

« J'ai essayé, c'est impossible. Dès qu'on remet en question le système, ils trouvent le moyen de vous faire taire. Surtout lorsqu'on n'est pas anglais de souche… »

Il était né à Bradford, une ville pour un quart pakistanaise. Son père, ouvrier dans les filatures, s'était saigné aux quatre veines pour lui donner une bonne éducation. Jeune, il avait beaucoup d'amis anglais avec lesquels il jouait au foot et allait au pub, il était, comme on dit, « intégré ».

Mais lorsque dans les années 2000 les usines avaient fermé et que, par suite du chômage, des émeutes raciales avaient éclaté, il avait déchanté. Des groupes néonazis les attaquaient violemment et leurs voisins anglais qui se gargarisaient de droits de l'homme et de démocratie ne tentaient même pas de les défendre. Lui qui avait cru être un citoyen comme les autres avait réalisé qu'au moindre problème il redevenait un étranger, responsable de tous les maux.

« Cela a dû être très dur, compatit Anne.

— Qu'est-ce que vous en savez ? siffle-t-il en lui lançant un regard mauvais. Vous, les Blancs, n'avez jamais souffert du racisme. Les meilleurs d'entre vous nous “tolèrent” si nous renions notre histoire, notre culture, tout ce qui fait notre identité profonde pour devenir comme vous. »

Ses yeux flamboient :

« Mais nous ne voulons pas devenir comme vous ! Nous sommes nous, nous voulons être acceptés comme tels. En fait, votre racisme déclaré m'a aidé. Je ne pouvais plus me bercer de l'illusion que je finirais par trouver ma place, que je pourrais vivre une vie normale comme n'importe quel citoyen anglais.

— Pourtant certains y arrivent, proteste Anne.

— Au prix de quelles compromissions ? De quelles humiliations ? N'importe quelle lâcheté pour se faire accepter, pour se fondre dans la masse ! Ce sont ceux qu'on appelle les "nègres blancs", les "Oncle Tom", si vous préférez. Mais nous ne voulons plus être votre gentil musulman, votre bon Arabe, nous ne voulons plus vous ressembler à tout prix ! »

Anne comprend sa rage, elle l'a souvent rencontrée lors de ses entretiens avec de jeunes musulmans, et a tenté de l'expliquer dans ses articles, malgré les réactions hostiles que cela pouvait susciter. L'ironie, c'est qu'aujourd'hui elle risque d'être tuée par ceux-là mêmes dont elle a défendu les idées.

« Mais vous, insiste-t-elle, comment en êtes-vous arrivé à rejoindre un groupe djihadiste ?

— À Bradford, j'étais un privilégié ; grâce aux sacrifices de mon père, j'avais fait des études d'ingénieur et avais été engagé dans une grande société…

— Alors pourquoi ?

— Pourquoi ? »

Il la fixe, indigné.

« Croyez-vous que les révoltés sont seulement les laissés-pour-compte de la société ? Pensez-vous vraiment qu'on ne vit que pour soi ? Ne comprenez-vous pas qu'on soit scandalisé par la misère des autres et qu'on veuille se battre pour eux ? »

Il hausse les épaules. Lui ne supportait plus de voir les injustices et les humiliations auxquelles les siens étaient en butte. Plusieurs fois arrêté pour s'être élevé contre des violences policières, il était relâché chaque fois, après une courte enquête, alors que ceux venant de familles défavorisées étaient gardés en prison. Cela le révoltait encore plus, il se sentait lâche de ne rien faire, il n'en dormait plus, il négligeait son travail, il ne savait de quel côté se tourner.

« Jusqu'au jour où j'ai rencontré Zafar… »

Suspendue aux lèvres de son interlocuteur, Anne note dans son esprit chaque phrase. Malgré sa faiblesse, elle réalise l'importance de cette confession d'un djihadiste. Quand elle sera sortie… quand… Elle secoue la tête et résolument chasse de son esprit l'idée folle qu'elle pourrait ne jamais sortir.

« Qui est Zafar ? » questionne-t-elle, oubliant toute retenue.

Le jeune homme s'interrompt net, il a le sentiment qu'il a été trop loin, il examine la journaliste d'un air méfiant :

« Pourquoi voulez-vous le savoir ? Ça ne vous regarde pas. Zafar, c'est Zafar !

— Comme vous voulez, concède Anne, mais c'est vrai que lorsqu'on se sent trahi on peut se laisser influencer… »

Le garçon se lève brusquement, elle a un mouvement de recul.

« N'ayez pas peur, ricane-t-il, je n'ai pas l'habitude de frapper les femmes. Mais je n'aime pas qu'on se moque de moi.

— Je suis désolée, je n'avais aucune intention de me moquer, j'essayais simplement de comprendre comment l'injustice de la société anglaise vous a poussé à rejoindre une organisation djihadiste au Pakistan.

— Décidément, vous ne comprenez pas grand-chose ! Ce n'est pas seulement la situation en Angleterre, c'est tout ce qui se passe dans le monde : le deux poids deux mesures de votre politique au Moyen-Orient, les mensonges qui ont justifié la destruction de l'Iraq et vos bombes à l'uranium appauvri qui ont provoqué et continuent à provoquer la naissance de milliers d'enfants anormaux. Et les horreurs perpétrées par les soldats américains sur les prisonniers Iraquiens d'Abou Ghraib lorsqu'ils... »

Le jeune homme est devenu tout rouge, hésite, puis continue en fixant le sol :

« Lorsqu'ils les forçaient à marcher nus à quatre pattes, tenus en laisse, à lécher le sol, à se masturber en groupes, leur brûlaient les organes génitaux et les violaient avec des bâtons. Cela a rendu fous des millions de jeunes musulmans. Non tant les souffrances que l'humiliation ! Dans nos sociétés basées sur l'honneur, ce sont des images qu'on ne peut oublier.

— Mais il faudrait essayer d'agir contre les responsables au lieu de perpétrer ces attentats-suicides qui font des centaines de victimes innocentes ! »

Le jeune homme a relevé la tête, il fixe Anne, accusateur :

« Innocentes ? Mais vous êtes tous responsables ! C'est vous qui élisez ces gouvernements qui portent la guerre chez nous pour s'approprier nos ressources ! Trop facile de poursuivre confortablement sa petite vie pendant que vos bombes mettent nos pays à feu et à sang. Aujourd'hui on ne peut plus dire qu'on ne savait pas, on n'a plus le droit de rester neutre devant ces horreurs. Ou alors ne vous indignez pas si ceux qui ont tout perdu cherchent à se venger.

— Mais comment pourrions-nous... »

La porte qui s'ouvre brusquement interrompt la discussion ; un homme âgé apparaît et, les examinant d'un œil soupçonneux, éructe :

« De quoi parliez-vous ?

— Je lui expliquais juste qu'elle n'aurait pas à boire ni à manger avant de nous révéler pour qui elle travaille, s'empresse de répondre le gardien.

— Tu connais les ordres, tu ne dois pas lui parler !

— Je vous répète que je ne travaille pour personne sinon pour mon journal, intervient Anne, cela ne vous sert à rien de me garder ! »

Sans se donner la peine de répondre, le vieux sort en poussant devant lui le garçon et cadenasse la porte avec soin.

Des jours ont passé, Anne n'arrive plus à se lever, la tête lui tourne. Elle a bien essayé d'appeler à nouveau, en vain. Plus personne ne répond, elle pressent que plus personne ne répondra.

Elle commence à comprendre qu'elle va peut-être mourir, tuée ou simplement abandonnée dans ce cachot… Une mort lente… Est-ce douloureux de mourir ainsi ? Elle ne craint pas la mort mais elle a peur de la souffrance. Pourraient-ils la torturer ? Elle n'y résisterait pas, elle avouerait n'importe quoi, comme paraît-il la plupart de ceux qu'on torture – sauf parfois les héros qui ont une mission.

Mais elle n'a aucune mission sinon d'informer et cela ne vaut vraiment pas la peine de mourir pour quelques lignes de plus dans un article… Elle voit déjà la publicité qu'en tirera son hebdo, il mettra sa photo en couverture, l'éditorial portera aux nues ses qualités professionnelles, on égrénera les regrets, on parlera de profonde tristesse… mais elle entend aussi les commentaires acides de certains : « Elle a toujours voulu dépasser les limites, elle paie son imprudence » – et elle devine l'avidité silencieuse autour d'une place de choix qui se libère. Toutes ces petitesses, qui auparavant l'auraient révoltée, la laissent désormais indifférente.

Elle n'a plus qu'une obsession : boire. À portée de main un verre d'eau cristalline la nargue, elle tend le bras, le verre s'éloigne, moqueur, elle comprend qu'elle hallucine. Douloureux, un étau lui enserre la tête, elle se recroqueville sur sa couche, elle ne veut plus penser. Lentement, elle se sent dériver vers le néant… Elle garde les yeux fermés, elle n'a plus la notion du temps. Depuis combien de jours est-elle là ? Elle se sent faible, au point de ne même plus pouvoir soulever la tête. Par intervalle, elle a conscience qu'on la secoue, qu'on lui parle. Au début elle protestait, maintenant tout lui est égal, elle n'a qu'une envie, dormir.

Dormir dans les hautes herbes de ce début d'été… Couchée parmi les coquelicots, elle respire l'odeur chaude de la terre et, à travers ses cils, joue avec les éclats de soleil. Elle est en Bretagne dans le jardin de son grand-père, en contrebas elle entend le bruissement régulier des vagues qui lèchent les rochers, c'est le début des vacances, elle a quatorze ans et des rêves plein la tête…

Des bruits de voix la tirent soudain de l'univers cotonneux où elle est en train de s'enfoncer, dans un semi-brouillard elle croit distinguer la silhouette de Karim penchée au-dessus d'elle, Karim qui parle à l'homme en noir, la silhouette tremble puis disparaît, elle hallucine… À nouveau, elle perd connaissance.

Chapitre 21

Où suis-je ?

Autour d'Anne tout est bleu, le plafond à moulures, les rideaux à motifs de pervenches, le petit fauteuil près de son lit. Elle a l'impression de flotter, elle se sent bien, tellement bien, en souriant elle referme les yeux.

La porte de la chambre grince légèrement, une femme aux cheveux blancs s'approche et pose une main fraîche sur son front.

« Grand-mère ! murmure Anne en exhalant un soupir d'aise.

— Are you all right, darling ? » chuchote la silhouette à côté d'elle.

Tiens, pourquoi grand-mère parle-t-elle anglais ?

D'un coup Anne a ouvert les yeux, elle n'est pas dans la maison de Bretagne, et près de son lit ce n'est pas sa grand-mère, c'est la bégum Nusrat qui lui caresse les cheveux. Brusquement, tout lui revient en mémoire, le guet-apens, le cachot sombre et malodorant, la soif, la peur, et peu à peu le désespoir, la certitude qu'elle va mourir, la résignation, l'indifférence…

« Comment suis-je ici ? balbutie-t-elle en tentant de se lever.

— Calme-toi, il n y a plus de problème, tu es en sécurité, la rassure la bégum en lui pressant doucement la main. C'est Karim qui t'a ramenée hier soir. Lorsqu'il t'a sortie de la voiture, tu étais évanouie et si pâle, mon cœur s'est arrêté, j'ai cru un instant que tu étais morte. Nous t'avons montée dans cette chambre, il m'a demandé de prendre soin de toi mais de ne pas appeler le docteur. Mon infirmière t'a fait une perfusion car tu étais complètement déshydratée. »

Karim ?... Elle n'a pas rêvé, c'est bien Karim qu'elle a vu dans son semi-coma, Karim qui parlait à son geôlier, Karim qui est venu la délivrer... Mais comment ?

Elle se laisse retomber sur ses oreillers, elle se sent épuisée, trop épuisée pour penser.

Elle a dormi toute la journée, et la nuit suivante, vingt-quatre heures sans discontinuer. Lorsqu'elle se réveille enfin, le soleil illumine sa chambre à travers les rideaux légèrement écartés et, sur un plateau d'argent, un somptueux petit déjeuner l'attend.

« Un peu de thé ? »

La bégum lui tend une tasse de fine porcelaine :

« Il faut absolument que tu boives et que tu commences à manger un peu. Cela fait quatre jours que tu n'as rien pris. »

Quatre jours ! Quatre jours ont passé depuis qu'elle a été enfermée ?

« Mon journal est-il au courant ? s'inquiète-t-elle.

— S'il est au courant ? Mais il en a fait sa une, ma chère enfant, et hier c'est l'agence France Presse qui a annoncé que tu étais sauvée. Depuis vingt-quatre heures ton téléphone ne cesse de sonner. Veux-tu que je te l'apporte ?

— Non ! s'écrie Anne précipitamment, non merci, corrige-t-elle plus doucement, j'ai besoin de me remettre avant d'affronter toutes les questions, les conseils et même les reproches qui ne vont pas manquer. En plus, mon journal va certainement me demander de tout raconter et actuellement je n'en ai ni la force ni surtout l'envie. »

Entourée de l'affection quasi maternelle de la bégum, Anne va recommencer à s'alimenter. Mais surtout elle dort comme elle n'a jamais dormi et, peu à peu, elle sent qu'elle reprend des forces.

Le lendemain, on frappe à la porte, c'est Karim :

« Eh bien ! Ça a l'air d'aller mieux ! Quel plaisir de vous voir ainsi. Il faut dire que vous nous avez fait sacrément peur ! »

Karim ! Anne s'est redressée dans son lit, les larmes aux yeux elle saisit la main du jeune homme.

« Karim, votre grand-mère m'a dit que c'est vous qui m'avez sauvée ! Comment puis-je vous remercier ?

— En vous reposant et en retrouvant votre dynamisme et votre joie de vivre. Ne pensez à rien, essayez d'oublier ce cauchemar. Aujourd'hui je ne peux pas rester mais je vous promets de repasser vous voir demain. »

Anne a écouté, en partie, les conseils de Karim. Comme une petite fille fragile elle se laisser dorloter ; quant à ne penser à rien, impossible, les questions ne cessent de tourner dans sa tête : comment Karim a-t-il pu savoir où elle se trouvait ? Et surtout comment a-t-il fait pour la sortir des griffes de Jamaat-ud-Dawa ?

Le lendemain, elle a quitté son lit, et c'est confortablement installée sur un sofa qu'elle reçoit le jeune homme. Elle meurt d'impatience d'apprendre ce qui s'est passé et ne s'encombre pas de préambule :

« Karim, enfin ! Racontez-moi tout. Et d'abord, comment m'avez-vous retrouvée ?

— C'est Taher qui m'a mis sur la piste. Il m'a dit vous avoir fait visiter un camp de réfugiés tenu par Falah-e-Insaniat et que là, un des hommes vous avait demandé votre carte de visite. Il craignait qu'il ne vous ait contactée. Il était dans tous ses états et se sentait coupable. Une seule chose le rassurait : il vous avait expliqué que Falah-e-Insaniat était lié à un groupe terroriste et ne pouvait croire que vous soyez allée vous jeter dans la gueule du loup. »

Karim s'interrompt, il ne peut retenir la question qui lui brûle les lèvres :

« Comment avez-vous pu être aussi inconsciente ? »

Anne fronce les sourcils. Ça commence, c'est bien ce qu'elle craignait :

« Ce n'est pas vraiment le moment de me faire des reproches, lâche-t-elle, l'air renfrogné.

— Des reproches ! »

Il la considère, abasourdi :

« Mais vous ne vous rendez pas compte, vous avez pris des risques insensés, actuellement vous devriez être morte ! C'est un miracle que vous vous en soyez sortie ! »

La bégum intervient :

« Laisse, Karim, Anne est encore fragile, vous aurez tout le temps de parler de cela plus tard.

— C'est vrai… Pardonnez-moi, Anne. Reposez-vous. Après toutes ces émotions, vous en avez bien besoin. »

Il se lève pour sortir mais la jeune femme le rappelle.

« Karim ! »

Et tandis qu'il se rapproche, elle lui prend la main et le regarde, les yeux brillants :

« L'inconsciente vous remercie, du fond du cœur. »

Le téléphone ne cesse de sonner. Anne a fini par envoyer un message à son journal, un autre à sa grand-mère et un dernier à Julien en leur demandant de ne pas s'inquiéter. Elle a besoin de quelques jours pour se remettre, elle les appellera dans une semaine.

« Sage décision, commente Karim qui vient désormais la voir chaque jour, mais pour vous remettre complètement, vous avez besoin de changer d'air. Que diriez-vous d'un petit voyage au paradis ? »

Devant l'air interloqué de la jeune femme, il se met à rire :

« Ce qu'on appelle ici le paradis, c'est la vallée de Swat qu'on nomme aussi la "Suisse du Pakistan". C'est à environ trois cents kilomètres au nord de Lahore, une haute vallée au milieu des montagnes de l'Hindu Kuch, un endroit sauvage absolument superbe et, vu la sinistre réputation de notre pays, préservé des touristes – il grimace – c'est sans doute le seul aspect positif du terrorisme ! »

*

En cette matinée du mois de mai, l'atmosphère est claire comme le cristal. Loin de la chaleur lourde de Lahore et de la pollution des milliers de véhicules hors d'âge et des dizaines d'usines entourant la ville, Anne respire à pleins poumons l'air pur de la vallée, elle revit. Le buste à moitié sorti de la voiture, elle se laisse fouetter par le vent, les yeux grands ouverts elle ne peut se rassasier de toute cette beauté : les lacs aux eaux turquoise entourés de montagnes couronnées de neiges éternelles, les blanches étendues de fleurs de pêchers et les cours d'eau si limpides que l'on peut compter les cailloux de leur lit et suivre les ébats des poissons. Des cours d'eau qu'en ce début d'été la jeep traverse sans encombre, mais qui, avec la fonte des neiges et surtout la mousson, se transformeront en torrents furieux. Alors, pendant quelques mois les villages seront isolés et leurs habitants coupés du monde.

Elle se retourne vers Karim :

« Vous m'avez parlé de la Suisse, crie-t-elle pour couvrir le bruit du moteur, mais c'est sans commune mesure ! La Suisse est belle, rassurante, civilisée avec ses jolis chalets aux balcons fleuris. Même les montagnes y semblent à l'échelle humaine, comme apprivoisées. Ici, c'est un autre monde, sauvage, grandiose ! »

Depuis longtemps ils ont quitté les routes asphaltées et roulent sur une piste de terre creusée d'ornières qui serpente en lacets à travers les montagnes. Au fur et à mesure de l'ascension elle devient plus étroite, d'un côté les hautes parois rocheuses, de l'autre de vertigineux précipices. Habilement, la jeep négocie les virages en épingle à cheveux, Anne ne se sent qu'à moitié rassurée :

« Que fait-on si un véhicule arrive en face ? Il n'y a pas la place de se croiser.

— Tous les kilomètres environ il y a un décrochement, la rassure Karim, il faut juste faire marche arrière.

— Marche arrière pendant un kilomètre sur cette route ?

— Ce n'est pas évident, mais on y arrive… la plupart du temps… » répond-il en l'observant du coin de l'œil.

Sa mine affolée le réjouit.

« Vous n'avez pas confiance ?

— Je n'ai pas le choix : j'ai remis ma vie entre vos mains, cela semble devenir une habitude ! » plaisante-t-elle.

Brusquement, elle change de ton et le regarde, l'air grave :

« Karim, je n'ai pas voulu en discuter avant, je me sentais encore trop faible. Mais maintenant j'ai besoin de comprendre par quel miracle vous avez pu convaincre Jamaat-ud-Dawa de me libérer ?

— Oh ce n'est pas moi qui les ai convaincus, c'est un ami.

— Un ami ? »

Karim toussote.

« En réalité, une ancienne relation, un garçon que j'avais rencontré à l'université et qui par la suite s'est radicalisé. Je ne l'avais pas revu depuis des années, mais lorsque Taher m'a dit que vous étiez peut-être aux mains Jamaat-ud-Dawa, j'ai réussi à retrouver sa trace et l'ai contacté.

— Il fait partie de cette organisation ?

— Non, mais tous ces groupes ont des liens ; s'ils adoptent des tactiques différentes, ils ont en fait la même idéologie et le même but.

— Oui, le combat contre un Occident dont ils dénoncent les guerres meurtrières et le double langage. Mais justement, une journaliste est pour eux une proie de choix car son enlèvement fait la une des médias. Contre quoi m'ont-ils relâchée ?

— Contre rien de spécial. C'est surtout, je pense, par respect pour ce garçon qui semble avoir un rôle important dans l'organisation du djihad.

— Quel djihad ? Aujourd'hui il semble y en avoir tellement !

— Le djihad contre les troupes de l'OTAN qui occupent l'Afghanistan, précise Karim sans relever le ton persifleur.

— Et vous êtes venu me chercher avec lui ? »

Comme Karim ne semble pas avoir entendu, elle insiste, elle a l'impression qu'il lui cache quelque chose.

« J'étais dans un état second mais il m'a semblé vous voir.

— Non, ce n'était pas moi, j'attendais plus loin dans la voiture, mais – il la regarde, taquin – je suis touché que dans votre semi-coma vous ayez rêvé de moi… »

D'un geste inattendu, il l'attire vers lui et dépose un léger baiser sur sa joue.

Anne se sent envahie de douceur, elle a soudain honte de ses questions, quel besoin de couper les cheveux en quatre ? Même s'il accompagnait son ami, quelle importance ? Instinctivement, elle appuie sa tête contre l'épaule du jeune homme et laisse échapper un long soupir, elle sent que toutes les tensions accumulées ces dernières semaines sont en train de se dissiper.

Ils ont roulé en silence pendant des heures, franchissant des cols escarpés pour redescendre à travers d'épaisses forêts de sapins jusqu'à de vertes vallées. Parfois ils croisent un jeune berger vêtu de blanc qui fait paître son troupeau de chèvres, au loin une fumée bleue laisse deviner un hameau. Tout respire la paix, la sérénité, l'atmosphère est translucide, on a l'impression d'être à l'aube du monde.

La jeep a quitté la piste pour s'engager sur un étroit chemin à travers la forêt. Au bout de quelques minutes, elle s'arrête.

« Nous sommes arrivés », annonce Karim en aidant Anne à descendre.

Devant eux une vaste maison de bois sombre, entourée de vérandas, une sorte de vieux chalet qui malgré son délabrement garde belle allure.

« C'est une "lodge", explique le jeune homme, un de ces gîtes bâtis du temps des Britanniques pour leurs fonctionnaires en tournée d'inspection. Il faut reconnaître que ces crapules savaient choisir leurs emplacements ! En pleine nature, au milieu des paysages les plus extraordinaires ! Aujourd'hui, ces lodges sont délaissées, les fonctionnaires pakistanais préfèrent les hôtels en ville, plus confortables. Seuls parfois des originaux choisissent encore de séjourner dans ces lieux magiques. »

Des originaux ou des couples amoureux… pense Anne complétant par-devers elle la phrase que Karim n'a pas osé prononcer.

« Il n'y a ni eau ni électricité. Mais j'ai fait porter un message au hameau le plus proche, les paysans vont nous apporter des lampes à pétrole et des seaux d'eau chaude. Et ils nous ont préparé un bon dîner. Ça vous va ?

— Je ne pourrais rêver mieux !

— Il y a un seul problème. »

Karim hésite, visiblement embarrassé.

« Quoi donc ?

— J'ai dû dire que vous étiez mon épouse.

— Bien, ce n'est pas grave.

— Oui mais… il n'y a qu'une chambre. »

Anne se retient d'ironiser, croit-il qu'elle ne s'en doutait pas ? S'efforçant de prendre un air désinvolte, elle interroge :

« J'imagine qu'il y a deux lits.

— Oh oui, bien sûr, s'empresse de répondre Karim, soulagé, il y en a même trois ! »

Et face à sa mine interloquée, il précise :

« C'est pour les familles avec enfants. »

De la véranda, on jouit d'une vue panoramique sur la rivière Swat et les montagnes environnantes. Au-dessus des eaux émeraude se balance un léger pont de cordes permettant le passage d'une rive à l'autre.

« Autrefois, les villages étaient isolés la moitié de l'année, ou alors il fallait faire des dizaines de kilomètres pour trouver un gué, raconte Karim. Ce sont les Britanniques qui les premiers ont construit ces ponts suspendus. »

Installés avec Anne dans de vieux rocking-chairs datant sans doute, eux aussi, de l'époque coloniale, ils admirent le paysage en dégustant le *khava*, un thé vert spécialité de la région. Le jeune paysan aux pieds nus qui les sert garde les yeux baissés, il meurt d'envie de regarder la dame blanche mais il n'ose pas, le Sahib pourrait le frapper pour ce manque de respect. Il n'a même pas répondu lorsque, d'une voix bienveillante, elle lui a demandé son nom, mais son cœur a battu très fort.

Lentement, le soleil disparaît derrière les montagnes, les ombres envahissent la véranda, la fraîcheur tombe sur la vallée. Dans un geste de prévenance inhabituelle, Karim est allé chercher un châle qu'il dispose longuement sur les épaules d'Anne. Ses mains sont douces, elle se retourne pour lui sourire lorsqu'elle le sent se raidir.

« On vient, ce sont les gens du village. »

En effet, par le sentier abrupt, des hommes montent vers le chalet, chargés de marmites et de ballots remplis de vivres et de vaisselle qui tinte.

Ignorant Anne, ils s'inclinent devant le Sahib jusqu'à lui toucher les pieds en signe de respect. Gêné, Karim tente de les en dissuader mais ils insistent ; ils ne savent pas qui il est mais les hôtes de la « lodge » sont toujours des gens importants et, espèrent-ils, généreux.

Rapidement, sur la terrasse une table est dressée, recouverte d'un drap blanc et garnie d'assiettes de faïence dépareillées que l'on garde soigneusement pour les invités. Au milieu, une cruche de terre contenant de l'eau. Voyant Anne hésiter, Karim la rassure :

« Cette eau vient tout droit des glaciers, vous pouvez boire sans crainte, il n'en existe pas de plus pure. »

Accroupi devant eux, un vieil homme prépare un feu. Lorsque les flammes jaillissent, il y jette une brassée de feuilles qui aussitôt dégage un agréable parfum cependant qu'il murmure des incantations.

« Que dit-il ? questionne Anne.

— Il nous prémunit contre le mauvais œil. Il dit que nous sommes beaux et que nous pourrions attirer la jalousie. Par ces incantations, il demande aux dieux de nous protéger. C'est une ancienne tradition de la vallée de Swat. »

Le repas est enfin prêt. Le cuisinier a fait des merveilles. Outre kebabs, samosas et pakoras, il a pour l'occasion tué sa plus belle poule qu'il a accommodée d'une sauce parfumée d'épices inconnues d'Anne.

« Cela sent délicieusement bon, qu'est-ce que c'est ?

— Aucune idée ! Les gens d'ici cueillent des plantes qui poussent sur la montagne, à deux mille mètres. Ils sont seuls à les connaître et gardent jalousement le secret. Ils prétendent qu'en plus de leur saveur elles ont des vertus médicinales, elles procureraient force et sérénité.

— En tout cas, c'est un régal », apprécie la jeune femme en se resservant avec gourmandise. »

Semblant provenir des fourrés, une musique soudain s'élève et, peu à peu, deux hommes émergent, tenant avec précaution leurs instruments, un damdama, petit tambour double et un belu, sorte de flûte en bois.

« C'est l'orchestre du village, glisse Karim à l'oreille de sa compagne. Je leur ai demandé de venir jouer pour vous de la musique locale et des chants folkloriques, j'ai pensé que vous aimeriez. »

Les deux musiciens, accompagnés d'une femme à demi voilée, s'installent de côté, sur un charpoy, le traditionnel lit de cordes. Anne s'étonne de leurs yeux verts et de leurs cheveux châtain clair.

« On dit que ce sont des descendants des légions d'Alexandre qui, au IVe siècle avant notre ère, envahit Swat, sur le chemin des Indes, et laissa ici quelques garnisons qui firent souche. »

D'une voix rauque, la femme a commencé à chanter, tandis que Karim traduit pour Anne :

« “Ma beauté a tué la moitié du village, l’autre moitié sera tuée bientôt[1].”

— Une vraie Messaline, s’amuse Anne. Je n’aurais jamais pensé entendre ces paroles dans la bouche d’une femme voilée !

— Oh ! Par ici les paysannes sont beaucoup plus libres que la plupart des femmes des villes. Comme vous avez pu le constater, le voile n’est pas forcément un asservissement, c’est parfois au contraire un instrument de liberté qui permet d’aller et venir sans être reconnue. Mais dites-moi, est-ce que cette musique vous plaît ?

— L’orchestre, l’ambiance, les lumières, tout est merveilleux ! » s’écrie Anne.

Touchée par les attentions de Karim, elle veut lui prendre la main, mais il la retire.

« Pas ici, chuchote-t-il.

— Ne sommes-nous pas censés être mariés ?

— Si, mais la tradition veut que même des époux ne montrent aucun signe de familiarité en public. Les villageois ne diraient rien – l’hospitalité le leur interdit – mais pourquoi les choquer ?

— Je ne vous savais pas aussi respectueux des conventions ! persifle-t-elle, vexée qu’il ait repoussé son geste de tendresse.

— Anne, comprenez, murmure-t-il, pour ces villageois ce ne sont pas de simples conventions, cela fait partie du code moral transmis par leurs ancêtres, un code qui depuis des siècles structure leur société. Si je vivais ici peut-être essaierais-je de

1. Chanson traditionnelle de la région du Swat.

les faire évoluer mais, en tant que touriste qui ne fait que passer, je n'ai pas le droit de les perturber. »

Elle doit reconnaître qu'il a raison, même si… Mais elle n'a pas envie de discuter, elle ne veut pas gâcher ces moments magiques.

Éclairé par des torches, l'orchestre maintenant joue en sourdine des mélopées romantiques, interrompues de loin en loin par le cri d'un animal sauvage. Avec la nuit une brise légère s'est levée, apportant avec elle les parfums de la forêt, le ciel est parsemé de myriades d'étoiles. Anne se laisse aller contre les coussins, pénétrée par la paix et l'harmonie qui se dégage de ce lieu loin du monde ; il y a longtemps qu'elle ne s'est sentie aussi heureuse.

Les heures passent, il se fait tard, les musiciens demandent la permission de se retirer.

Mais lorsque Karim sort de sa poche une liasse de roupies, ils refusent tout net : c'est leur cadeau aux jeunes mariés. Et comme ceux-ci, touchés par ce geste, les remercient profusément, le plus âgé secoue la tête :

« C'est nous qui vous remercions, vous semblez si heureux que vous regarder a rempli notre âme de bonheur. Qu'Allah bénisse votre union et vous accorde longue vie et de nombreux fils ! »

Tout le monde est parti, Anne et Karim sont restés seuls sur la terrasse éclairée par la lueur des lampes à pétrole qui projettent des ombres dansantes. Silencieux, ils se tiennent par la main. C'est le moment que, sans se l'avouer, Anne attend mais qu'aussi elle redoute. Elle réalise qu'inconsciemment elle a beaucoup fantasmé sur Karim et maintenant elle craint d'être déçue, et peut-être plus encore… de le décevoir.

Elle aime ces joutes entre eux, piquantes, légères comme des effleurements, ce flirt sous des apparences d'affrontements, elle aime lorsqu'ils s'observent, se provoquent, se défient en un jeu qui leur est devenu cher, elle tient à leur amitié amoureuse, à leur tacite connivence, elle a peur de les perdre.

Avec inquiétude, elle mesure la place qu'il a prise dans sa vie.

Elle n'a que vingt-huit ans mais son parcours sentimental a été semé de déconvenues. Sans doute par sa faute. Malgré ses efforts, elle n'arrive pas à se fixer, elle est toujours prête à s'en aller. Parfois, pour ne pas faire de peine, elle reste, mais très vite elle étouffe et finit par rompre d'un coup, laissant son partenaire abasourdi, incapable de comprendre ce qui lui arrive.

Sans s'en rendre compte, elle exhale un long soupir.

Doucement, Karim a passé un bras autour de ses épaules, et comme s'il lisait dans ses pensées :

« Savez-vous, Anne, pourquoi nous sommes proches ? C'est que nous avons vécu des expériences très similaires. Vous n'avez pas eu de parents, moi j'avais les miens mais c'était comme si je n'en avais pas : je n'existais pas pour eux. J'étais persuadé que s'ils ne m'aimaient pas, c'est que je le méritais, que j'avais une tare, que personne de normal ne pouvait m'aimer…

— Mais moi je ne suis pas normale ! Moi je t'aime ! »

Dans un élan de tendresse, elle a enfoui son visage contre sa poitrine et, émue, le couvre de petits baisers, elle comprend enfin que son attitude ironique n'est qu'une défense, qu'il est aussi vulnérable qu'elle, qu'ils ont tous deux une soif dévorante d'être aimés.

L'attirant contre lui, il la serre à l'étouffer.

« Moi aussi je t'aime, Anne, depuis longtemps. »

Et comme elle lève vers lui un regard incrédule :

« Je refusais de me l'avouer mais je crois que je t'ai aimée dès notre première rencontre. »

Se penchant sur elle, il prend ses lèvres en un ardent baiser.

Anne se sent emportée par une vague puissante, plus rien n'existe que la chaleur de ce corps contre le sien, un tremblement monte de son ventre qui s'épanouit jusque dans sa poitrine, elle suffoque, elle perd pied.

Dans l'obscurité, il semble un dieu oriental avec ses yeux en amande, ses lèvres pleines, son teint doré par le reflet de la flamme vacillante. Penché au-dessus d'elle, de petites gouttes de sueur perlant sur ses tempes, il la contemple émerveillé. « Je ne t'aurais jamais crue aussi douce », murmure-t-il, et inlassablement il l'embrasse du bout des pieds au creux chaud de son ventre jusqu'à la pointe des seins. Sous ses mains, elle tressaille et vibre, les yeux embués de larmes elle se donne, elle a l'impression que c'est la première fois.

Toute la nuit ils se sont aimés et le matin, lorsque le paysan a apporté le petit déjeuner, trouvant porte close il a laissé le panier devant la porte. Ils n'y ont pas touché, ils n'ont faim que de leurs caresses, ils ne peuvent se détacher l'un de l'autre, éblouis par cet amour dont ils n'osaient plus rêver.

Durant deux jours et deux nuits, passionnément ils vont se chercher, se perdre et se redécouvrir, bouleversés par un torrent d'émotions et de sensations inconnues, fascinés, subjugués l'un par l'autre.

Et lorsque en fin d'après-midi la fraîcheur tombe sur la vallée, enlacés ils s'en vont par les sentiers de montagne cueillir d'étranges fleurs pourpres dont Karim tresse des couronnes pour Anne et, genou à terre, il la proclame son impératrice. Moqueuse, elle lui échappe, courant à travers la forêt, les bras grands ouverts, respirant le vent, mais il la rattrape, ensemble ils trébuchent et s'étalent et roulent parmi les herbes hautes, riant comme des enfants libérés du poids du monde.

Pour la première fois, Anne ne maîtrise plus rien, elle se livre tout entière, elle qui jusqu'alors ne s'était prêtée qu'avec parcimonie, se rend à la lumineuse évidence de leur amour. Il n'y a plus de passé, plus de futur, il n'y a que le présent avec son goût d'éternité.

Ils refusent de penser au lendemain, ils ne veulent pas rompre le charme, d'un commun accord ils évitent de parler d'avenir.

Un jour pourtant ils vont devoir quitter le paradis. Le téléphone d'Anne déborde de messages qu'elle ne regarde pas, mais ils savent qu'il faudra bien finir par rentrer.

Sur le chemin du retour, ils roulent en silence, aucun des deux n'ose aborder la question qui les taraude : et maintenant ?

Le séjour d'Anne au Pakistan tire à sa fin, elle l'a déjà prolongé au-delà de toute règle, cela fait près de trois mois qu'elle est là. On n'est plus hélas à l'époque où les grands journaux entretenaient des correspondants sur place ; depuis des années, pour des raisons d'économie, ils n'ont que des envoyés spéciaux qu'ils dépêchent pour couvrir les événements importants.

Alors, démissionner de son poste prestigieux et s'installer ici comme simple pigiste pour différents journaux et radios ? Ce ne sera pas facile, mais elle se sent débordante d'énergie, avec Karim elle se sait capable de surmonter tous les obstacles.

Et Julien, qu'en fais-tu ? lui murmure une petite voix. Son ancien compagnon lui apparaît désormais comme une silhouette lisse et falote. Avec lui elle s'endormait car il ne lui demandait jamais rien, il la trouvait parfaite. Leur relation était confortable, à présent elle la trouve insipide.

Tandis qu'avec Karim c'est un chemin de crête, exigeant, Anne a compris depuis longtemps que ses manières indolentes cachent une volonté d'acier; sous son œil attentif – à la fois affectueux et moqueur – elle a envie de se surpasser, elle perçoit qu'avec lui elle peut aller très loin. Vers quoi ? Elle n'en a pas idée, elle sait seulement qu'ensemble la vie sera une perpétuelle invention, une découverte sans fin, et non l'ennuyeuse et mortifère répétition du passé.

C'est Karim qui le premier rompt le silence.

« Anne – il toussote comme pour s'éclaircir la gorge – cessons de rêver, bientôt il va falloir nous quitter. Notre histoire n'a pas d'avenir, plus nous tardons à regarder les choses en face, plus la séparation sera dure. »

Le ton se veut ferme mais la voix tremble. Anne se tourne vers lui, il évite de la regarder, les mains crispées sur le volant, il fixe la route.

« Pourquoi devrions-nous nous séparer ? demande-t-elle doucement.

— Pourquoi ? Mais tu sais bien qu'un de ces jours tu devras rentrer en France ! Et moi, jamais je n'abandonnerai mon pays.

— Qui te parle de l'abandonner ? Je peux vivre ici, trouver un travail de pigiste, ou même de traductrice. Je suis sûre qu'il y a mille choses que je peux faire si je sais que tu es avec moi et que tu m'aimes. »

Il la regarde, incrédule :

« Tu abandonnerais pour moi ce métier que tu adores ?

— Pourquoi pas ?

— Tu es folle, mon amour – la voix de Karim s'est brisée –, tu ne peux pas faire cela, tu serais vite malheureuse et moi je ne le supporterais pas.

— Mais, Karim, tu ne comprends donc pas que j'ai besoin de toi ! s'écrie Anne en lui prenant la main. Depuis que je te connais, j'ai l'impression de vivre plus fort, plus intensément que jamais auparavant ! Je ne sacrifie rien, crois-moi ce n'est pas mon genre, simplement je change de voie. En plus j'aime ton pays, j'aime les gens, j'ai envie de faire quelque chose d'utile. Je pourrais peut-être travailler dans la fondation de Taher ou de Parveen, qu'en penses-tu ?

— Oui, tu pourrais… » acquiesce-t-il.

Il n'a pas le cœur de lui expliquer qu'en tant qu'étrangère, malgré toute sa bonne volonté, ses initiatives risquent fort d'être mal acceptées. Autrefois c'était plus facile mais aujourd'hui, dans le monde entier les sociétés se referment dangereusement sur elles-mêmes.

Elle sent ses réticences mais elle est certaine qu'elle finira par le convaincre.

Amoureusement, elle frotte sa tête contre son épaule.

« On trouvera un moyen, persiste-t-elle.

— Oui, on trouvera », répond-il d'une voix altérée, le regard perdu au loin.

En silence ils ont continué à rouler, mais au moment de quitter la vallée et de rejoindre l'autoroute, brusquement, au milieu d'un petit gué, il s'est arrêté.

« Que se passe-t-il ? »

Elle n'a pas le temps de finir sa phrase, fiévreusement il l'enlace, l'étouffe de baisers, la serre dans ses bras si fort qu'il lui fait mal, comme s'il voulait les souder l'un à l'autre pour que rien, jamais, ne puisse les séparer. Et soudain, sur sa joue, elle sent… comme une larme.

« Karim ! »

D'un geste elle se dégage et le regarde, bouleversée.

« Karim, qu'y a-t-il ? »

La tête baissée, d'un geste familier il passe ses longs doigts dans sa tignasse brune, au bout de quelques secondes qui pour Anne semblent des heures, il lève les yeux vers elle :

« Je n'ai jamais aimé personne comme toi, je ne peux imaginer te perdre. »

Ce n'était donc que cela… Soulagée, elle sourit :

« Mais, chéri, qui parle de se perdre ? Nous venons juste de nous trouver, nous avons la vie devant nous !

— La vie… – il secoue la tête – tu as raison, je suis un imbécile, nous avons toute la vie devant nous ! »

Pourquoi a-t-elle l'impression qu'il dit cela pour lui faire plaisir ?

Lorsqu' ils arrivent à Lahore, il fait déjà nuit. Karim arrête la voiture devant l'hôtel. Ne va-t-il pas l'accompagner ? Il semble embarrassé :

« Je dois partir très tôt demain pour Karachi. Mon ami armateur m'a envoyé un message, il a un problème, j'ai promis de l'aider. Tu ne m'en veux pas si je te laisse ?

— Bien sûr que non ! se défend-elle, cachant sa déception sous un ton désinvolte. Quand reviens-tu ?

— Dans trois jours au plus tard, tu me manques déjà ! »

Il la prend dans ses bras tendrement et la contemple.

« Tu sais, je n'ai pas l'habitude d'être heureux, tu m'apprendras ? »

Pour toute réponse elle se blottit contre lui et dépose sur ses lèvres un long, très long baiser.

Chapitre 22

Trois jours ont passé depuis leur retour de la vallée enchantée, Anne n'a aucune nouvelle de Karim.

Pour tromper son impatience elle a dîné la veille avec Taher dans un petit restaurant de M.M. Alam Road. À la lueur des bougies ils ont discuté longuement. Pour la première fois Taher lui a parlé de Samiya, ils sont séparés depuis quatre ans mais aucun des deux n'a refait sa vie et il ne perd pas l'espoir de la reconquérir. Anne en doute, vu les commentaires de la jeune femme sur leur mariage, mais au fond qu'en sait-elle ? Elle a compris depuis longtemps qu'on ne peut jamais saisir de l'extérieur ce qui lie ou délie les couples.

Rentrée à l'hôtel, elle a eu du mal à trouver le sommeil, pourquoi Karim n'appelle-t-il pas ? Qu'il soit retenu à Karachi, elle le conçoit, mais pourquoi ne prend-il pas le temps de lui téléphoner ? Après ce qu'ils ont vécu, ce silence lui semble inexplicable. À moins… son cœur se serre, à moins qu'il n'ait réfléchi, écouté la sotte voix de la raison et conclu que leur relation n'avait aucun avenir. Non, ce n'est pas possible, Karim n'est pas un homme raisonnable, il est au contraire un peu fou, c'est justement ce pourquoi elle l'aime !

Après une nuit d'un sommeil agité, elle s'est réveillée avec un terrible mal de tête. Assise au balcon, elle feuillette distraitement la volumineuse pile de journaux que le garçon lui a apportée avec son petit déjeuner, lorsque son attention est attirée par un titre, en première page du *Daily Times* : « Encore une attaque d'un convoi de l'OTAN. »

Rapidement, elle parcourt l'article : tiens, cette fois le convoi était gardé par des forces spéciales, remarque-t-elle, c'était certainement un convoi de munitions.

« Au cours de l'échange de tirs il y a eu cinq morts, dont trois parmi les assaillants », précise le reporter.

La sonnerie du téléphone interrompt sa lecture : à l'autre bout du fil une voix étouffée.

« Qui est à l'appareil ?

— C'est Samiya, je suis en bas, puis-je monter ?

— Bien sûr, acquiesce Anne, surprise de cette visite matinale, tu es toujours la bienvenue ! »

Sur le seuil de la porte, Samiya hésite, elle est blême.

« Je… j'ai une mauvaise nouvelle…

— Ta troupe a été attaquée ? s'inquiète Anne.

— Non, mais… un de nos amis a eu un accident.

— Quel ami ? »

Devant le silence de Samiya, Anne a un terrible pressentiment.

« Karim ? C'est Karim ? »

Elle la saisit par les épaules :

« Il est blessé ? Où est-il ? »

La jeune femme hésite.

« C'est grave…

— Raison de plus ! crie Anne en la secouant avec fureur, où est-il ? Emmène-moi tout de suite !

— Anne… »

Samiya n'arrive plus à parler, la gorge contractée par les sanglots, elle regarde son amie avec une telle expression de désespoir que celle-ci est saisie d'un doute affreux.

« Il n'est pas… mort ? » balbutie-t-elle.

Samiya hoche la tête, elle veut prendre la main d'Anne mais celle-ci se dégage violemment.

« Ce n'est pas vrai ! Karim ne peut pas être mort !

— Il a été tué dans un attentat contre un convoi de l'OTAN, articule péniblement son amie en désignant du menton le journal posé sur la table, le *Daily Times* donne tous les détails.

— Karim dans un attentat contre l'OTAN ! N'importe quoi ! Il exécrait la politique, tu le lui reprochais assez ! »

D'une main tremblante, Anne saisit le journal, les lettres dansent devant ses yeux, elle s'efforce de lire, elle ne peut pas, son cœur s'est mis à battre comme s'il allait éclater, une douleur aiguë lui vrille le crâne, devant ses yeux un voile rouge, elle ne voit plus rien, elle s'écroule.

À l'hôpital, pendant plusieurs jours Anne est restée prostrée dans son lit, les yeux fermés, rigide. Au début, les médecins ont suspecté un AVC mais le scanner n'a rien montré.

En l'absence de symptômes clairs, ils ont fini par diagnostiquer un choc psychosomatique profond.

« Elle s'en sortira, mais surtout ne la pressez pas, restez auprès d'elle pour qu'elle sente votre affection mais n'insistez pas, laissez-la revenir à son rythme. Actuellement, elle se protège.

— Mais pour combien de temps, docteur ?

— Jusqu'à ce qu'elle se sente assez forte pour affronter la réalité. »

Ce n'est pas vrai, ce n'est pas possible, ils mentent, ils veulent nous séparer, ils sont jaloux de notre amour, Karim, mon Karim, qu'est-ce qu'ils inventent ? Toi avec les talibans ? Toi qui les méprisais et les traitais de fous dangereux !

Anne a commencé à s'agiter dans son lit, elle gémit, à travers ses paupières mi-closes elle perçoit des ombres, elle ne veut pas les voir, tous des hypocrites, elle n'ouvrira pas les yeux, elle ne les laissera pas lui raconter ces horreurs, elle veut dormir, dormir blottie dans les bras de Karim, heureux pour l'éternité.

« Elle se réveille, dit une voix féminine à côté d'elle. Anne chérie, c'est Samiya, tu me reconnais ?

Non, je ne la reconnais pas, je ne veux pas les voir, je les déteste tous, je veux voir Karim.

« Karim ! »

Elle a crié si fort que le son de sa propre voix l'a fait sursauter, elle se dresse sur son lit, hagarde :

« Où est Karim ? »

Des regards consternés lui répondent. D'un coup elle se souvient et retombe sur ses oreillers en sanglotant tandis que Samiya éponge son front brûlant avec des compresses fraîches.

Toute la nuit elle a pleuré, ressassant sa peine : *Je suis maudite, je perds tous ceux que j'aime, mes parents, mon grand-père, et maintenant Karim… ils meurent ou m'abandonnent.*

Les jours passent entre prostration et révolte, stupeur et sanglots. Samiya, Sylvie et Taher se relaient inlassablement au chevet de leur amie, ils ne veulent pas la laisser seule, elle pourrait commettre n'importe quelle folie.

Lentement, Anne reprend pied, un beau matin elle émerge du cauchemar où elle était en train de se perdre. Elle a tant pleuré qu'il ne lui reste plus une larme, elle est fatiguée de s'apitoyer sur elle-même. Désormais elle a besoin de comprendre, comprendre ce qui s'est passé, et surtout qui était vraiment ce Karim qu'elle a tant aimé et qu'elle semble connaître si mal.

Les journaux que Samiya a laissés sur la table le décrivent comme un informateur des combattants afghans, certains le qualifient de traître, d'autres le célèbrent comme un héros.

Karim… Anne se remémore en frémissant ses paroles lors de leur trajet de retour de Swat :

« *Anne, il ne faut pas que tu t'attaches à moi, je n'ai pas d'avenir, lui avait-il dit.*

— *Pas de métier, tu veux dire ?*

— *Si tu veux, pas de métier et pas d'avenir.* »

Avait-il un pressentiment ?

Samiya vient d'entrer dans la chambre.

« Anne chérie ! Enfin tu nous reviens ? Quel bonheur de te retrouver ! »

S'asseyant auprès de la convalescente, elle lui prend la main et délicatement effleure sa chevelure. Anne ferme les yeux, se laisse aller à cette douceur, si seulement elle pouvait oublier…

Mais très vite elle se reprend et fixe son amie :

« Samiya, toi qui connaissais si bien Karim, explique-moi ! Je m'en veux tellement, moi qui l'aimais, qui me sentais si proche de lui, comment ai-je pu ne rien pressentir, comment ai-je été aussi aveugle ?

— Ma chérie, tout le monde a été aveugle. Karim, rappelle-toi, était un homme de théâtre. Personne ne devait soupçonner ses activités. Il a joué son rôle avec maestria.

— Mais toi, tu savais ?

— Oui, j'étais la seule avec Taher. Karim s'était confié à nous car il avait parfois besoin d'une couverture. Mais ni sa famille ni aucun de ses amis n'étaient au courant de sa double vie. Il entretenait avec soin son image de dilettante irresponsable, d'artiste qui se fichait de la politique ; en réalité, c'était un idéaliste. Comme la plupart des Pakistanais, il jugeait criminels l'occupation de l'Afghanistan et les massacres de milliers de civils ; mais lui, au lieu de se contenter de critiquer, avait décidé d'aider concrètement la cause de l'indépendance. »

Son Karim, un pilier de la lutte des talibans ?

Anne n'arrive pas à faire le lien entre ce Karim et celui qu'elle a connu. Elle est suspendue aux lèvres de son amie.

« Il tenait dans ce combat un rôle essentiel, poursuit Samiya. Ayant vécu une partie de sa jeunesse à Karachi, il avait des amis dans le milieu des armateurs et cultivait soigneusement ces liens. Ainsi s'arrangeait-il pour savoir quand un important ravitaillement d'armes prenait la direction de l'Afghanistan. Il signalait aux militants le trajet et l'heure approximative de passage du convoi. Parfois même il participait aux attaques car il estimait devoir prendre des risques, comme les autres. J'avais beau lui répéter qu'il en prenait suffisamment, que son travail de renseignement, seul lui pouvait le faire, tandis que n'importe qui pouvait se servir d'une mitraillette ou lancer une bombe, il me rétorquait que c'était une question de solidarité avec les autres combattants, une question d'honneur. »

Ses amis armateurs, ses fréquents voyages à Karachi, ses « week-ends de pêche » où il n'avait jamais voulu m'emmener, c'était donc cela ! Tout s'éclaire maintenant, Anne n'a pas rêvé. *C'est bien Karim qui est venu chez les talibans me libérer. Il leur était indispensable, ils ne pouvaient rien lui refuser.*

Et soudain lui revient l'épisode de sa rencontre avec l'armateur-étudiant à La Maison du café et la gêne que Karim n'arrivait pas à dissimuler.

« J'ai croisé un jour un de ses amis, soi-disant armateur, mais qui m'avait tout l'air d'un ancien militaire », hasarde-t-elle.

Samiya hausse les sourcils.

« Ce devait être son principal contact, le frère du major Haroon. »

Anne l'interroge du regard.

« Le major Haroon[1] est une légende dans le milieu de la résistance. C'est lui qui, à partir de 2002, a tout organisé. »

Scandalisés que l'armée pakistanaise, obéissant aux États-Unis, bombarde l'Afghanistan, le major Haroon et son frère Khurram avaient démissionné en 2002 pour rejoindre les talibans. Pour eux comme pour 99 % des Pakistanais, les talibans afghans sont des nationalistes qui se battent pour chasser l'occupant. Haroon est un excellent officier, très vite il constate que des milliers de talibans sont tués contre quelques soldats de l'OTAN car, s'ils sont braves, ils n'ont ni discipline ni entraînement. Il se voit dès lors comme un soldat avec une mission : avec son frère ils vont mettre toutes leurs capacités à former la force militaire talibane.

« Comme quelques années plus tard les anciens officiers de l'armée Iraqienne entraîneront les militants de Daech ?

— À l'énorme différence près que le but de Daech n'est pas une lutte pour l'indépendance mais une lutte pour la domination du monde. »

Pendant des mois, le major Haroon fréquente les bibliothèques pour étudier les tactiques les plus efficaces, celle des Vietnamiens dans leur combat contre les États-Unis, celle des « Tigres » tamouls contre le gouvernement du Sri Lanka. Et il forme la brigade 313, des jeunes entraînés à la guérilla, qui vont se faire connaître comme la redoutable « armée de l'ombre ». D'esprit inventif, il conçoit également un silencieux pour la kalachnikov et un canon à mortier si petit qu'il peut être caché dans une valise et transporté facilement. Ces armes

1. Personnage et histoire authentiques.

deviennent des éléments essentiels dans la lutte contre l'occupant. Il se procure aussi des pièces d'armement à l'étranger, dont des lunettes de vision de nuit en Chine.

Anne s'étonne :

« Comment leur fait-il passer la frontière ?

— Grâce à des complicités dans les hautes sphères de l'armée et de la police, des officiers qui désapprouvent la politique de leur gouvernement. »

Le major Haroon continue en effet à voir ses anciens compagnons d'armes, il est arrivé à en persuader plusieurs de quitter l'armée et de rejoindre le combat des Afghans. Mais au bout d'un certain temps il réalise que, plutôt que de s'attaquer de front aux troupes occidentales, il est plus efficace et moins coûteux en vies humaines d'empêcher leur ravitaillement. Aussi dès 2008 met-il au point un plan visant à bloquer l'approvisionnement de l'OTAN en organisant des attentats contre les convois. C'est du côté de Peshawar, à travers la passe de Khyber, que ces convois sont attaqués quotidiennement.

« On estime que ces dernières années, vingt à quarante camions par semaine ont été détruits ou pillés. Bien sûr, cela exige un système d'espionnage sans faille qui informe de l'arrivée des marchandises dans le port et de leur répartition entre les diverses compagnies de transport. Et c'est là que Karim leur était précieux », conclut Samiya.

Malgré sa peine, Anne ne peut retenir un sourire, elle se remémore ce que lui avait rapporté Jamal de la perplexité des diplomates américains : comment les talibans étaient-ils si bien informés des dates et des horaires des convois de l'OTAN ? Jamal était loin de se douter que c'était son ami Karim, ce théâtreux, la cheville ouvrière de leur système de renseignement !

Karim qu'elle aime de plus en plus au fur et à mesure qu'elle découvre son autre vie, la passion et le courage qu'il dissimulait sous sa façade de nonchalance.

« En 2009, le major Haroon a été arrêté, poursuit Samiya, mais il avait formé un réseau efficace qui a pris le relais, et les attaques de convois ont continué ininterrompues.

— Est-il toujours vivant ?

— Oui, il est en prison à Rawalpindi où il impressionne tant ses geôliers qu'on est obligé de les changer régulièrement. Ça ne m'étonnerait pas qu'un jour quelqu'un le laisse s'échapper. »

Le journal d'Anne a été informé – sans plus de détails – qu'elle a été sérieusement malade et, compréhensif, la laisse libre de sa décision de rentrer ou de rester encore un peu. Elle hésite, partagée entre le désir de partir et de tout oublier et le besoin de prolonger son lien avec Karim. Elle a le sentiment qu'elle n'a pas le droit de le quitter, la conviction que tant qu'elle pense intensément à lui il existe toujours et que l'oublier, c'est l'abandonner définitivement à la mort.

Tandis qu'elle parcourt la presse du jour, elle tombe en arrêt devant un entrefilet intitulé : « Ce n'était pas une balle américaine ».

Sur quelques lignes le reporter pose la question : « Lors de l'attentat contre le convoi de l'OTAN, qui a tué Karim Khan ? », mais ne fournit pas le moindre élément de réponse.

Anne bondit : qu'est-ce encore que cette histoire ? En hâte, elle reprend les journaux du matin : rien. Qui pourrait lui donner plus de détails ? Taher peut-être ? Elle saisit son téléphone :

« Taher, as-tu vu dans le *Daily Times* l'entrefilet sur Karim ? Qu'est-ce que cela signifie ? »

Un silence à l'autre bout du fil.

« Taher ?

— Oui, Anne… Tu es à l'hôtel ? Je passe te voir. »

Taher est arrivé, l'air sombre. Assis dans un fauteuil en face de son amie, il hésite :

« Maintenant que Karim est mort, à quoi bon rechercher les détails ? Cela ne sert qu'à remuer le fer dans la plaie.

— Taher, tu n'as pas le droit de me cacher la vérité, le coupe sèchement Anne, je veux savoir comment l'homme que j'aimais a été tué.

— On a des éléments, mais aucune certitude…

— Quels éléments ? Parle !

— Bon, puisque tu insistes… Il semble que la balle qui a tué Karim lui a été tirée à bout portant dans la nuque, et que c'était une balle fabriquée à Darra, ce village du nord du Pakistan où l'on manufacture toutes sortes d'armes et de munitions.

— Tu veux dire… – Anne a du mal à articuler – tu insinues que ce ne sont pas les Américains mais les talibans qui auraient tué Karim ! Les talibans qu'il aidait ?

— Oui… Il y avait de plus en plus de dissensions entre eux. Au départ, c'étaient tous des résistants qui se battaient pour libérer leur pays des troupes étrangères. Mais peu à peu al-Qaida a pris de l'influence, en aidant financièrement mais aussi en développant un discours très structuré dénonçant la politique occidentale comme la source de tous les maux. Ils sont arrivés à persuader les militants qu'il fallait porter la lutte dans le monde entier. Karim était en total désaccord avec cette ligne. Il objectait que si effectivement l'Occident avait colonisé et continuait à exploiter le monde, un pouvoir islamiste pouvait être tout aussi néfaste, et même pire si l'on considérait les horreurs perpétrées par Daech en Iraq et en Syrie ainsi que les crimes de Boko Haram au Nigeria. Mais plus les bombardements sur l'Afghanistan se multipliaient, plus ses compagnons de lutte se radicalisaient. La discussion était devenue impossible, ils commençaient à se méfier de lui. Quand Karim m'a parlé de ce problème, voilà quelques mois, j'ai essayé de le convaincre que cela devenait dangereux, qu'il devait laisser tomber. Il refusait, arguant qu'il était le seul à pouvoir fournir les renseignements indispensables à la poursuite des opérations. C'était vrai, mais ses compagnons avaient perdu confiance en lui, ils ont fini par le tuer. »

Anne le fixe, pétrifiée d'horreur :

« Ils l'ont tué une semaine après qu'il m'a sauvée… Ils ont dû juger qu'il était peu sûr, qu'on ne pouvait faire confiance à un militant qui prenait des risques pour une journaliste, une Occidentale de surcroît ! »

Taher ne répond pas, il examine ses mains avec attention.

« Réponds-moi Taher ! – Anne s'est mise à crier – c'est à cause de moi qu'ils l'ont tué, n'est-ce pas ?

— Non, ce n'est pas à cause de toi, ils l'auraient tué de toute façon, ils se méfient de tous ceux qui ne sont pas à cent pour cent sur leurs positions. »

Il s'abstient de préciser que le sauvetage de la journaliste a sans doute eu raison de leurs dernières hésitations, mais elle l'a compris.

« C'est à cause de moi, de mon inconscience, de mon imbécile orgueil professionnel ! C'est moi qui aurais dû mourir ! »

Elle s'effondre, hoquetante, sourde aux protestations de Taher qui lui répète que Karim était trop indépendant pour les talibans, trop libre, qu'il aurait de toute façon fini par être tué.

Chapitre 23

Un coursier a apporté une missive. Au seuil de la chambre, il attend la réponse. Anne déchire l'enveloppe, sur un carton bleu pâle quelques mots tracés d'une écriture haute et fine :

« J'aimerais te voir. Peux-tu venir
cet après-midi vers 4 heures ?
Nusrat Sagid Khan »

Toute à sa douleur Anne n'a pas pensé à la bégum, elle ne l'a pas revue depuis son voyage avec Karim dans la vallée enchantée. Va-t-elle lui reprocher sa légèreté et la mort de son petit-fils adoré ? Si elle ne dit rien, ce sera pire. Anne ne se sent pas prête à supporter son désespoir, encore moins capable de la réconforter. Elle ira la voir, bien sûr, mais plus tard, lorsqu'elle sera plus solide.

Le coursier attend, il lui faut répondre. Que dire ? Invoquer son travail ? La bégum ne la croira pas, elle sera blessée et aura raison. Anne hésite et soudain a honte de sa lâcheté : elle ira voir la vieille dame, elle affrontera son regard, ses reproches. Mais surtout… elle a un besoin intense de parler de Karim, et sa grand-mère, la personne qu'il aimait et respectait le plus au monde, est sans doute la seule qui le connaissait vraiment.

La bégum Nusrat attend Anne dans son salon. Elle est tout habillée de blanc, la couleur du deuil chez les sunnites. À l'arrivée de la jeune fille, elle se lève et l'étreint longuement, elle généralement si peu démonstrative. Puis l'éloignant légèrement, elle la contemple avec émotion, ses yeux sont humides, ses lèvres tremblent.

« Viens, allons nous promener », lui intime-t-elle enfin d'une voix brisée.

Silencieuses, les deux femmes montent dans la voiture qui traverse la ville puis s'engage sur la grand-route. Au bout de trois quarts d'heure, elle s'arrête devant une grille imposante : l'entrée des jardins de Shalimar. Anne réprime un tressaillement, les jardins où elle s'est promenée avec Karim et où pour la première fois ils se sont rapprochés… La bégum le sait-elle ? Et en ce cas pourquoi veut-elle raviver ces souvenirs ? Ne comprend-elle pas combien cela lui est douloureux ? Veut-elle la faire souffrir ?

Elles ont pénétré sur la première terrasse ; à travers les jardins elles marchent, chacune plongée dans ses pensées. C'est un après-midi de semaine, l'endroit est presque désert excepté quelques jeunes couples qui déambulent amoureusement. À leur vue, Anne sent son cœur se serrer, les larmes lui montent aux yeux qu'elle ne peut retenir. La bégum s'est rapprochée, lui prend la main et lui désigne un banc de pierre :

« Asseyons-nous, il faut que je te parle. »

Plongeant ses yeux dans ceux de la jeune femme :

« Anne, ne pense pas que Karim est mort à cause de toi. Il savait qu'il mourrait jeune, il prenait beaucoup de risques. »

Et comme la jeune fille la regarde, étonnée :

« Je connaissais mon petit-fils comme moi-même. Il ne m'avait rien dit de ses activités clandestines mais je m'en doutais. C'est aussi parce qu'il se savait menacé qu'il n'a jamais voulu nouer une vraie relation amoureuse, mais toi, malgré tous ses efforts, il n'a pu te résister. »

Anne esquisse un geste de dénégation.

« Ne proteste pas. Depuis le début j'ai deviné que vous étiez amoureux, je l'ai su avant vous – elle esquisse un sourire –, il suffisait de vous regarder et de vous entendre vous chamailler ! Mais depuis quelques mois Karim avait changé, il était préoccupé, je crois qu'il sentait le danger se rapprocher. »

La bégum laisse échapper un profond soupir et d'une voix sourde, à peine audible, elle articule :

« Finalement c'est peut-être mieux ainsi...

— Qu'est-ce qui est mieux ? » tressaille Anne qui croit avoir mal entendu.

La vieille dame secoue la tête.

« Je ne te voyais pas dans tout cela, c'est trop grave. Et puis ce n'est pas ton combat, on aurait fini par te le faire sentir. Mais surtout...

— Surtout quoi ? » coupe la jeune fille.

La bégum hésite, puis avec un regard droit et clair :

« Tu ne pouvais pas faire ta vie avec Karim. »

Anne s'est redressée, incrédule elle fixe cette femme pour qui elle avait jusqu'alors de l'admiration, et même de l'affection.

Pourquoi me rejette-t-elle ? Parce que je suis étrangère ? Non, elle n'est pas de ces bourgeoises étroites d'esprit qu'on peut rencontrer au Pakistan comme en France. Mais alors pourquoi ? Juge-t-elle que je n'étais pas assez bien pour son petit-fils ? Mais Karim m'aimait, il voulait faire sa vie avec moi. Personne n'avait le droit de s'opposer à notre amour ! Pas plus elle qu'une autre !

Anne serre les lèvres, ses yeux lance des éclairs, elle va le lui dire, à cette femme, ce qu'elle pense, elle n'a rien à faire de son opinion !

D'un geste, la bégum la retient.

« Calme-toi, ce n'est pas ce que tu crois. »

Puis d'une voix tendre :

« J'ai voulu venir avec toi dans ces jardins parce que je sais que tu t'y promenais avec Karim. C'est ici aussi que je me promenais… »

Elle pâlit, porte la main à son cœur et avec difficulté articule :

« Que je me promenais avec …

— Avec ? questionne Anne, étonnée.

— Avec… l'homme que j'aimais… » murmure la vieille dame en fermant les yeux.

Un silence s'est établi qu'Anne se garde bien de rompre.

Mais bientôt la bégum Nusrat reprend.

« L'homme que j'aimais… Yannick.

— Yannick… ? répète Anne en la dévisageant sans comprendre.

— Oui, Anne, ton grand-père, le seul homme de ma vie. »

Et comme la jeune femme la contemple, abasourdie :

« Viens plus près de moi. »

Elle a pris les mains d'Anne dans les siennes et les serre affectueusement :

« Tu ne le sais pas mais dans la société musulmane un enfant a souvent deux noms, le nom secret et le nom public. Cela vient d'anciennes croyances selon lesquelles il fallait cacher le nom du nouveau-né afin de tromper les esprits malfaisants qui rôdaient autour de son berceau. Mon nom public est Nusrat mais mon vrai nom, mon nom secret est Rekha.... Oui, je suis la Rekha qu'a aimée ton grand-père. »

Le choc laisse Anne médusée. La bégum et son grand-père ? Comment est-ce possible ? Et pourquoi, si c'est vrai, n'en avoir rien dit ? Anne retire ses mains ; elle qui se sentait si proche, qui admirait tant cette femme, a l'impression d'avoir été trahie.

La bégum est à mille lieues de se douter de la tempête qu'elle a déclenchée. Ses yeux brillent, elle semble illuminée de l'intérieur, comme si elle redevenait la jeune fille amoureuse. Elle prend Anne par le bras.

« Marchons, et laisse-moi te raconter. Imagine Lahore en avril 1947, une réception au consulat de France. Une foule élégante et cosmopolite se presse dans les jardins illuminés, les Européennes en robes longues et les hommes en smoking, côté indien les femmes dans leurs plus beaux saris et leurs maris très chics en shirvani[1] noir. Mes parents sont invités et, pour la première fois, ils m'ont emmenée. J'ai dix-huit ans, l'âge de faire mon entrée dans le monde. Mon père, un homme moderne, entend que, comme lui, sa fille fréquente les milieux de la bourgeoisie chrétienne et hindoue, qu'elle s'y fasse des

1. Longue redingote à col officier.

relations et même des amis ; mais bien sûr, lorsqu'il s'agira de mariage, elle épousera un musulman. Un jeune homme vient m'inviter à danser, il est élancé, il a des yeux bleus magnifiques – la bégum s'interrompt et dévisage Anne –, du même bleu que les tiens… Je regarde mon père, il a déjà rencontré le jeune homme, un diplomate récemment arrivé de France. Il acquiesce. »

Nusrat ne sait pas bien danser, elle a appris à la maison avec des amies, c'est la première fois qu'elle danse avec un homme. L'orchestre enchaîne polkas et mazurkas, puis se met à jouer une valse. Son cavalier se rapproche, il la tient par la taille, à une distance respectueuse mais sa main la brûle, elle est rouge comme une pivoine, elle a l'impression que tout le monde les regarde.

Elle rit au souvenir de sa naïveté.

« À peine la valse finie, je le plante là et vais me rasseoir auprès de mes parents. Il me rejoint et engage la conversation avec mon père : à Lahore depuis deux mois, il se dit conquis par la beauté de la ville et l'hospitalité de ses habitants. Du coup, mon père le trouve charmant et Yannick va devenir un habitué de notre maison. Nous nous voyons souvent, jamais seuls, mais chaque fois c'est comme une force invisible qui nous attire l'un vers l'autre. Subrepticement, il me glisse de petits billets que je lis et relis, je rêve de lui, je n'en dors plus. Une amie chrétienne à qui je me confie propose que nous nous rencontrions chez elle. Sous prétexte d'aller étudier chez Charlotte, je retrouve Yannick tous les jours. Il est non seulement beau mais intelligent, et tellement sensible ! Nous sommes tombés follement amoureux l'un de l'autre. »

La vieille dame s'est interrompue, elle regarde autour d'elle avec nostalgie :

« Nous venions si souvent nous promener ici… En semaine il n'y avait personne, c'était, comme aujourd'hui, le refuge de quelques couples amoureux. Pendant des mois nous avons vécu une merveilleuse idylle, mais – sa voix s'altère – Yannick voulait m'épouser et avait décidé d'aller demander ma main à mon père. Je lui disais d'attendre, que ce n'était pas le bon moment, que mon père était actuellement très préoccupé par la situation politique, j'inventais mille excuses. Comment pouvais-je lui avouer que ce père, si large d'esprit, n'accepterait jamais que sa fille épouse un chrétien ? »

Elle ne savait que faire, elle savait seulement que si Yannick parlait à son père ils seraient séparés définitivement.

Autour d'eux les événements se précipitaient, Yannick était retenu au consulat de plus en plus tard dans l'après-midi. Rekha allait parfois le retrouver dans son appartement, dissimulée sous une burqa – pour ses parents, elle était au cinéma avec des amies.

Ils vivaient dans un cocon de bonheur, elle était totalement inconsciente de la tragédie qui se profilait, et si Yannick, de par son métier ne pouvait l'ignorer, avec elle il voulait tout oublier.

Jusqu'à ce terrible 17 août.

« Le jour où l'on a annoncé que Lahore ferait partie du Pakistan ?

— Oui. J'avais rendez-vous avec Yannick dans une pâtisserie où nous nous retrouvions parfois, car située loin du centre nous ne risquions pas d'y croiser des gens de notre entourage. Nous devions nous voir à 18 heures. À 20 heures il n'était toujours pas là et le patron de l'établissement voulait fermer car, disait-il, il y avait de graves troubles en ville. Arguant du danger que je courrais si je rentrais seule, il avait même insisté pour me raccompagner chez moi. Sur le seuil, mon père m'attendait, dans tous ses états. Sans perdre de temps à me demander d'où je venais il m'a intimé l'ordre de faire au plus vite ma valise, nous allions partir à la campagne, le temps que le calme revienne. Mes protestations – j'évoquai mes examens à préparer – n'eurent pour effet que de l'exaspérer. "Tes examens ! De quoi parles-tu ? Tu ne comprends donc pas ce qui se passe ? Les gens sont en train de s'entretuer. Nous devons nous en aller sinon nous allons tous y passer !" Je n'avais pas le choix. Je m'arrangeai cependant pour laisser au vieux gardien une lettre à remettre à Yannick, lui donnant ma nouvelle adresse. D'après ce que tu m'as raconté, il semble qu'il ne l'ait jamais reçue. Notre gardien a peut-être été tué, ou bien il s'est enfui.

— Mais vous, n'avez-vous jamais reçu ses lettres ? Ma grand-mère m'a raconté qu'il vous a écrit pendant des mois, il était fou d'inquiétude, il se demandait si vous aviez pu échapper aux massacres. »

La bégum hoche la tête :

« Elles sont peut-être arrivées mais on ne me les a jamais données. En effet nous nagions en plein drame : je m'étais rendu compte… que j'étais enceinte ! »

Tandis qu'Anne la regarde bouche bée, elle continue, les yeux perdus en elle-même :

« Je n'avais aucun moyen de prévenir Yannick et je ne pouvais imaginer annoncer cela à mes parents. Affolée je ne voyais d'autre issue que de me suicider. »

Elle s'était ouvert les veines, sa mère l'avait retrouvée inconsciente dans une mare de sang. C'est le médecin appelé en urgence qui, après l'avoir auscultée, avait révélé son état à ses parents.

Ce fut comme si le ciel leur tombait sur la tête, sa mère ne cessait de sangloter, son père s'était enfermé dans son bureau et refusait de voir qui que ce soit. Par sa faute, la famille tout entière était déshonorée. Mais le destin les épargna en leur envoyant un sauveur sous la forme du meilleur ami de son père. Celui-ci avait perdu sa femme quelques années auparavant et, pour les préserver d'une honte irrémédiable, proposa de l'épouser.

« Vous avez accepté ?

— Avais-je le choix ? C'était un gentleman, je lui garde une éternelle reconnaissance. Nous avons vécu ensemble quinze ans, jusqu'à sa mort. J'ai essayé d'être une bonne épouse mais nous n'avons jamais eu d'enfants – mon corps, je crois, se refusait à porter un autre enfant que celui de Yannick. »

Anne a besoin de s'asseoir, elle ne sait plus où elle en est, chaque interrogation en bouscule une autre, et d'abord :

« Votre fille sait-elle qui est son véritable père ? Et Karim le savait-il ?

— Non, bien sûr ! Je n'ai pas regretté un instant mon amour pour Yannick, encore moins l'enfant que j'ai eu de lui, cela a illuminé toute ma vie. Mais nous sommes une société conservatrice où ce genre de choses n'est pas concevable. Je ne me reconnais pas le droit de détruire la paix de ma famille, d'entacher la réputation de mes parents ni celle de l'homme si bon qui accepta de me prendre pour épouse. Aujourd'hui qu'ils sont morts, seules toi et moi savons.

— Mais pourquoi ? – Anne secoue la tête, encore sous le choc – pourquoi est-ce à moi que vous dites tout cela ?

— Tu ne comprends pas ? Si ma fille est la sœur de ton père, Karim est ton cousin germain !

— Et alors ?

— Voyons, tu ne pouvais pas épouser ton cousin germain ! »

C'en est trop ! Anne éclate d'un rire sarcastique :

« Qu'est-ce que ces vieux préjugés ridicules ! D'abord si cette folle histoire est bien réelle, la mère de Karim n'est que la demi-sœur de mon père ! Et de toute façon quelle importance ? »

La bégum la regarde longuement, partagée entre l'irritation et la pitié. Puis en détachant chaque syllabe :

« N'as-tu jamais entendu parler des problèmes de consanguinité ? Je peux te dire qu'elle a fait de terribles ravages dans ma famille : mon frère est anormal, et mes deux cousins aussi. J'ai vécu leur calvaire, il n'y a rien de pire ; ils en voulaient à leurs parents, disant qu'on aurait dû les laisser mourir. Je me suis promis qu'adulte je ferais tout pour empêcher ce genre d'union. Ces familles qui se marient entre elles pour ne pas disperser l'héritage, Dieu les punit ! Je suis la seule de ma génération à avoir échappé à la malédiction. »

Sans laisser Anne l'interrompre, elle continue :

« Quand j'ai compris que Karim et toi étiez amoureux, j'en ai perdu le sommeil : devais-je vous parler ? Mais tel que je le connaissais et telle que je te devinais, cela n'aurait servi à rien : on croit toujours qu'on peut passer à travers les mailles du filet. Je retournais le problème dans tous les sens, je ne pouvais accepter qu'un tel malheur vous arrive, je me rongeais les sangs, j'implorais Dieu de m'aider… »

Sa voix se casse, elle se cache le visage dans les mains :

« Je n'aurais jamais imaginé qu'il le fasse de façon aussi cruelle. »

La vieille dame, toujours si digne, chancelle, tout son corps tremble de douleur. Oubliant sa colère et son chagrin, Anne s'est rapprochée, elle a soudain honte d'avoir été si dure, elle voudrait la réconforter, mais que dire ? Les mots existent-ils qui puissent adoucir une telle détresse ?

Soudain, avec une précision cruelle, les visages de Karim et de Yannick s'imposent à la jeune fille, comme s'ils voulaient lui confier quelque chose… Retenant son souffle, elle attend. En vain, les visages aimés disparaissent peu à peu dans une brume épaisse.

À côté d'elle des sanglots que l'on tente d'étouffer rappellent Anne à la réalité. Submergée d'un élan de tendresse, elle se tourne vers Nusrat, elle voudrait l'embrasser, lui dire son amour – elle qui n'a jamais su lui dire que son respect – mais elle n'ose, elle reste figée, immobile.

De longues minutes passent, peu à peu la bégum parvient à se maîtriser, avec difficulté elle se redresse :

« Pardonne-moi, mon enfant, de me laisser aller devant toi, alors que je sais combien tu souffres… Mais tu es jeune, il te faut repartir, faire ton chemin. Moi aussi, lorsque j'ai perdu Yannick, j'ai pensé mourir de chagrin, puis la vie reprend le dessus… »

Elle s'est levée, prenant la jeune femme par les épaules elle la contemple avec affection, et lentement prononce :

« Tu peux continuer à faire vivre Karim. »

Comme Anne la regarde sans comprendre, elle poursuit :

« Toi qui maintenant connais le Pakistan et son peuple, tu peux témoigner de la richesse et de la complexité de ce pays qu'il aimait tant, ce pays méjugé qui se bat pour survivre et garder son humanité, écartelé entre la terreur islamiste et le rejet de l'Occident, mais pour lequel Karim n'a jamais perdu espoir. »

Et retrouvant son beau sourire, la bégum conclut tendrement :

« Si cependant un jour tu as besoin de raconter cette histoire, pour t'en libérer car la garder en toi serait trop lourd, t'empêcherait d'avancer, fais-le. Je ne te demande qu'une chose : garde le secret des noms. »

Remerciements

Pendant les quatre années qui m'ont été nécessaires pour documenter et écrire ce livre j'ai eu la chance de rencontrer beaucoup de bonnes volontés.

Et d'abord au Pakistan, où je remercie les nombreux amis qui m'ont ouvert les portes de ce pays complexe. Certains ont d'ailleurs directement inspiré mes personnages : Karamat Ali, Sheemah Kirmani, mon cousin Ali khan et ma tante, la bégum Wajid Khan. D'autres m'ont aidée, comme l'ambassadeur Anees Uddin et les journalistes Ahmad Rashid et Rashid Rehman par leurs analyses lucides et pondérées, ainsi qu'Aliya Iqbal Naqvi et Nucy Djamil avec leur inépuisable carnet d'adresses.

Merci aussi à Ayra Indiryas pour m'avoir introduite dans les milieux chrétiens, et Roxana Mashadi dans les milieux chiites.

Sans oublier Kemal et Rani Mumtaz qui m'ont fait découvrir les jardins de Shalimar, et Shabaz Shariff qui m'a permis de visiter la ville de Gwadar, interdite aux étrangers.

Un grand merci également au général Attar Abbas pour avoir consacré des heures à expliquer à une journaliste récalcitrante les dilemmes de l'armée.

Toute ma reconnaissance aussi à mes cousines Shaharbano et Nayar qui pendant des mois m'ont offert à Lahore et à Karachi une merveilleuse et patiente hospitalité.

Enfin je n'oublierai jamais ma lumineuse amie, Parveen Rehman, qui m'emmenait dans les bidonvilles chez les déshérités dont elle était « la petite mère », et qui est morte assassinée par la mafia.

À Paris je dois à Olivier Guillard de l'Iris les précisions sur la bombe pakistanaise (impossibles à obtenir au Pakistan). Et à Pierre-Édouard de Leusse ma gratitude pour m'avoir prêté sa thébaïde dans le Morvan.

Mais surtout je ne remercierai jamais assez mon amie Ishtar Kettaneh et Pierre de Chambure, qui ont relu mon manuscrit d'un œil bienveillant et critique et m'ont prodigué de précieux conseils.

Et naturellement mes remerciements à Jean-François Dauven et à toute l'équipe des éditions Fayard.

Pour l'éditeur, le principe est d'utiliser des papiers composés de fibres naturelles, renouvelables, recyclables et fabriquées à partir de bois issu de forêts qui adoptent un système d'aménagement durable.
En outre, l'éditeur attend de ses fournisseurs de papier qu'ils s'inscrivent dans une démarche de certification environnementale reconnue.

Composition réalisée par Belle Page

Achevé d'imprimer en février 2018
sur les presses de Normandie Roto Impression s.a.s.
61250 Lonrai (Orne)

PAPIER À BASE DE FIBRES CERTIFIÉES

Fayard s'engage pour l'environnement en réduisant l'empreinte carbone de ses livres. Celle de cet exemplaire est de :
1,200 kg éq. CO_2
Rendez-vous sur www.fayard-durable.fr

71-4251-2/01
Dépôt légal : mars 2018
N° d'impression : 1705436

Imprimé en France